Inhalt

W0056562

Vorwort 5

Exkursionsgebiet 8

**Vom Werden einer Landschaft – Geomorphologische
Entwicklung** Autor: G. C. Falk 10
**Zwischen Geest und Außensand – Topographischer
Überblick** Autor: G. C. Falk 21
Nordseeklima – Winterstürme und milde Sommer 34
Autor: D. Lehmann
Bauern, Fischer und Edelleute – Historischer Überblick 46
Autor: T. Christophersen
**Nationalpark Schleswig-Holsteinisches Wattenmeer –
Biologie, Nutzung und Erschließung** 63
Autor: T. Christophersen
Wirtschaft – Struktur und Potential der Küstenregion 79
Autorin: S. Gehrke
Küstenschutz – Im Kampf gegen die Fluten 91
Autor: G. C. Falk

Exkursionen 98

Sylt – Deutschlands nördlichste Insel 100
Autoren: T. Christophersen, D. Lehmann, T. Gießen
Auf und um Föhr – Eine Radtour 129
Autor: T. Christophersen
Von Föhr nach Amrum und zurück 146
Autor: T. Christophersen
Hallig Hooge – Perle der Nordsee 158
Autor: D. Lehmann
Husum – Kulturzentrum und Tor zum Wattenmeer 177
Autor: D. Lehmann
Erkundungen rund um den Schobüller Berg 195
Autor: G. J. Haß
Westliche Halbinsel Eiderstedt – Mit dem Fahrrad 203
Autor: K. Körth
**Per Auto durch Dithmarschen –
Vom Eidersperrwerk nach Brunsbütttel** 222
Autor: K. Körth
Kirchen am Wege 243
Autor: W. Radatz

Anhang 264

Literatur 268

Ortsregister 270

Personenregister 273

Sachregister 275

Abbildungsnachweis 280

Vorwort

Spuren suchen, Landschaften entdecken – so lautet der Titel dieser Reihe, die einlädt, Regionen in der europäischen Mitte zu erkunden und näher kennen zu lernen. Der Titel dieses Bandes „Nordseeküste" scheint zunächst nicht treffend zu beschreiben, worum es in diesem Exkursionsführer geht und erst der Untertitel umreißt etwas genauer, was die Leser und Spurensucher erwartet. Doch der Titel ist exakt: Ebenso mächtig wie die wuchtigen Lettern des Haupttitels den Untertitel überlagern, greift der Einfluss der Nordsee in die Landschaft und das Wirken und Handeln der Küstenbewohner ein, die ihren Lebensrhythmus seit Jahrhunderten den natürlichen Verhältnissen angepasst haben. Selbst modernste Küstenschutzmaßnahmen, denen dieser Band ein eigenes Kapitel widmet, erfordern nach wie vor höchste Wachsamkeit, denn:

Mitten im Ozean schläft bis zur Stunde
Ein Ungeheuer, tief auf dem Grunde.
Sein Haupt ruht dicht vor Englands Strand,
Die Schwanzflosse spielt bei Brasiliens Sand.
Es zieht, sechs Stunden, den Atem nach innen
Und treibt ihn, sechs Stunden, wieder von hinnen.
Trutz, blanke Hans.

Weiter berichtet DETLEV VON LILIENCRON in seinem mahnenden Gedicht „Trutz, blanke Hans" von der zerstörerischen Wut, des ungebändigten Ungeheuers, das schließlich die wohlhabende Siedlung Rungholt, mitsamt seiner überheblichen Bevölkerung „Wir trotzen dir, blanker Hans, Nordseeteich!", in gewaltigen langmähnigen Wogen versinken lässt, die wie „rasende Rosse geflogen" kommen. Das kann die Nordsee sein, sie kann aber auch anders. Auf unseren Touren werden wir sie in der Regel wohl eher wie einen stolzen Raubvogel erleben, der seine weiten Schwingen gelassen über Land und Meer gleiten lässt.

Wir laden Sie ein, uns auf unseren Spaziergängen und Erkundungen zu folgen, auf denen es viel Spannendes zu entdecken gibt, was uns selbst bei der Vorbereitung dieses Buches immer wieder faszinierte. Vor dem Start ins Gelände erscheint es ratsam, sich mit einigen Grundzügen der Landschaft und den Gepflogenheiten seiner Bewohner vertraut zu machen, damit dann unterwegs vieles noch klarer gesehen werden kann und man bewusst geöffneten Auges durch die Landschaft zieht. Daher geht es in den ersten Kapiteln zunächst um die Beschreibung und Erklärung der wesentlichen natürlichen Gegebenheiten der Küstenregion, von der geologischen Entwicklung über die heutigen hydrologischen Verhältnisse bis hin zum Klima mit all seinen Besonderheiten. Dem historischen Überblick folgt eine Betrachtung des Nationalparks Schleswig-Holsteinisches Wattenmeer, die unter anderem die historische Entwicklung des Nationalparkgedankens aufgreift. Schließlich informieren die letzten Kapitel des Einführungsteils über die Wirtschaft der Küstenregion sowie die aktuellen Maßnahmen zum Schutz des menschlichen Lebensraumes Küste. Die Exkursionen sind so bunt und abwechslungsreich wie die Gruppe der Autoren, die sich zur eigenen Erkundung ins Gelände begeben haben und vor Ort vielfach von der Schönheit der oft grandiosen Landschaft und der Herzlichkeit der Bewohner ergriffen wurden. Beim Lesen der Texte wird die Begeisterung der Autoren an manchen Stellen spürbar, doch erst das eigene Entdecken erschließt den Raum mit all seinen Widersprüchen, kulturellen und landschaftlichen Schätzen. Zwar stellen die beschriebenen Gebiete nur eine Auswahl dar, sie stehen aber räumlich und inhaltlich als Exempel stellvertretend auch für andere Bereiche der Küstenregion. Von Sylt geht es über Föhr, Amrum und die Halligen in den Süden Nordfrieslands bis nach Husum. Dem folgen Routenvorschläge durch den Kreis Dithmarschen, die uns unter anderem per Fahrrad auf die Eiderstedter Halbinsel führen. Regional und International verbindend ist die vom dänischen Töndern bis hinein in die Wilstermarsch führende Kirchenexkursion.

Die Texte sowohl der einführenden Kapitel als auch der Exkursionen sind kompakt – aber dennoch um wissenschaftliche Korrektheit bemüht. In sprachlicher Hinsicht haben wir, wo immer dies möglich war, die Benutzung von Fremdwörtern auf ein Mindestmaß reduziert, so dass die Texte auch für den Nichtfachmann noch gut verständlich zu lesen sein sollten. Überdies ermöglicht im Zweifelsfall das Kurzglossar am Ende des Buches eine Klärung von Begriffen.

Zum Kreis der Autoren zählen neben den Berliner „Gastschreibern" ausschließlich gebürtige Schleswig-Holsteiner, denen ihr Heimatraum seit Jahrzehnten zum Teil auch beruflich ein wichtiges Anliegen darstellt. So arbeitete der in Flensburg geborene Diplombiologe THILO CHRISTOPHERSEN mehrere Jahre als Bezirkskoordinator für das Nationalparkamt Schleswig-Holsteinisches Wattenmeer auf der Insel Föhr. KLAUS KÖRTH ist Geograph und im Bereich der Umweltbildung tätig. Unter anderem betreut er Gruppen auf Schiffen im Wattenmeer. Der gebürtige Nordfriese GERRET HAß lebte bis zu Beginn seines Studiums der

Geographie und Biologie, das er an der TU-Berlin absolvierte, in Husum. Auch er kennt weite Teile der Westküste „wie seine Westentasche". Ganz unverbunden sind allerdings die Berliner Schreiber mit der schleswig-holsteinischen Nordseeküste nicht. SANDRA GEHRKE, eine examinierte Studienrätin, die inzwischen als Geowissenschaftlerin an der Humboldt-Universität zu Berlin wirkt, verlebte als gebürtige Itzehoerin einen großen Teil ihrer Kindheit und Jugend an der Küste Norddeutschlands und fühlt sich noch heute ihrer alten Heimat eng verbunden. DIRK LEHMANN, der als Studienrat an einem Berliner Gymnasium arbeitet, leistete seinen Zivildienst 1998/99 bei der Schutzstation Wattenmeer auf Hallig Hooge und lernte so die Region gründlich kennen. Dabei ist ihm Hooge besonders ans Herz gewachsen, aber lesen sie selbst... WERNER RADATZ, Präsident der Kirchenkanzlei der Evangelischen Kirche der Union im Ruhestand, widmet sich auch in diesem Band den Kirchen und den die Gebäude nutzenden Religionsgemeinschaften. Auf der Reise, die er mit seiner Frau ILSE unternahm – von ihr stammen die schönen Kirchengraphiken – wurden so viele Gotteshäuser erkundet, dass nur eine kleine, keineswegs wertende, Auswahl vorgestellt werden kann. GREGOR C. FALK ist ebenfalls als Geograph an der Humboldt-Universität tätig und hat sich in seiner Promotion der paläogeomorphologischen Entwicklung der schleswig-holsteinischen Nordseeküste gewidmet. Dies führte ihn in den letzten Jahren immer wieder an die Küsten im Norden, die er bei seinen Besuchen lieben und schätzen gelernt hat.

Bedanken möchten wir uns bei denen, die uns mit ihrer Fachkompetenz während unserer Recherchen unterstützt und während unserer Reisen mit Rat und Tat zur Seite gestanden haben. Besonderer Dank gilt dabei der Schutzstation Wattenmeer und dem Nationalparkamt, die uns aktuelles und umfangreiches Material zur Verwendung in unserem Exkursionsführer zur Verfügung stellten.

Wir möchten Sie nun einladen, mit uns die großen und kleinen Spuren entlang der Nordseeküste Schleswig-Holsteins zu entdecken. Erkunden Sie die prächtigen Städte und die Widrigkeiten, denen die Menschen an der Küste erfolgreich trotzen. Lassen Sie sich in den Bann der Landschaft ziehen, genießen sie die Stille, das Meeresrauschen, schrilles Möwengeschrei. Lassen Sie ihre Gedanken mit ihrem Blick über den Deich, ins Watt oder in die Marsch hineinschweifen und erfahren Sie in Ehrfurcht die vielerorts schier endlose Weite der Natur.

Gregor C. Falk   Dirk Lehmann

Vom Werden einer Landschaft – Geomorphologische Entwicklung

Gregor C. Falk

Die gegenwärtige landschaftliche Vielfalt entlang der schleswig-holsteinischen Westküste, die geprägt ist durch das relativ flache Relief der Marsch und Wattflächen und die seicht ansteigenden Höhen der Geest, ist das Resultat ineinandergreifender und sich überlagernder geologisch-geomorphologischer Prozesse im Quartär, dem jüngsten Erdzeitalter.

Insbesondere die geomorphologische Entwicklung seit der vorletzten Eiszeit, der Saaleeiszeit, die vor rund 390 000 Jahren langsam einsetzte, schuf die heutige Oberfläche in ihrer reizvollen Gestalt. Der ältere Formenschatz wurde seither vielerorts überprägt und ist im Gelände kaum mehr auszumachen.

Die Anlage des Reliefs im Pleistozän

Während des Pleistozäns ist der Exkursionsraum bis zu viermal vom Eis „überfahren" worden. Zunächst stieß das Eis der Elster-Kaltzeit vermutlich zweimal über die heutige Küste hinweg nach Westen vor. Nach einer zwischengeschalteten wärmeren Phase geriet der Raum im Zuge des Hauptvorstoßes der Saaleeiszeit im frühen Drenthestadium unter glazialen Einfluss – auch der Gletscher des jüngeren Drenthestadiums dürfte weite Gebiete der heutigen Westküste überfahren haben. Im Warthestadium dieser Kaltzeit verharrte der Eisrand bereits an einer von Hamburg nordwärts verlaufenden Linie, so dass davon auszugehen ist, dass westlich dieses Gebietes vielerorts Permafrostbedingungen anzutreffen waren.

Interessant für die Landschaftsgestaltung sind die Eisvorstöße v. a. dadurch, dass auf sie die Entstehung der heutigen Geest zurückzuführen ist. Während die Geestkerne der meisten Inseln wohl Endmoränenreste des Drenthestadiums darstellen, ist die Entstehung der festländischen Geest eher das Resultat des Warthestadiums. Dabei haben die von Skandinavien über das Ostseebecken nach Westen vordringenden Inlandeismassen Höhenzüge aus Moränenmaterial von teilweise über dreißig Metern Mächtigkeit zusammengeschoben, die im heutigen Landschaftsbild klar als von Nord nach Süd verlaufender Höhenzug hervortreten. Das westlich davon gelegene Land, die heutigen Marsch- und Wattflächen, lagen über zehntausende von Jahren im Periglazialraum mit markanten Permafrostbedingungen und entsprechender Vegetationsbedeckung durch Strauch- bzw. Zwergstrauchtundra. Gleichsam dürfte das Gelände durch ein ausgeprägtes Tal- bzw. Entwässerungsnetz der ins Vorland in westliche und südliche Richtungen abfließenden Schmelzwässer überformt worden sein.

Nach dem endgültigen Abschmelzen des Saaleeises durch die verbesserte klimatische Situation (Erwärmung) setzte, wie auch später im Holozän, ein Vorstoß des Meeres ein. Das Eem-Meer, benannt nach der gleichnamigen Warmphase, stieß damals aber nur in einige Teile des heutigen Wattenmeeres und der Marschen vor. Das Vordringen der See erfolgte dabei zunächst über das zuvor angelegte Gewässernetz. Tonige, marine Sedimente gelangten im überfluteten Bereich weit verbreitet zur Ablagerung. Im Vergleich zur Gegenwart lag der Meeresspiegel aber insgesamt rund fünf bis sieben Meter niedriger. Aufgrund der günstigen klimatischen Bedingungen – die mittleren Julitemperaturen lagen im Eem-Optimum etwa 2°C über denen des holozänen Klimaoptimums – setzte auf dem Festland verstärkt Bodenbildung ein, wobei entweder Parabraunerden auf den höher gelegenen und trockeneren Standorten oder Gleye in den feuchteren Niederungen gebildet wurden.

Der Übergang zur nächsten Kaltzeit vollzog sich in mehreren klimatischen Schritten. Insbesondere im ersten Abschnitt des Weichsel-Glazials hatten die Inlandeismassen keinen direkten Einfluss auf die Westküste. Lediglich die Temperatur- und daraus resultierend die Vegetationsverhältnisse zeigten den Übergang zu einer neuen Eiszeit an. So war es in der Früh-Glazialzeit bis 20 000 Jahre vor heute deutlich kälter und wohl auch niederschlagsärmer als gegenwärtig, wobei Steppenvegetation mit Nadelwäldern abwechselte.

Wie die Eismassen des letzten Stadiums der Saaleeiszeit erreichte auch das Weichseleis die heutige Küste nicht, sondern verharrte in seiner maximalen Ausdehnung im Bereich der heutigen Bundesautobahn zwischen Hamburg und Flensburg (A7). Im Zuge der Endmoränendurchbrüche während der Weichseleiszeit kam es entlang der A7 und westlich davon zu ausgeprägten Sanderschüttungen. Das Material wurde durch die zahlreichen kleineren und größeren Flüsse weiter nach Westen verfrachtet. So gelangte ein Teil der Sande in den Bereich, der nachfolgend vom vordringenden Meer überflutet werden sollte. Beim Vergleich der spätpleistozänen mit der rezenten Morphologie fällt auf, dass die Gezeitenströme des Wattenmeeres sich zumindest teilweise am Verlauf ehemaliger Schmelzwassersammler zu orientieren scheinen. Wahrscheinlich ist auch, dass die transgredierende See zunächst in diesen Abflusssystemen bis weit ins Hinterland vordringen konnte. Es ist denkbar, dass die Vorläufer der Norderau und Süderau sowie Norder- und Süderhever vor den Meeresvorstößen zumindest in einer Übergangsphase Ästuarcharakter besaßen.

Nach dem langsamen Niedertauen des Eises des Weichsel-Glazials, hielten sich im Osten noch für längere Zeit Toteisreste, im Westen (westlich der A7) taute der Permafrostboden langsam ab. Im weiteren Verlauf kehrten verschiedene Baumarten in die ehemaligen Periglazialbereiche zurück, und es setzte Bodenbildung ein. Seit ungefähr 10 000 Jahren muss von einer permanenten Waldbedeckung der heutigen Westküste ausgegangen werden. Insbesondere Kiefern und Birken zählen zu den ersten nach der Eiszeit eingewanderten Baumarten.

Das Meer kommt! Oberflächenausgestaltung im Holozän

Mit zunehmender Erwärmung kehrte auch in den endmoränennahen und ehemals eisbedeckten Gebieten die Vegetation zurück. Besonders im Atlantikum verstärkte sich durch höhere Temperaturen und Niederschläge die Bildung von Hochmooren. Siedlungsfunde, die auf die Zeit einige Jahrzehnte vor Christi Geburt datiert werden können, und weitere Kulturspuren belegen eindeutig die seitdem mehr oder weniger kontinuierliche Besiedlung weiter Gebiete der Marsch. Die prägendste Formen schaffende Kraft der letzten 10 000 Jahre war die weit nach Osten vordringende See. Dabei hat das Meer nicht nur zerstörerisch auf das Hinterland eingewirkt, sondern durch Sedimentation auch Neuland geschaffen. Holozäne Sedimente, v. a. Torf, Sand und Schlick, von bis zu mehr als 20 m Mächtigkeit bedecken die spätpleistozäne Oberfläche. Sie bilden den Untergrund der Marsch und Wattflächen. Die morphologische Entwicklung der jüngsten geologischen Vergangenheit verlief entlang der Westküste nicht einheitlich, sondern war von unterschiedlichen frühholozänen Ausgangssituationen einzelner Teilräume gekennzeichnet. Die maßgeblichen Größen, welche die spätere Oberflächenformung beeinflussen sollten, waren die Nähe des Geländes zum einstigen weichselzeitlichen Eisrand, der Einfallswinkel des Geländes von Ost nach West und nicht zuletzt das Ausgangsrelief an sich. So verlief die Entwicklung der Eider-

stedter Halbinsel und der sich südlich anschließenden Küstenabschnitte anders als dies beispielsweise im Gebiet der Nordfriesischen Inseln und Halligen der Fall war.

Im Frühholozän, vor gut 10 000 Jahren, waren die Westküste
und auch der Einzugsbereich des heutigen Wattenmeeres noch
Festland. Es setzte ein nachhaltiger klimatischer Wandel in
Nord- und Mitteleuropa ein, der sich auch auf die schleswig-
holsteinische Westküste auswirkte. Die Niederschläge nahmen
langsam zu und auch die Temperaturen stiegen um einige Grad.
Die Zwergsträucher der Tundra wichen zurück. Dabei setzte sich
zuerst Nadelwald, später Mischwald durch. Vielerorts bildeten
sich Torfe, zunächst in Form von Niedermooren durch gestautes
Grundwasser in den Senken. Nachfolgend – spätestens seit dem
Atlantikum – aber auch Hochmoore, die ihre Feuchtigkeit primär aus Niederschlägen erhielten. Noch war das Meer hunderte
von Kilometern entfernt, obgleich sich die weichselzeitliche Küstenlinie der Nordsee, die ungefähr im Bereich der Doggerbank
lag, rasch immer weiter nach Osten verschob. Weite Landstriche,
die während der Weichseleiszeit Festland waren – über einen
Zeitraum von etwa 100 000 Jahren, wurden im weiteren Verlauf
des Holozäns überflutet. Auch im westlichen Schleswig-Holstein
entwickelte sich die Nordsee zur dominierenden Formen schaf-
fenden Kraft.

Die Abbildung 1 zeigt die frühholozäne Oberfläche zweier
Teilgebiete der schleswig-holsteinischen Westküste.

Das Mittelholozän begann vor rund 8 000 Jahren und umfasst das Atlantikum sowie das Subboreal. Besonders im Atlantikum stieg der Meeresspiegel rasch an und die Küste der Nordsee verschob sich immer schneller um viele Kilometer in
Richtung Osten. In den größeren Rinnen setzte ab 6 000 v. Chr. –
zu Beginn des Atlantikums – langsam mariner Einfluss ein.
Das Vorkommen von unterschiedlichen Flachwasser liebenden
Muscheln und Schnecken deutet darauf hin, dass sich im
Verlauf des Atlantikums partiell wattähnliche Bedingungen
ausgebildet haben müssen. Besonders zahlreich konnten die
Plattmuschel (*Macoma baltica*), die Herzmuschel (*Cardium
edule*), die Sandklaffmuschel (*Mya arenaria*) und die Strandschnecke (*Littorina littorea*) in Bohrungen nachgewiesen werden. Auch heute noch sind diese Arten im Wattenmeer Nordfrieslands vertreten.

Das Vordringen der See hatte verschiedene Auswirkungen auf
die im Mittelholozän noch einige Meter tiefer liegende Oberfläche. Zunächst dürfte es im Zuge der Transgression zu einem
großräumigen Anstieg des Grundwasserspiegels gekommen

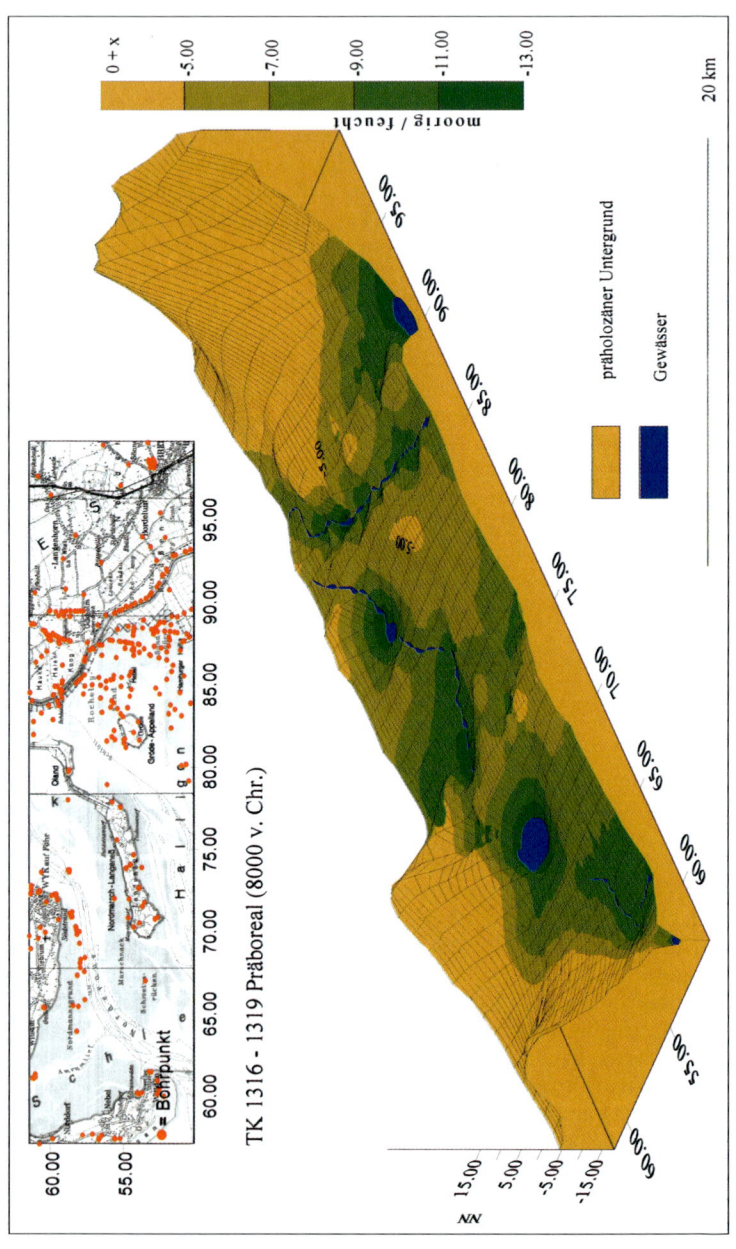

TK 1316 - 1319 Präboreal (8000 v. Chr.)

= Bohrpunkt

moorig / feucht

0 + x
-5.00
-7.00
-9.00
-11.00
-13.00

präholozäner Untergrund

Gewässer

20 km

sein. Dies führte in einigen Bereichen wiederum zu Vergleyungserscheinungen aufgrund entstehender Staunässe. Im unmittelbaren Zusammenhang damit bildeten sich Torfe, die so genannten Basistorfe. Durch das weitere Vorrücken der See sind diese Torfe dann entweder abgetragen oder mit klastischen Sedimenten bedeckt worden. An den Rändern der Geest entstanden im Atlantikum die „Geestrandmoore". Einst möglicherweise vorhandene Basistorfe im Bereich Eiderstedts sind fast gänzlich verschwunden. Dies mag mit dem steileren Einfallswinkel des Geländes zur See hin zusammenhängen, der eine im Vergleich zu den nördlich gelegenen Gebieten kräftigere Brandungswirkung bedingt haben könnte.

Im Gegensatz zum heutigen Küstenvorland Eiderstedts konnte das Aufwachsen des Wattsockels westlich der Bredstedter Geest – mit Ausnahme der Rinnen – mit der Transgression weitgehend Schritt halten, da einerseits ausreichend Sedimente zur Verfügung standen und andererseits die West-Ost-Geländeneigung entsprechend gering war. Schnell entstanden demnach amphibische Verhältnisse. Die teilweise Abtragung der Geestkerne führte seit dem Atlantikum zu einem hohen Anteil sandiger Korngrößenfraktionen im Wattenmeer Nordfrieslands. Das Aufwachsen des Sedimentkeils entlang der nordfriesischen Küste wurde jedoch durch Geländesenken, Vermoorung, tidebeeinflusste Rinnen und Fließgewässer lokal deutlich modifiziert.

Lange Zeit ging man davon aus, dass sich ein geschlossener Nehrungshaken von Sylt nach Eiderstedt zog, der die rückwärtigen Bereiche mehr oder weniger vor marinen Einflüssen schützte. Wenn es diesen Haken gab, so muss er bereits im Atlantikum weitgehend vernichtet gewesen sein, da andernfalls die rückwärtigen marinen Ablagerungen nicht zu erklären wären. Abgesehen von den Rinnenverfüllungen nehmen zum Land hin die schlickigen Komponenten zu, da im Lee der Inseln vergleichsweise ruhige Sedimentationsbedingungen im flacheren Wasser vorherrschten. Im Mittelholozän bildeten Amrum und Föhr noch einen zusammenhängenden Geestkomplex, dessen rückwärtiger Bereich im Südosten vor marinen Einflüssen aus Norden und Westen geschützt war.

In nahezu allen geestnahen Gebieten, also nicht mehr als ein bis zwei Kilometer vom Geestrand entfernt, finden sich in unterschiedlichen Tiefen Schilfreste sowie Reste von Bruch-

Abb. 1: Präboreal (8 000 v. Chr.) – TK 1316–1319

waldtorf, was auf ein zumindest limnisches Ablagerungsmilieu schließen lässt. Ähnlich der Situation, die sich gegenwärtig beim Schobüller Berg zeigt, müssen vor der Bedeichung viele Gebiete an den Geesträndern sowohl Süß- als auch Salzwassereinflüssen unterlegen haben. Je nach Einfluss des vordringenden Meeres bestimmten entweder die mündenden Flüsse, kleinere Bäche und Quellen oder die See das Milieu. Aufgrund der günstigen klimatischen Bedingungen kann davon ausgegangen werden, dass sich im Atlantikum quasi auf allen nicht durch das Meer beeinflussten Standorten eine weitgehend geschlossene Vegetationsbedeckung ausgebildet hatte. Ab 5000 v. Chr. dürfte der Meeresvorstoß langsam an Dynamik verloren haben.

Die Abbildung 2 zeichnet die Oberfläche, die mögliche Gewässerverteilung und die potentielle Vegetationsbedeckung zwischen der Geest bei Bredstedt und den vorgelagerten Inseln im Atlantikum nach.

Der Anstieg des Meeresspiegels setzte sich aber auch über das Atlantikum hinweg fort. Zum Teil wurden die Torfe an den Rändern der „ertrinkenden Landschaft" erodiert, gekappt oder mit klastischen Sedimenten überdeckt, deren Herkunftsort zumindest teilweise an den Rändern vorgelagerter Geestkerne zu suchen ist. Darüber hinaus begann die Ablagerung von Klei und später Wattsedimenten zwischen Festlandsgeest und den Geestkernen der Inseln Amrum und Föhr bei gleichzeitiger Vertiefung der Rinnen. Lediglich auf den höheren Standorten setzte sich die Torfbildung weitgehend ungestört fort. Im Bereich der Eiderstedter Halbinsel herrschten rasch vollmarine Sedimentationsbedingungen. Seit dem Subboreal verlor die Transgression an Dynamik und in den Übergangszonen zwischen Geest und Rinnen kam es zur neuerlichen Bildung von Torfen. Weiterhin ungestört verlief die Bildung organischen Materials an den unmittelbaren Rändern der Geest, aber auch Aufschlickungsprozesse an den Rändern der Rinnen setzten sich fort.

Ein Abschnitt verlangsamter Transgression bis hin zum Stillstand setzte gegen Ende des Mittelholozäns im Subboreal ab 1800 v. Chr. ein. Zunächst drang das Meer auf ein Niveau von etwa zwei Metern unter dem heutigen vor, so dass nunmehr erhebliche Teile des Gebietes unter direktem marinen Einfluss lagen. Dabei kam es zur Ablagerung marin-klastischer Sedimente. Nach und nach nahm der Einfluss des Meeres jedoch ab, ein Prozess, der während der nun folgenden 2000 Jahre zu einer partiellen Verlandung weiter Areale Nordfrieslands und

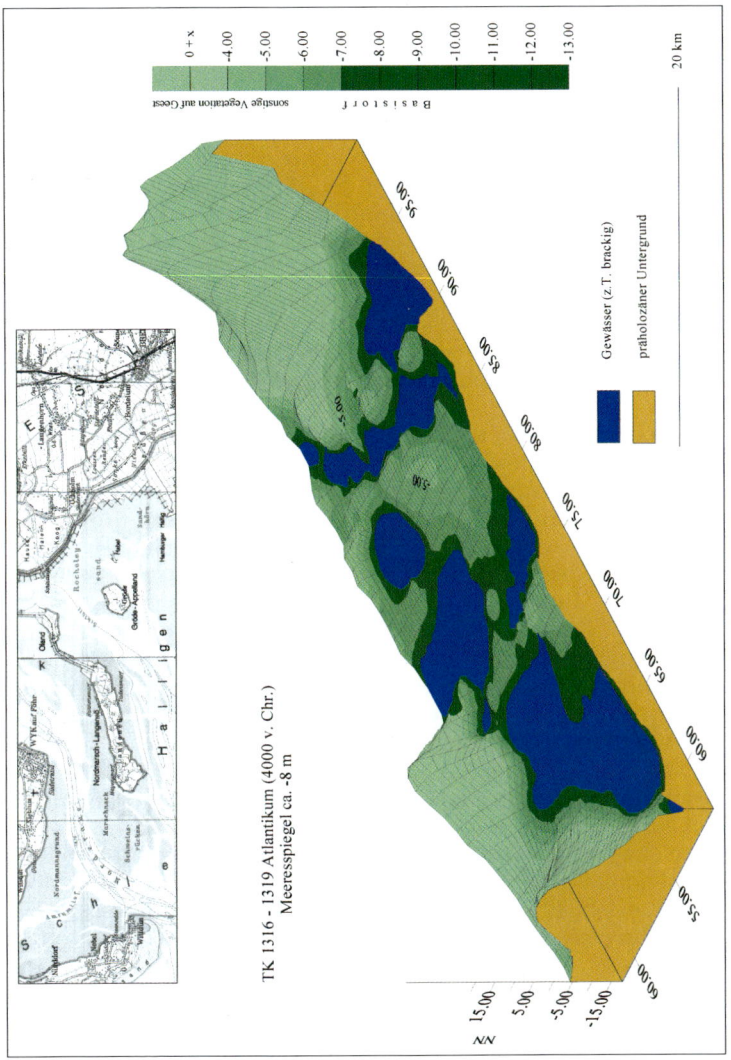

Abb. 2: Atlantikum (4000 v. Chr.) – TK 1316–1319

Eiderstedts führte. Torfe bildeten sich und Marschflächen entstanden. Die Abbildung 3 verschafft einen Überblick über die Meer-Land-Verteilung um 1800 v. Chr. Besonders auffällig ist dabei, dass sich die mittlere Höhenlage des untersuchten Geländeabschnitts, abgesehen von den aufragenden Geestkernen, aufgrund von Aufschlickung deutlich erhöht hatte.

Die Hauptcharakteristika des nun folgenden Spätholozäns sind das Ende der Regressions- und Stillstandsphase, das neuerliche Vordringen des Meeres sowie die Eingriffe des Menschen in den Naturraum. Auch wenn der Meeresspiegelanstieg nicht die Ausmaße hatte wie im Atlantikum, waren seine Auswirkungen erheblich. Die Auswirkungen des neuerlichen Meeresvorstoßes auf das inzwischen weitgehend vermoorte Hinterland sind in Abbildung 16 zu sehen.

Aufzeichnungen belegen seit dem Mittelalter die verheerenden Folgen großer Überschwemmungskatastrophen, die oft mit dem Verlust von Menschenleben und Kulturflächen einhergingen. An einigen Küstenabschnitten waren die Auswirkungen des Meeres so stark, dass ganze vormals festländische Bereiche zerstört oder zu Inseln zergliedert wurden. Dabei kam es zu erheblichen Materialumlagerungen, aber auch Materialverlusten. Zunächst waren die Menschen den Überschwemmungen mehr oder weniger schutzlos ausgeliefert. Später, bereits im frühen Mittelalter, wurde mit der Anlage von vergleichsweise niedrigen Deichen begonnen.

Kulturfunde aus dem Gebiet der Halligen belegen, dass hier bereits im hohen Mittelalter Menschen siedelten, die sich neben der Landwirtschaft und Fischerei wahrscheinlich mit der Salztorfgewinnung ihren Lebensunterhalt verdienten. Nicht zuletzt der Abbau der Torfe führte im weiteren Verlauf zu Überflutungen und schließlich zum Verlust weiter Flächen. Die Tatsache, dass die Torfe schon salzhaltig waren, legt die Vermutung nahe, dass diese bereits seit dem frühen Mittelalter immer wieder überschwemmt wurden. Die Salztorfgewinnung bei Langeneß, Habel und Gröde begann erst, nachdem sich über dem Moor neue Kleischichten abgelagert hatten. Mit dem Siedlungsbeginn Pellworms setzte auch hier die Verfehnung ein und große Mengen der Torfe Alt-Nordstrands wurden abgebaut. Da die Moormächtigkeit in diesem Gebiet mit einigen Dezimetern eher gering war, stieß man sehr bald auf alte Marsch. Immer rascher schritt nun die Besiedlung voran und ein großer Teil der Westküste wurde kulturlandschaftlich in Wert gesetzt. Um der drohenden Überschwemmungsgefahr bei Sturmfluten zu begegnen, legten die Bauern und Salzsieder Deiche an und verlegten ihre Höfe und Häuser auf höhere Standorte, die Warften. Trotzdem forderten große Sturmfluten immer wieder zahlreiche Menschenleben.

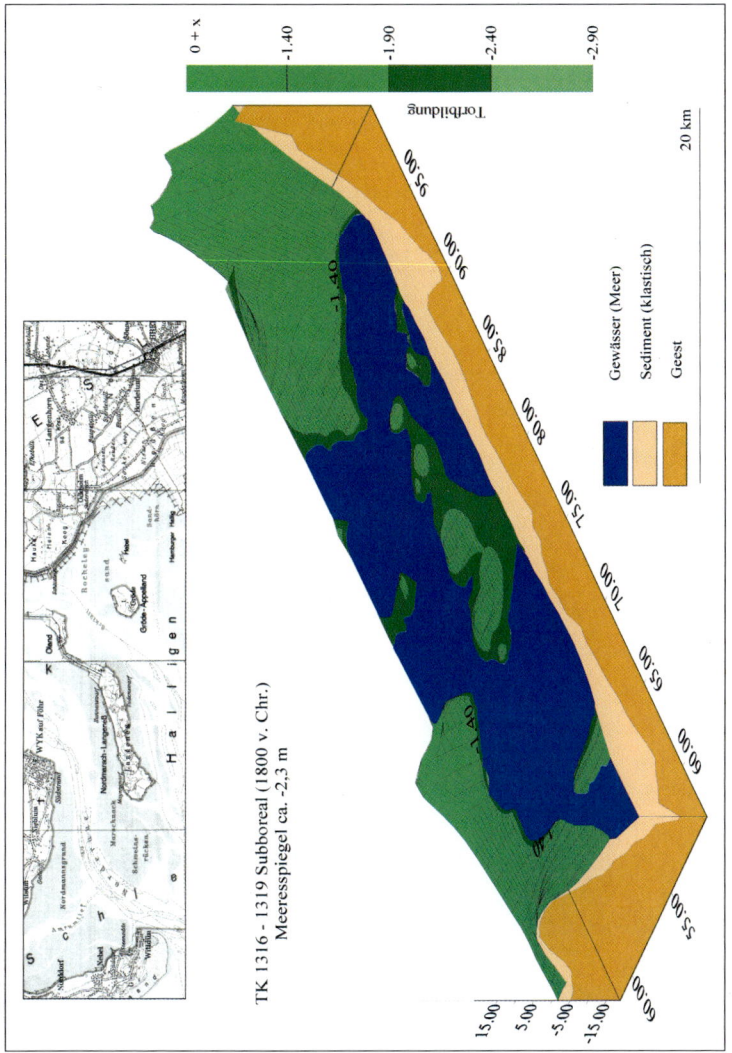

Abb. 3: Subboreal (1800 v. Chr.) – TK 1316–1319

Erst in diesem Jahrhundert erreichten die Deiche eine bauliche
Höhe, die noch ausreicht, die binnenwärtigen Nutzflächen vor
Überflutungen zu schützen.

Jahre vor heute/ Bezeichnung			Klima	Vegetation	Geomorphologische Entwicklung
390 000 bis 127 000	Saale-Glazial		anfangs eher kalt und trocken, kontinentalkalt	anfangs und zwischenzeitlich-Tundra, sonst vegetationsarm, Sträucher im Periglazialraum	Gletscher des Drenthestadiums überfahren die Westküste, Moränenreste dieses Stadiums bilden Geestkerne der Inseln. Bei Geest des Festlandes handelt es sich um Endmoränen aus dem Warthestadium, das Eis reichte in dieser Phase nicht bis an die heutige Küste. Westküste war damals Periglazialraum, partiell durch Schmelzwasserabfluss gegliedert
127 000 bis 115 000	Eem-Intergl.	Pleistozän	wärmer und feuchter als heute	Laubbäume, Mischwald, viele Hainbuchen	Vordringen des Meeres und Ausbildung wattähnlicher Verhältnisse in Teilbereichen der Westküste, Ablagerung tonig mariner Sedimente, Bildung von Parabraunerden und Gleyen auf dem Festland
115 000 bis 10 000	Weichselinterglazial		kalt und trocken, kontinental, Mitteltemperaturen um ca. 4 °C niedriger als heute	anfangs Wechsel von Wald und Steppe, dann Tundra. Gegen Ende auch wieder Kiefer und Birke	Maximale Eisausdehnung erreicht Bereich der Westküste nicht mehr. Sanderschüttung im Bereich von Endmoränendurchbrüchen. Abfließende Schmelzwässer gliedern die Landschaft und transportieren eiszeitliche Sande nach Westen und Südwesten. Solifluktion (Bodenfließen) ebnet das Relief teilweise ein. Permafrostbedingungen im Hochglazial. Insgesamt ähnliche Verhältnisse wie im Warthestadium der Saale-Eiszeit
10 000 bis 9 000	Präboreal		Vorwärmezeit kühl, recht trocken, kontinental	Tundrenvegetation Kiefer Birke	Westküste noch Festland, Küstenlinie verläuft ungefähr im Bereich der Doggerbank, erste Bodenbildung, Schmelzwassersammler und Dünen gliedern den ehemaligen Periglazialraum, Landverbindung nach England besteht noch
9 000 bis 8 000	Boreal		Wärmezeit wärmer, noch trocken, noch kontinental	Kiefer, Hasel (Mischwald) erste Bildung topogener Moore	Ostwärtige Verlagerung der Küstenlinie, Westküste aber noch immer Festland, weiterhin Bodenbildung, insbesondere Podsole
8 000 bis 5 000	Atlantikum	Holozän	Wärmezeit warm und feucht, ozeanische Einflüsse	Eiche, Ulme, Linde (Mischwald), Bildung ombrogener Moore	Nordsee stößt in die Rinnen vor, Ärmelkanal entsteht, Anstieg des Grundwasserspiegels und Entstehung der so genannten Basistorfe, später bilden sich in einigen Bereichen zunehmend wattähnliche Bedingungen aus, deutliche Aufschlickung erhöht die Geländeoberfläche
5 000 bis 2 800	Subboreal		Wärmezeit noch warm, etwas trockener ozeanisch und kontinental	Eiche, später auch Buche und Fichte	Weiteres Vordringen der See führt zur Kappung oder vollständigen Abrasion der Basistorfe, Aufschlickung setzt sich fort, Umlagerung von Sanden, laterale Erosion der Geestkerne, Meeresspiegel steigt nicht mehr so rasch an wie im Atlantikum
2 800 bis heute	Subatlantikum		Nachwärmezeit kühler, feuchter ozeanisch	Buche, Eiche, Fichte, später Forstwirtschaft	zunächst Stagnation des Meeresvorstoßes und Ausbildung einer Torflage, Meeresspiegel etwas unter heutigem Niveau, Besiedlung seit der röm. Kaiserzeit, im Mittelalter erste Küstenschutzmaßnahmen und Verfehnung. Neuerlicher Meeresspiegelanstieg abradiert ehemalige Landflächen und zwingt siedelnde Menschen zum Deichbau oder zur Aufgabe betroffener Gebiete

Abb. 4: Späteres Pleistozän und Holozän an der heutigen Westküste Schleswig-Holsteins

Zwischen Geest und Außensand – Topographischer Überblick

Gregor C. Falk

Topographie und Morphologie

Das Exkursionsgebiet mit seiner maximalen Nord-Süd-Ausdehnung von rund 140 km umfasst die Landschaften zwischen Sylt im Norden und der Elbmündung im Süden. Die Ostgrenze wird in etwa durch den Höhenanstieg zur Geest nachgezeichnet, an dem die Ortschaften Niebüll, Bredstedt, Husum, Lunden, Heide und Meldorf liegen.

Die Westküste Schleswig-Holsteins gliedert sich in vier zentrale Landschaftselemente, die hinsichtlich ihrer Genese und ihrer morphologischen Strukturen deutlich voneinander zu unterscheiden sind. Die Geest, als saaleeiszeitlich angelegte Oberfläche, die nachträglich nur noch durch die formenschaffenden Kräfte des Windes, des Wassers und des Eises umgestaltet wurde, tritt auf dem Festland als geschlossener Geländekomplex zu Tage. Weiter westlich ragen, als Sockel der Inseln Sylt, Föhr und Amrum, nur noch einzelne Reste dieser einst zusammenhängenden Landschaft empor. Das übrige Gebiet unterlag zwischenzeitlich insbesondere abtragenden Kräften, durch die neue markante Landschaftsbausteine entstanden sind. Dazu zählen die ausgedehnten Marschflächen, die schier endlosen, inzwischen größtenteils als Nationalpark ausgewiesenen, Wattflächen und die am weitesten nach Westen vorgeschobenen Außenposten des Festlandes, die Sände. Abgesehen von den bis zu über 40 m über NN ansteigenden Erhebungen der Geest erscheint das Land unendlich flach, und es stellt sich beim Blick über Watt und Marsch ein faszinierendes Gefühl unbegrenzter, aber auch monotoner Weite ein. Umso mehr überrascht dann aber bei genauerem Hinsehen eine enorme biologische und morphologische Vielfalt des Gebietes, die, von der im Watt unübersehbaren Tätigkeit des Wattwurms, über die Mannigfaltigkeit der Vogelwelt bis hin zur eleganten Schönheit einzelner, nur seicht vom funkelnden Wasser überspülter Sandrippelfelder reicht.

Durch den Fluss der Gezeiten sowie die Brandung, die je nach Windintensität zu- oder abnimmt, erfolgt eine permanente Umgestaltung des Reliefs. Dort, wo das Wasser als formendes Element nur einen geringen Einfluss aufweist, finden

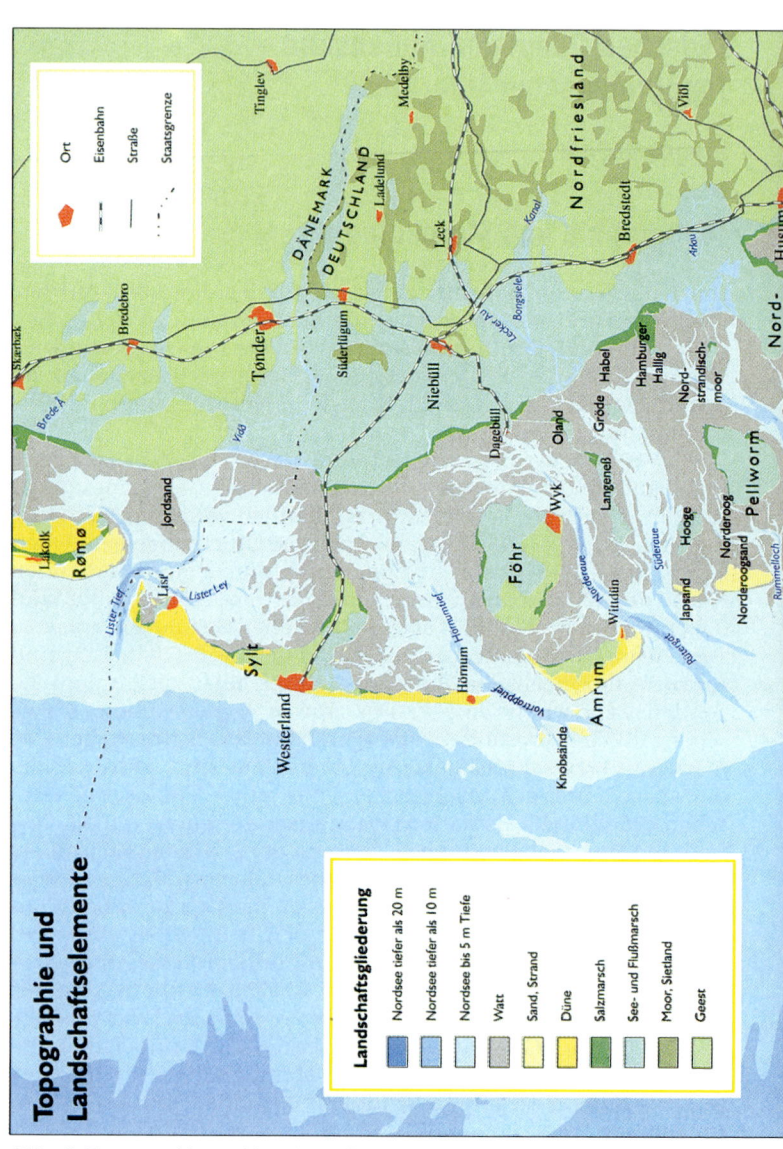

Abb. 5: Topographie und Landschaftselemente
In: Umweltatlas Wattenmeer (UWA) 1999, S. 19

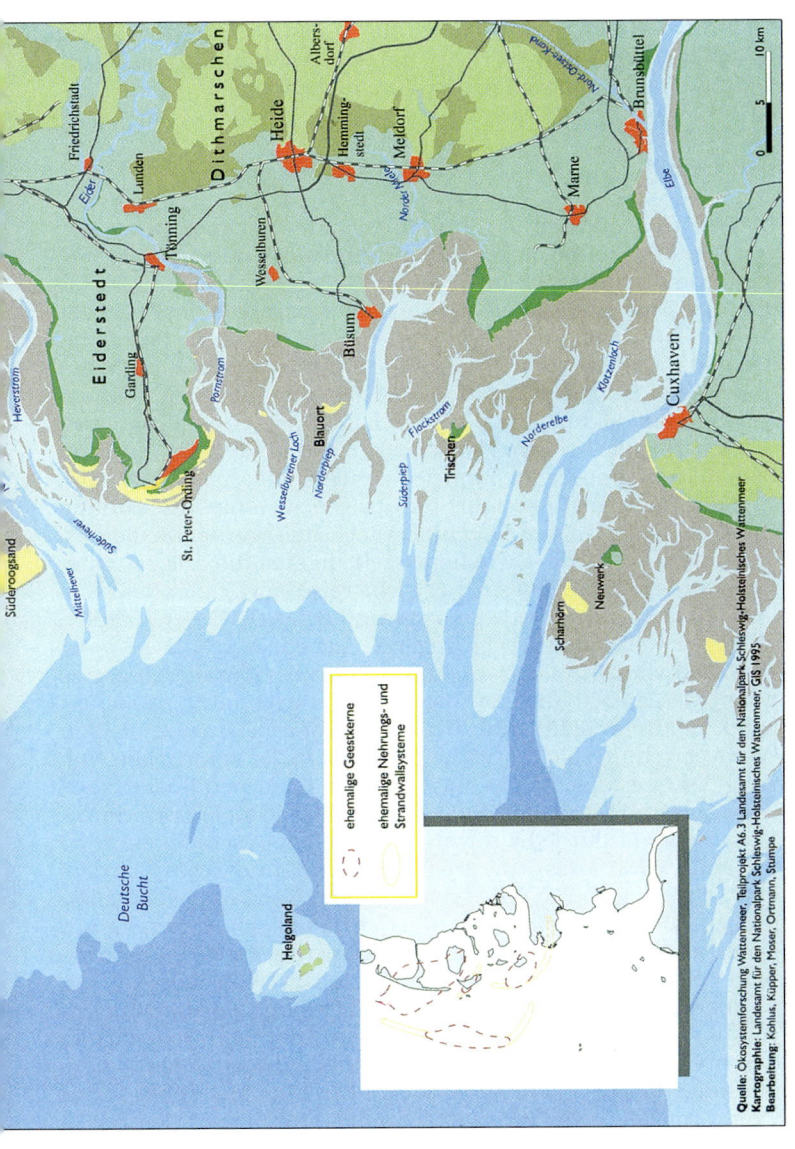

ehemalige Geestkerne

ehemalige Nehrungs- und
Strandwallsysteme

Quelle: Ökosystemforschung Wattenmeer, Teilprojekt A6.3 Landesamt für den Nationalpark Schleswig-Holsteinisches Wattenmeer
Kartographie: Landesamt für den Nationalpark Schleswig-Holsteinisches Wattenmeer, GIS 1995
Bearbeitung: Kohlus, Küpper, Moser, Ortmann, Stumpe

oft Umlagerungsprozesse statt, die in erster Linie durch den Wind hervorgerufen werden und die Aufwehung von Sandfeldern oder komplexen Küstendünen bewirken.

Die Geest

Die Geest, die oft auch als Altmoränenland bezeichnet wird, stellt, von den mesozoischen Gesteinen Helgolands einmal abgesehen, die älteste Oberflächenform des westlichen Schleswig-Holsteins dar. Ihre Entstehung verdankt sie dem Vordringen des Eises der vorletzten Eiszeit, wohingegen das heute sichtbare Relief das Resultat insbesondere holozäner Formungsvorgänge durch Wind und Wasser ist. Dabei spielte die Auslaugung und damit einhergehende Entkalkung der Böden eine besondere Rolle. Die landwirtschaftlichen Erträge der kalkarmen und zumeist sandigen Böden, insbesondere im Vergleich zum fruchtbaren Marschland, sind eher gering. Daher rührt im Übrigen auch die Bezeichnung Geest, die von *güst* (= unfruchtbar) abgeleitet wurde. Da die Auslaugung bereits in der Zwischeneiszeit, im Eem-Interglazial, wirksam wurde, die Böden also vergleichsweise lange unter dem Einfluss einsickernder Niederschlags- und Schmelzwässer standen, steigt der Kalkgehalt der einstigen Geschiebemergelflächen erst ab Tiefen von 20 m langsam an. Im Ergebnis dominieren gegenwärtig Geschiebelehme der Saaleeiszeit, also lehmige und weitgehend kalkfreie Sedimente. Über Jahrhunderte hinweg stellten Windverwehungen ein ernsthaftes Problem der agrarischen Nutzung der Geest dar, da das Wasser in den tonarmen Böden rasch versickert und somit die obersten Dezimeter schnell austrocknen. Der an der Westküste häufig auch mit hohen Geschwindigkeiten wehende Wind erfasst die trockenen Sand- und Schluffpartikel und trägt sie fort. Die Rekultivierung und Neuanlage von Knickhecken, die nicht zuletzt auch als Deflationsschutz bereits seit dem frühen 18. Jahrhundert eingeführt wurden, stellt einen wirksamen Schutz gegen die äolische Materialabtragung dar.

In größeren Mulden oder kleineren Geländesenken natürlich vorkommende Moore, aber auch die ausgedehnten Heideflächen der hohen Geest, sind inzwischen der landwirtschaftlichen, siedlungs- oder verkehrstechnischen Erschließung ebenso zum Opfer gefallen, wie die früher weit verbreiteten Geestrandmoore. Die noch erhaltenen Geestkerne der Inseln Sylt, Föhr und Amrum stellen flächenmäßig nur einen geringen Teil der gesamten Geestfläche dar – sie weisen aber ähnliche Bodenverhältnisse wie die Geest des Festlandes auf.

An den Westseiten der Inseln Amrum und Sylt unterliegt die Geest vielerorts der Abtragung durch den direkten Einfluss der Nordsee – oder sie wird von Küstendünen überlagert und modifiziert. Das verfrachtete, verwehte oder fortgespülte Material stammt überwiegend aus den Geestkernen selbst. Auf Föhr und auf den Binnenseiten der zuvor erwähnten Inseln streichen die Geschiebelehme in das sich anschließende Watt aus oder unterliegen, wie dies unter anderem im Südwesten Föhrs der Fall ist, der erosiven Tätigkeit der Wattströme. Insbesondere im Schutz der Inseln Föhr und Sylt konnten größere Marschflächen entstehen.

Auf dem Festland fällt die Geest nach Westen hin deutlich ab und geht unmittelbar in die Marsch über. Nur nördlich von Husum am Schobüller Berg reicht die Geest direkt an das Watt heran.

Die Marsch

Bei der Marsch handelt es sich um eine Flachlandschaft, die etwa in Höhe des Meeresspiegels an einer Wattenküste oder im Tidebereich der Flüsse liegt. Ihre Bildung erfolgt durch die tidebedingte Sedimentation von Schlick und Sand.

Die Marschflächen, die sich über weite Teile Schleswig-Holsteins erstrecken, sind durch die umfangreichen Eindeichungsmaßnahmen den See- bzw. Flussmarschen zuzurechnen, da sie nicht mehr ausschließlich vom salzigen Milieu beeinflusst werden. Auch die Marschflächen der Inseln Nordstrand und Pellworm sind inzwischen durch Deiche vor Überflutungen weitgehend geschützt. Nur an wenigen Stellen existieren noch Reste der Salzmarschen, die bei besonderen Hochwasserständen vom Meer überspült werden.

Die Entstehung der Marsch entlang der Westküste vollzog sich in mehreren Abschnitten. Zunächst vernichtete die abtragende Kraft des vordringenden Meeres im Mittelholozän einige Geestkomplexe, die noch westlich der heutigen Inseln Amrum und Sylt gelegen haben dürften. Die abgetragenen Sedimente, Schlick und Sand, wurden zunächst in Abhängigkeit von den Tideströmen sowie der küstenparallelen Strömung verlagert und gelangten schließlich weiter ostwärts erneut zur Ablagerung. Gleichzeitig dürften aber auch die Flüsse Lecker Au, Soholmer Au, Arlau, Eider und Miele klastische Sedimente aus dem Hinterland nach Westen in das Gebiet der heutigen Watten und Marschen transportiert haben. Mit dem Anstieg des

Meeresspiegels wuchs langsam auch der Sedimentsockel, was schließlich dazu führte, dass der Untergrund bei langsamer Abschwächung der Transgression zunächst Watt und später Marsch wurde. So entstand ab der Bronzezeit der so genannte „Alte Klei". Nur noch bei Sturmflut erreichte die See die flachen Marschen und lagerte neues Sediment ab, das in so genannten Sturmflutlagen erkennbar ist.

Im weiteren Verlauf bildeten sich über der Marsch, die vor etwa 2000 Jahren weite Teile des heutigen Wattenmeers einnahm und bereits besiedelt war, ausgedehnte Moorflächen. Diese wurden im Zuge der Verfehnung teilweise abgetragen, und die alte Marsch gelangte wieder an die Oberfläche. Seit dem hohen Mittelalter stieg der Meeresspiegel erneut an, und das Meer drang weiter als zuvor im Holozän nach Osten vor. Es entwickelten sich im weiteren Verlauf dieses dynamischen Prozesses sowohl Wattflächen, also amphibische Bereiche, als auch Salzmarschen, Zonen, die nur noch bei Sturmflut immer wieder vom Meerwasser überspült werden konnten, womit ihnen aber auch weiterhin neues Sediment zugeführt wurde. Schließlich griff der Mensch nachhaltig in dieses natürlich ablaufende Prozessgefüge ein und schnitt weite Teile der ehemaligen Salzmarsch durch die Errichtung des inzwischen auf bis zu 8,5 m erhöhten Seedeiches von der Materialzufuhr und der regelmäßigen Überflutung ab – das heutige Landschaftsbild entstand. Dem Schutz der alten und der Gewinnung von neuen Marschflächen wurden in der Vergangenheit immer besondere Anstrengungen gewidmet, da die Böden sich in hervorragender Weise landwirtschaftlich nutzen lassen. So diente die Eindeichung von Marschland, also die Anlage von Kögen, z.B. des Beltringharder Kooges oder des Dithmarscher Kooges, nicht ausschließlich dem Küstenschutz, sondern in erster Linie der Gewinnung neuen fruchtbaren Bodens. Eine entsprechende Inwertsetzung ist allerdings nicht ohne weiteres möglich, da oftmals Staunässse und ein allgemein hoher Grundwasserspiegel zunächst umfangreiche Entwässerungsmaßnahmen erforderlich machen. So sind die verzweigten Gräben ein prägendes Element der eingedeichten Gebiete.

Große Sieltore im Deich erlauben die Entwässerung bei Ebbe und schützen vor Überflutung. Zum Geestrand hin fällt die Oberfläche der Marsch aufgrund langjähriger Setzungs- und Kompaktionsprozesse leicht ab. Aus diesem Grunde sind die Böden hier besonders staunässegefährdet, was die agrarische Nutzung zuweilen stark beeinträchtigt. Bei übermäßiger Entwässerung, insbesondere in unmittelbarer Küstennähe, besteht

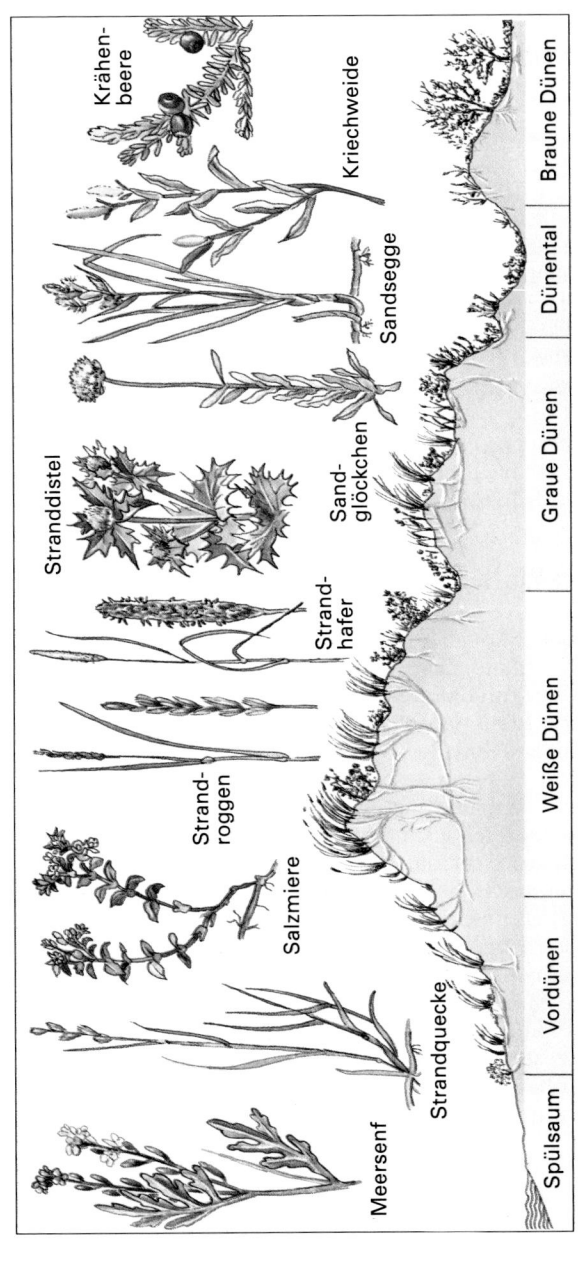

Abb. 6: Typische Dünenpflanzen und Zonierung einer Dünenlandschaft

darüber hinaus die Gefahr, dass salzhaltiges Wassser aus dem Untergrund kapilar aufsteigt und somit die Qualität der Böden negativ beeinflusst. Hinsichtlich der Nutzung muss zwischen älteren und jüngeren Marschflächen unterschieden werden. Erstgenannte eignen sich wegen der Entkalkung, die bis in 2 m Tiefe hinabreichen kann, häufig nurmehr zur Grünlandwirtschaft, während die jüngeren Böden der Kalkmarsch insbesondere ackerbaulich genutzt werden.

Entlang der Westküste existieren nur noch schmale Salzmarschstreifen vor den Deichen oder im Schutze der Inseln. Die im Lee der Inseln und einiger Halligen liegenden Salzmarschen markieren den unmittelbaren Grenzraum zwischen Watt und Festland. Die dort beheimateten Salzwiesen werden durch eine große Vielzahl schützenswerter Vegetationsformen geprägt, denen eine besondere Resistenz gegenüber Salzwassereinflüssen gemein ist. Die Abbildung 6 zeigt die idealtypische Verteilung einzelner Pflanzengesellschaften in Abhängigkeit von der jeweiligen Höhenlage über NN.

Das Watt

Neben Marsch und Geest stellt das Wattenmeer in Bezug auf seine ökologische Vielgestaltigkeit einen nahezu einmaligen Naturraum dar, den es in dieser Ausprägung nur an wenigen anderen Küstenabschnitten dieser Erde zu finden gibt. Diese Einmaligkeit hat dazu geführt, dass der 10 bis 20 km breite Wattgürtel westlich des Festlandes im Jahre 1985 zum Nationalpark erklärt wurde. Wie auch die Marsch fällt das Watt in den Übergangsbereich vom Meer zur Geest, wobei das Watt morphogenetisch gewissermaßen die Vorstufe zur Marsch darstellt. Der Klei der Marsch ist nichts anderes als durch das Aufwachsen dem Einfluss des Meeres entzogener einstiger Wattboden.

Die Morphologie des Watts in seiner heutigen Form zeichnet ebenso wie die der anderen zuvor beschriebenen Räume nur eine Momentaufnahme nach, da der morphologische Wandel einer ausgesprochen intensiven Dynamik unterliegt, die binnen kürzester Zeit zu erheblichen Veränderungen der Oberfläche führen kann. Um das System zu verstehen, ist es erneut notwendig, einen Blick in die jüngste Vergangenheit zu werfen. Dabei müssen nicht geologische Zeitabschnitte betrachtet werden – es reicht aus, die Landschaftsentwicklung in historischer Zeit, genauer der letzten knapp 1000 Jahre, zu beobachten. Noch bis ins Mittelalter bildete fruchtbares Marschland die vom

Menschen auf unterschiedliche Weise genutzte Oberfläche, doch sollten bald darauf einige besonders verheerende Sturm- fluten weite Teile des Kulturlandes für die Natur zurück- erobern.

Das Watt ist nicht im gesamten Küstenverlauf einheitlich gegliedert. Nur in Nordfriesland sind die Flächen nicht direkt der Brandung ausgesetzt, sondern werden von den vorgelager- ten Inseln und Sänden weitgehend geschützt. Die Ost-West- Erstreckung liegt zwischen 10 und maximal 20 Kilometern.

Bei Eiderstedt verschmälert sich der Wattgürtel erheblich, lediglich in der Tümlauer Bucht und südlich von St. Peter- Ording sind größere Wattflächen anzutreffen. Südlich der Eiderstedter Halbinsel bis hinab zur Elbemündung erstreckt sich ein weiteres ausgedehntes Wattgebiet. Je nach Lage werden die Wattflächen entweder als Buchten- oder Ästuarwatt, Rück- seitenwatt und offenes Watt bezeichnet. Während dem offenen Watt die vorgelagerten und schützenden Inseln weitgehend fehlen, liegen die Rückseitenwatten im Lee der Inseln. Dies sorgt für differenzierte Sedimentationsmuster. Als pauschale Formel gilt: je unruhiger die Sedimenationsbedingungen, desto gröber wird die Körnung des abgelagerten Materials. Aus die- sem Grunde können die Wattflächen vor Schleswig-Holstein nicht nur aufgrund ihrer Lage, sondern auch hinsichtlich der abgelagerten Sedimente in Schlick-, Sand-, oder Mischwatt unterschieden werden. Es soll an dieser Stelle darauf verzichtet werden, die einzelnen Ablagerungsräume näher zu beschrei- ben, denn sicher wird der Leser im weiteren Verlauf seines Aufenthaltes an der Küste noch eigene Erfahrungen mit der Begehbarkeit einzelner Watttypen sammeln.

Mit nur 5 % machen die Schlickwattflächen, die am schwierig- sten zu begehenden Bereiche, allerdings nur einen recht gerin- gen Teil der Oberfläche aus. Das Risiko, mehrere Dezimeter tief ins Watt einzusinken, ist also vergleichsweise gering. In diesem Zusammenhang wird auch die Frage nach der Entstehung von Dünen aufgeworfen, die in unmittelbarer Nähe zum Festland weitgehend fehlen. Dies hängt u. a. mit der Verteilung der unter- schiedlichen Korngrößen im Watt zusammen. In Festlandsnähe werden die Sedimentationsbedingungen ruhiger und mehr und mehr tonige, sehr feine Teilchen setzen sich ab. Diese sorgen letztendlich dafür, dass der Boden ausreichend zusammengekit- tet und feucht gehalten wird, was wiederum ein Ausblasen durch den Wind verhindert. Die lockeren, weiter seewärts abge- lagerten Sande tendieren dazu, bei Ebbe schnell abzutrocknen um alsbald vom Wind erfasst und verfrachtet zu werden.

Abb. 7: Ebbdelta zwischen Norderoog und Japsand

Abb. 8: Morphologische Strukturen des Watts

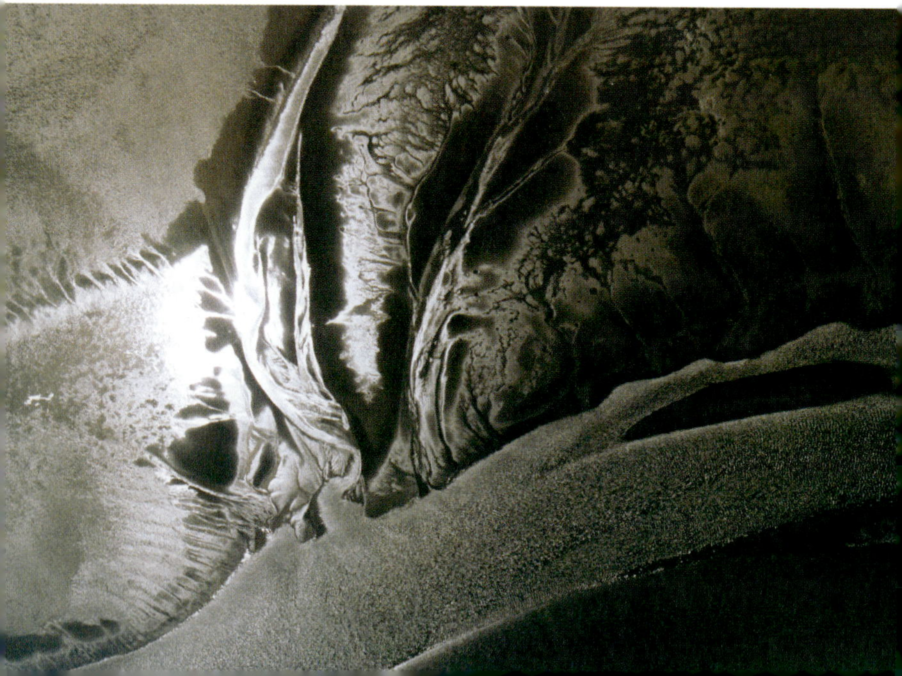

Die Sände

An den Außensänden Japsand, Norderoogsand, Süderoogsand
und Trischen lässt sich der morphologische Wandel im Wattenmeer gut ablesen, da sie ihre Lage in den letzten Dekaden deutlich verändert haben. Selbst eine einzige Sturmflut kann zu
erheblichen Materialverfrachtungen führen. Besonders ausgeprägt ist die Ostwärtsverlagerung der nordfriesischen Sände um
einige hundert Meter in den vergangenen Jahrzehnten.

Als unbesiedelte natürliche Barrieren schützen sie die weiter
binnenwärts gelegenen Wattflächen, Inseln und Halligen und
nehmen der See bereits weit vor dem Festland einen Teil ihrer
abtragenden Energie.

Das hydrologische System im Watt

Im Abstand von ca. sechs Stunden wechseln Ebbe und Flut einander ab und sorgen für einen permanenten Wandel im Watt,
dem sich Fauna und Flora in hervorragender Weise angepasst
haben. Im Allgemeinen fallen die Wattflächen bei Ebbe trocken,
um binnen weniger Stunden erneut unter den Einfluss der Flut
zu geraten. Lediglich die tieferen Priele und Wattströme führen
auch bei Ebbe permanent Wasser. Je nach Witterungsverhältnis-
sen kann der Tidenhub, die Differenz zwischen mittlerem Hoch-
und Niedrigwasser, aber deutlich variieren, so dass im Sturm-
flutfalle das Watt selbst bei Ebbe nicht immer komplett trocken
fällt. Beim Eintreten einer durchschnittlichen Tide strömt das
Wasser aus Richtung der Deutschen Bucht in den amphibischen
Bereich hinein und lässt den Wasserstand zunächst in den Rinnen und Prielen anschwellen. Nördlich der Eiderstedter Halbinsel dringt die Flut dabei zunächst nicht flächig vor, sondern
muss die Engstellen zwischen den Inseln, die Seegatts, passieren. Durch die Verengung entsteht ein Düseneffekt, der ver-
glichen mit dem Dithmarscher Watt, deutlich höhere Ein- und
Ausströmgeschwindigkeiten bewirkt. Aus diesem Grunde ist die
erosive Kraft des Wassers ungleich höher und die Wassertiefen
im Vortrapptief und im Rütergatt überschreiten zuweilen die
20-m-Marke.

Die Tidewelle erreicht zu Beginn eines Flutzyklus die südlichen Küstenabschnitte Schleswig-Holsteins und trifft rund zwei
Stunden später auf Sylt ein. Dies hängt damit zusammen, dass
die Tide in der Deutschen Bucht entgegen dem Uhrzeigersinn
um einen marginalen Punkt, die Amphidromi, verläuft. Das

Zustandekommen einer Drehtide hängt wiederum mit dem Bau und den strömungsbeeinflussenden Parametern (Küstenverlauf, Winde usw.) des Nordseebeckens zusammen. Der Tidenhub in der Nordsee variiert deutlich und beträgt beispielsweise am Pegel List auf Sylt 1,75 m. Am Pegel Husum liegt der Tidenhub bei ca. 3,4 m. Nahezu alle Pegelmessstellen weisen unterschiedliche Werte aus. Diese Differenzen ergeben sich aus dem uneinheitlichen Küstenverlauf. Während der Tidenhub an den buchtenarmen ausgedehnten Sandstränden eher niedrig ist, bewirken die trichterförmigen Verengungen bei Husum bzw. im Einzugsbereich des Eiderästuars Staueffekte und somit ein höheres Auflaufen der Tide.

Durch die Gezeiten werden im gesamten Wattenmeer Sedimente bewegt, die je nach Größe unterschiedlich transportiert werden. Handelt es sich um sehr feine tonige Anteile, geschieht

Abb. 9: Gezeitensituation in der Nordsee

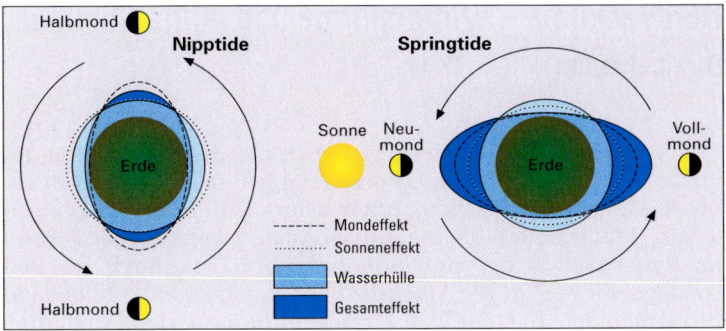

Abb. 10: Entstehung von Nipp- und Springtiden

die Verlagerung in Suspension, und nur beim Stromkentern werden die feinsten Partikel abgelagert. Auch in geschützten Leelagen können ausreichend ruhige Sedimentationsbedingungen, die eine Ablagerung erlauben, eintreten. Größere Partikel werden je nach Durchmesser entweder schwebend oder am Boden hüpfend mit dem Strom transportiert.

Das Watt im weiteren Sinne besteht aus einzelnen Tidebecken, die jeweils von einer Wattwasserscheide gegeneinander abgegrenzt und von einer zentralen Rinne entwässert werden. Ähnlich dem Gewässernetz auf dem Festland bilden sich in den Tidebecken Entwässerungssysteme hierarchischer Ordnung. Auf den höher gelegenen Flächen existiert ein verzweigtes System kleinster Rinnen, die jeweils einer übergeordneten Rinne, einem Priel, zufließen. Die Priele vereinigen sich ihrerseits in Wattströmen und Seegatts. Im hydrologischen System verändern die größeren Ströme ihre Lage nur langsam, doch zeigen die Priele und kleineren Rinnen eine hohe hydrologisch-morphologische Dynamik.

Nordseeklima – Winterstürme und milde Sommer
Dirk Lehmann

Alle Sommer wieder gehen die Szenen des Sylter Badestrandes durch die Medien – einem kilometerlangen traumweißen Erlebnis, das pures Urlaubsglück unter blauem Himmel bedeutet. In jedem Winter halten die Meldungen über weggerissenen Strand im Sylter Süden bei Hörnum und über Landunter auf den Halligen Einzug in die Wohnzimmer der trocken gebliebenen Binnenländer – in einer über Jahre „programmierten Wiederholschleife" saisonaler Variation der Naturgewalten. Vor allem in diesen Wintertagen erinnert man sich an die Bemerkung, es gäbe kein schlechtes Wetter, sondern nur die falsche Kleidung. Und schlechtes Wetter an der Küste gibt es lang anhaltend meist nur im Winter. Im Sommer dagegen muss man solches oft nur für ein paar Stunden, und wenn man Glück hat, nur für ein paar Minuten aushalten. Eine Woche steter Wechsel von Sonnenschein und Bewölkung ist allemal besser als tagelang andauernder Landregen, besser als die unbarmherzige Sonne der Urlaubsziele jenseits der Alpen. Die richtige Einstellung zum Wettergeschehen macht den besonderen Reiz aus, und auch ein Blick über den Küstenrand der Nordsee hinaus sollte alle eventuellen Zweifel zerstreuen.

Folgt man dem 55. Breitengrad rund um die Erde, so wird man schnell feststellen, dass das Nordseewetter vergleichsweise freundlich ist: Andernorts sinkt das Thermometer in der kalten Jahreszeit auf Mittelwerte (!) um −17°C, wie die Bewohner des russischen Nowosibirsk, am Südostrand der Westsibirischen Tiefebene im kontinentalen Kernland Asiens sicherlich berichten können. Noch weiter im Osten, auf den Aleuten zwischen Asien und Amerika, bleibt die Sonne an 300 Tagen im Jahr hinter Nebelschleiern verborgen, und in der Gegend des kanadischen Edmonton wechseln sommerliche Hitzeperioden mit Blizzards, ganz zu schweigen von den klimatischen Bedingungen in Labrador, Neufundland.

Der Golfstrom, der weit draußen im Atlantik karibische Wärme transportiert, und seine durch Ausläufer hervorgerufene „positive Temperaturanomalie" bringt Ausgeglichenheit, Milde und im wahrsten Sinne des Wortes reizvolle Wirkung maritimen Klimas nicht nur im Tages-, sondern auch im Jahresverlauf in unsere Breiten. Neben dem Golfstrom ist die so genannte Westwinddrift für den Transport der milden und oft feuchten

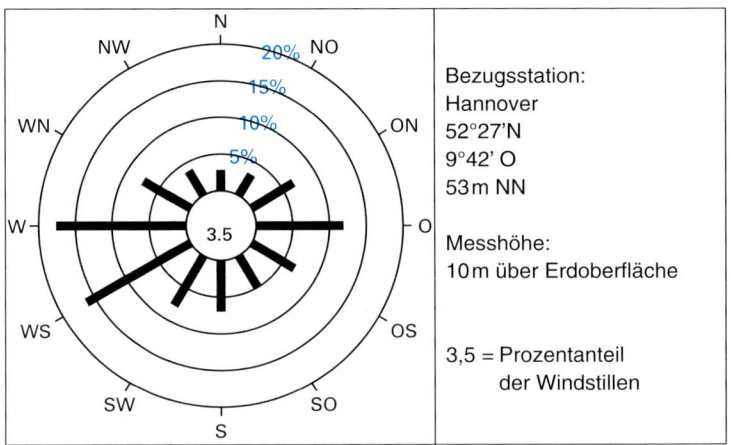

Abb. 11: Windrichtungsverteilung

Luftmassen vom Atlantik her verantwortlich. Die Tatsache, dass wir es im Jahresdurchschnitt überaus häufig mit Winden aus Westen zu tun haben, führt zum „Erlebnis Wetter": Abgesehen von stabilen Hochdruckwetterlagen, die sich im Winter (Februar) mit wahrhaft „sibirischer Kälte" und im Frühling (Mitte Mai bis Mitte Juni) mit lang anhaltendem Schönwetter bemerkbar machen, steht die Küste unter dem Einfluss atlantischer Tiefdruckgebiete.

Der über der langen Meeresstrecke von Luftschadstoffen befreite Westwind erhält seine Dynamik aus besonders ausgeprägten Temperatur- und Luftdruckgegensätzen über dem Nordatlantik, vornehmlich zwischen dem 40. und 60. Breitengrad. Je stärker diese Gegensätze, desto kräftiger der Wind, der besonders im Winterhalbjahr Sturmstärke erreichen kann. Die Erdrotation sorgt für eine Verwirbelung um den Punkt tiefsten Drucks. Gleichzeitig mit dieser zieht das meist mehrere tausend Kilometer im Durchmesser erreichende Tiefdruckgebiet nach Osten, und mit seinen Ausläufern streift es mit hoher statistischer Wahrscheinlichkeit die deutsche Nordseeküste. Da der Wind stets zum Punkt niedrigsten Drucks weht, setzt bei Annäherung eines Tiefs Südwind ein, der dann unter Auffrischung nach Südwesten und Westen dreht.

Wenn eine Zyklone sich von West nach Ost weiterbewegt, dann rückt die Kaltfront schneller voran als die Warmfront, das bedeutet, der Warmsektor wird immer schmaler. Das liegt darin begründet, dass an der Kaltfront kalte und damit dichtere Luft gegen wärmere, leichtere Luft vorrückt und schneller vorankommt als im umgekehrten Fall, der an der Warmfront vorliegt. Hier kann sich die wärmere, leichtere Luft nicht so gut gegen die vorgelagerte Kaltluft durchsetzen. Wenn der Warmsektor immer schmaler wird, gleitet an der Warmfront Warmluft auf die Kaltluft auf. Dabei gelangt sie in größere Höhen, sie kühlt sich ab, und es kommt zu Wolkenbildung und schließlich zu Niederschlägen, den so genannten Aufgleitniederschlägen.

Diese Vorgänge sind auch in der Abbildung 12 erkennbar. Es bilden sich zunächst die Zirren (Federwolken) in großen Höhen und danach düstere Stratusbewölkung (Schichtwolken), aus denen der Regen einsetzt. Der Niederschlag fällt in Form von kleinen Tropfen und kann sich einige Zeit hinziehen. Das ist durch den flachen Verlauf der Warmfront zu erklären, die zu einem langsamen Aufsteigen der Warmluftmasse führt. Das Niederschlagsgebiet an der Warmfront hat in der Regel eine Breite von

Abb. 12: Schema einer Zyklone im Reifestadium

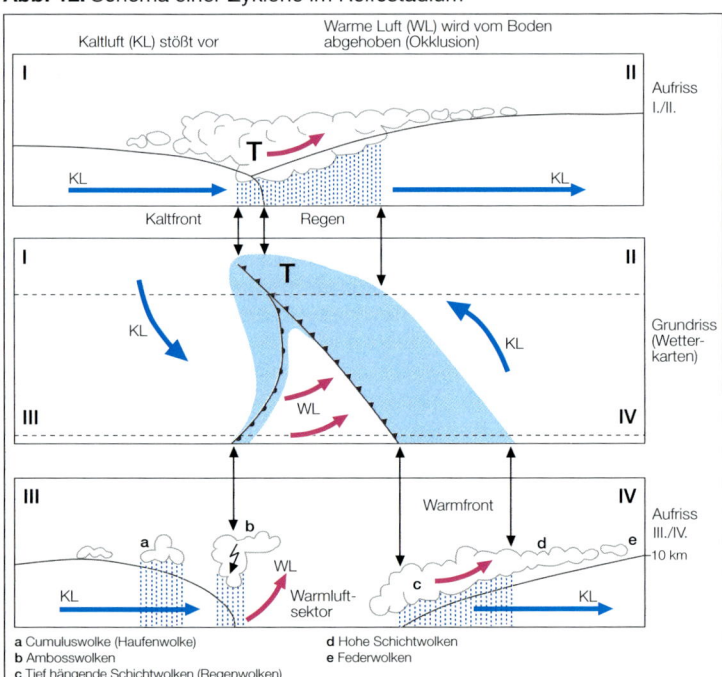

a Cumuluswolke (Haufenwolke)
b Ambosswolken
c Tief hängende Schichtwolken (Regenwolken)
d Hohe Schichtwolken
e Federwolken

etwa 100 bis 300 Kilometern. Der Grund ist, dass Luft beim Abkühlen viel von ihrem Fassungsvermögen für Wasserdampf verliert. Dieser gasförmige Wasserdampf, der dann nicht mehr in die Luft „hineinpasst", tritt als flüssiges Wasser in Form von Tröpfchen aus der Luft aus und bildet zunächst Wolken und dann Niederschlag.

Wenn die Warmfront mit ihrem Niederschlagsgebiet durchgezogen ist, folgt manchmal innerhalb weniger Minuten der Warmluftsektor. Er ist gekennzeichnet durch aufgelockerte Bewölkung mit Cumuluswolken (Haufenwolken), die sich bilderbuchartig über der weiten Landschaft ausbreiten. Nach dem Warmluftsektor folgt die Kaltfront, die schauerartige Niederschläge bringen kann, da sich hier die schwerere Kaltluft unter die leichtere Warmluft schiebt und diese vom Boden abhebt. Diese Luftbewegung steigt zwar tendenziell auf, ist jedoch bei weitem nicht so lang anhaltend wie die der Warmfront. Deshalb ist auch der Charakter der Niederschläge ein anderer. Es sind kurze Schauer mit größeren Tropfen. Der Wechsel zwischen gutem und schlechtem Wetter wird durch das dynamische Aufsteigen und Abkühlen von Warmluft verursacht. An der Nordseeküste ist dieser Wechsel besonders intensiv zu beobachten.

Da sich das Wetter noch weniger als andere Naturvorgänge standardisieren lässt, tritt dieser im Prinzip regelhafte Durchzug eines Tiefs natürlich in unendlich vielen Variationen auf, wobei immer gilt: Je kleiner das Tief und je stärker der Wind, desto schneller wiederholt sich dieser Kreislauf. Gegebenenfalls schließt sich ein weiteres Tief an, was am „rückdrehenden Wind" über West ablesbar ist. Besonders im Sommer folgt dem Tief in der Regel ein so genanntes Zwischenhoch: Die großen Haufenwolken der Rückfront des Tiefs lösen sich nach und nach auf. Unzählige Schäfchenwolken ziehen bei andauerndem Nordwestwind von der See heran und bescheren ein Wetter, das Zehntausende von Gästen und Einheimischen an Strände(n) und Deiche(n) schwärmen lässt.

Als Ausnahme für diese relativ berechenbaren Vorgänge seien an dieser Stelle die bisher noch nicht sicher voraussagbaren Sturmtiefs zu nennen. Dennoch lassen sich mit weiteren Grundkenntnissen und einem offenen Auge für Windrichtung und Art der Wolken Exkursionen, beispielsweise Radtouren, mit großer Erfolgsquote planen. Das Erlebnis einer Sturmflut, dem man mit Vorsicht und Respekt begegnen sollte, verdeutlicht jedoch eindrucksvoll die Intensität der Naturgewalten. Was ist eine Sturmflut? Ihr Antrieb liegt in Tiefdruckgebieten mit besonders ausgeprägten Druckunterschieden und entsprechend stürmischen Winden. Diese wirken auf die Meeresoberfläche in zweifacher Hinsicht ein. Zum einen entstehen Wellen, die in der freien Nordsee Höhen von weit über zehn Metern erreichen können. Diese verwandeln sich bei Annäherung an die Küste in überkippende Brecher, die eine erhebliche Energie an Stränden, Deichen und Kliffs entladen. Auf Sylt dokumentieren wissenschaftliche Untersuchungen Sturmflutbrecher von bis zu acht Metern Höhe. Zum anderen hat der als Windstau bezeichnete Effekt mindestens ebenso gravierende Folgen: Durch die Schubkraft des Windes wird die Wasseroberfläche der Nordsee im wahrsten Sinne des Wortes dem Wind folgend „gekippt", so dass an der Ostküste Englands ein extremer Wassertiefstand herrscht, während an der Westküste Schleswig-Holsteins der Wasserstand um mehrere Meter höher ansteigt als im langfristigen Mittel vorausberechnet. Der „Buchteneffekt" der deutschen Nordseeküste, d. h. der fehlende Abfluss für die Wassermassen, verstärkt diese Erscheinung noch.

Der Angriffspunkt der Wellen auf die Küstenschutzbauwerke wird so nach oben verlagert, zudem brechen die Wellen näher an der Küste. Wichtig ist der Zeitpunkt des maximalen Windstaus. Tritt dieser zum Zeitpunkt des eigentlichen Niedrigwassers ein, wirkt sich die Wasserstandserhöhung weniger gravierend aus als dann, wenn Tidehochwasser und Windstau zusammenfallen. Es ist offensichtlich, dass der Windstau je nach Windrichtung an einer so reich gegliederten Küste wie der nordfriesischen überall unterschiedliche Werte erreicht, was die Bemessungsgrundlage, aber auch die unmittelbare Vorhersage der Wasserstandshöhen für eine Sturmflut erschwert. So wird – eher aus Erfahrungswerten heraus – von einer Sturmflut gesprochen, wenn der zu erwartende Wasserstand das Tidehochwasser um etwa 1,5 m zu übersteigen droht. Dies ist im Raum Nordfriesland etwa bei konstanten Windstärken zwischen 8 und 9 der Fall. Bei Windstärken über 11 bis 12 sind mehr als 4 m Wasserstandserhöhung zu erwarten.

Zwei weitere Faktoren haben entscheidenden Einfluss auf die endgültige Sturmfluthöhe: Tritt der maximale Windstau zum Zeitpunkt einer so genannten „Springtide" ein (in Nordfriesland etwa 2–3 Tage nach Voll- oder Neumond), wird von einer Springflut gesprochen, da der Tidenhub während dieser astronomischen Konstellation größer ist als sonst. Schließlich ist es möglich, dass sich – wie bei der verheerenden Sturmflut im Februar 1962 – eine „Fernwelle" auf den Wasserstand auswirkt: Diese entsteht durch Luftdruckschwankungen oder Seebeben im offenen Ozean und kann den Wasserstand bis in den Trichter der

Abb. 13: Sommerflut auf Hallig Hooge – ein halbes Landunter

Deutschen Bucht hinein erhöhen. Ob und in welchem Umfang bei einer Sturmflut große Schäden entstehen, hängt nicht zuletzt von der „Verweildauer" des hohen Wasserstandes ab. Auch ist es möglich, dass mehrere kleinere Sturmfluten hintereinander mehr Schäden verursachen als eine schwere Sturmflut, da das Wasser mit jeder neuen Flut immer höher steigt, jedoch bei Ebbe nicht gegen den Wind abfließen kann. Vielerorts ist zu beobachten, dass auch geringere oder nicht zunehmende Windgeschwindigkeiten aus westlichen Richtungen zu hohen Flutwasserständen führen können.

Die Windgeschwindigkeit im Bereich des Wattenmeeres hat bei Sturmlagen innerhalb der letzten 120 Jahre zwei kräftige, etwa ein halbes Jahrhundert dauernde Schwankungen gezeigt, wobei in der jüngsten Zeit ein Maximum registriert wurde. Die Windgeschwindigkeit hat aber nicht generell zugenommen. Die signifikante Abnahme der winterlichen Sturmlagen in der Schweiz seit etwa 130 Jahren und die Zunahme in Skandinavien deuten eine Nordwärtsverlagerung der Zugbahnen der Tiefdruckgebiete an.

Das lokale Windfeld wird im Wattenmeer nicht nur durch die großräumigen Druckverhältnisse und die Orographie gestaltet, sondern auch durch die sich gezeitenbedingt ändernde Verteilung von Land, Wasser und Watt. Die unterschiedliche Rauhigkeit dieser Flächen bewirkt ungleiche bodennahe Windgeschwindigkeiten. Ebenso wird der Wasserstand im Wattenmeer nicht nur durch die Gezeiten und großräumigen Wettersysteme über der Nordsee beeinflusst, sondern auch durch das lokale Windfeld.

Ein spezielles Phänomen an der Küste ist die Land-Seewind-Zirkulation, die durch Temperaturunterschiede zwischen Land und Meer angetrieben wird. Aufgrund der hohen spezifischen Wärmespeicherkapazität des Wassers zeigt die Oberflächentemperatur des Ozeans nur geringe Schwankungen. Im Gegensatz dazu führt die Sonneneinstrahlung zu ausgeprägten Tagesschwankungen der Temperatur der obersten Erdschichten, da die schwache Wärmeleitfähigkeit eine Erwärmung der tiefen Bodenschichten verbindet. Somit ist das Land tagsüber wärmer und nachts kühler als das Wasser, was ideale Bedingungen zur Ausbildung thermisch getriebener Land-Seewind-Systeme bietet. Die über dem Land aufsteigende warme Luft erzeugt in der Höhe einen größeren Druck als in gleicher Höhe über dem Meer. Umgekehrt bildet sich in den unteren Schichten über der See aufgrund absinkender kühlerer Luftmassen ein höherer Druck als über dem Land. Falls nachts die Oberflächentemperatur des Bodens unter die des Wassers sinkt, bildet sich eine umgekehrt orientierte Luftströmung aus. Kühlere Festlandsluft, eine Landbrise, weht in den oberflächennahen Schichten in Richtung See. Die Landwind-Zirkulation ist jedoch in der Regel schwächer. Entlang der Land-Seewind-Front werden häufig Quellwolken, konvektive Bewölkung, beobachtet. Seewindfronten sind synoptische Regionalwinde und bilden sich am deutlichsten bei schwachen Winden und hoher Sonneneinstrahlung. Die Fronten wandern im Laufe des Tages von der Küste ins Landesinnere, die Geschwindigkeit und die Eindringtiefe ins Land sind sowohl von den lokalen Gegebenheiten, wie Orographie und Landnutzung, als auch von der großräumigen Wetterlage abhängig. Bei auflandigem synoptischem Wind kann die Front weit ins Innere des Landes vordringen. Ablandiger synoptischer Wind hält die Front in Küstennähe und intensiviert die Zirkulation.

Können sich Land-Seewind-Systeme über zwei benachbarte Küstenabschnitte entwickeln (z.B. über Norddeutschland), so wandern ihre Fronten aufeinander zu, fließen zusammen und bilden eine gemeinsame Aufwindzone. Solche Zonen können die Entstehung mächtiger Wolkenbänder bewirken und Gewitter auslösen.

Doch nicht nur der Wind ist entscheidend für die Besonderheiten des maritimen Klimas, auch die über das Jahr hinweg aus-

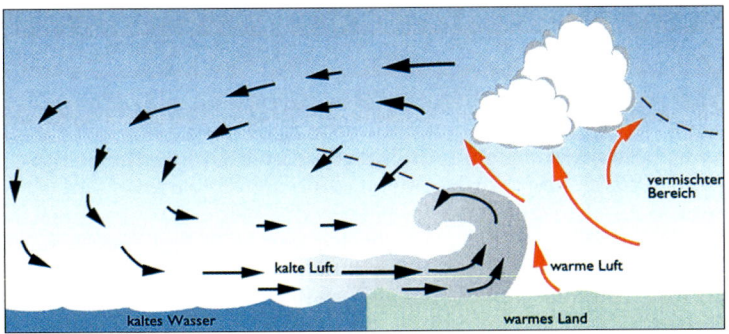

Abb. 14: Idealisierte Luftzirkulation bei Seewind (Grafik: KÜPPER; verändert nach LYONS 1975 u. OGAWA et al. 1986; In: UWA 1999, S. 70)

geglicheneren Temperaturen im Verhältnis zum kontinentalen Landesinneren machen sich bemerkbar: Die warmen Sommer und eisigen Winter in Novosibirsk, das etwa auf gleicher Breite wie Hamburg liegt, zeigen die Bedeutung der Nähe zum Meer. Aber auch schon kleinräumig – etwa von der Küste bis in das Landesinnere Schleswig-Holsteins – gibt es bemerkenswerte Unterschiede. Die Temperaturverhältnisse sind sowohl auf die hohe Wärmespeicherkapazität der Nordsee zurückzuführen, natürlich im tideabhängigen Zyklus des trockenfallenden Wattenmeeres speziell ausgeprägt, als auch durch die Einstrahlungsintensität der Sonne zu erklären, die über dem westlichen Schleswig-Holstein ein Gefälle von der See zum Land hin zeigt: Liegt die mittlere jährliche Sonnenscheindauer über den westlichsten Nordfriesischen Inseln bei etwa 1700 Stunden, so sind landeinwärts durchschnittlich 1500 bis 1600 Stunden zu erwarten. Diese Unterschiede kommen durch die Bewölkungsverteilung in der jeweiligen Region zustande, da die Wolkenbildung auch von der Beschaffenheit der Erdoberfläche abhängig ist. So fördert eine vergleichsweise wärmere Erdoberfläche die Wolkenbildung. Rauhigkeitsübergänge zwischen See und Land führen über die Küstenkonvergenz zu einer landseitigen Wolkenbildung.

Die Temperaturen im westlichen Schleswig-Holstein werden von der Land-Wasser-Verteilung geprägt. Auch küstenfernere Orte werden von der Nordsee durch den Luftmassenaustausch beeinflusst. Zum Landesinnern nimmt er jedoch ab. Die landeinwärts gelegene Station Helse hat im Jahresgang das tiefste Monatsmittel im Januar mit Werten von 0 bis 0,5°C. Im Wattgebiet ergibt sich im 30-jährigen Durchschnitt ein Monatsmittel zwischen 0,5 bis 1,0°C. Helgoland, das stets von Wasser umgeben ist, zeigt mit rund 2°C markant mildere Temperaturen.

Durch die verzögerte Erwärmung der Nordsee erreichen die von ihrer Wasserfläche besonders beeinflussten Stationen die höchsten Monatsmitteltemperaturen im August, während dieser Wert landeinwärts schon im Juli gemessen wird. Heiße Sommertage sind an der Nordseeküste eher die Ausnahme. Am Festland – bis hin zur Küste – betrug die bisher absolut höchste Temperatur etwa 36°C. Die lnselstation Wyk erreichte bislang knapp 31°C, während die Helgolands seit Beginn der Messungen immer unter 29°C blieb. Der Küstenraum erfährt bei derartigen Hitzeereignissen von der Nordsee kaum Abkühlung, da diese Situationen vielfach mit süd- bis südöstlichen Winden verbunden sind, also vom Land erwärmte Luftmassen an die Küste gelangen. Erst auf dem Weg zu den Inseln kühlt sich die Luftmasse über den Wasserflächen ab.

Im Winter ergibt sich ein ähnliches Bild: die niedrigsten Temperaturen lagen auf dem Festland bei -30°C, auf den Inseln im Wattenbereich erreichten sie -25 bis -20°C und auf Helgoland etwa -15°C. Auch die Zahl der Frost- und Sommertage unterstreicht den mildernden bzw. abkühlenden Einfluss der Nordsee. Frosttage sind durch Temperaturen unter 0°C gekennzeichnet, Sommertage durch Maximaltemperaturen von mindestens 25°C. Im Binnenland des westlichen Schleswig-Holsteins gibt es im Jahr bis zu 80 Frosttage, an der Küste und auf den Inseln im Wattgebiet sinkt diese Zahl auf 55 bis 70, auf Helgoland im Mittel sogar auf 37. Eine ähnliche Abfolge gilt auch für die Sommertage, von denen man auf Helgoland im Schnitt nur einen genießen kann, während an der Küste und auf den Inseln 5 bis 11 Tage zu erwarten sind, landeinwärts im Jahr durchschnittlich sogar 12 bis 17.

Doch nicht nur die Luft-, sondern auch die Wassertemperaturen sind entscheidend für die klimatischen Bedingungen im Küstenraum. Die Temperatur des Wassers bestimmt die Saisonalität des gesamten marinen Lebens, wirkt sich auf das küstennahe Klima aus und beeinflusst auch das menschliche Verhalten direkt. Hier können die sommerlichen Bilder überfüllter Strände Bände sprechen. Die Wassertemperatur gehört zu den klimatisch-hydrologischen Basisparametern der Küstenregion. Das Meer fungiert als ausgleichender Speicher, weil seine Wärmespeicherkapazität etwa dem 4000fachen der Luft entspricht. Diese Eigenschaft bewirkt, wie bereits detailliert ausgeführt, relativ milde Winter und mäßig warme Sommer – Kennzeichen des maritim oder auch ozeanisch genannten Klimas.

Das Wasservolumen ist in den flachen Watten gering. Im Vergleich mit der offenen See ist dort die Wassermasse auf eine große Oberfläche verteilt. Daher läuft der Wärmeaustausch zwischen Boden, Wasser und Luft schneller ab. Zudem erlaubt die relativ große Wasseroberfläche eine hohe Aufnahme von Strahlungsenergie. Auch die Tide trägt zur Erwärmung des Wassers in den Watten bei. Das dunkle Watt nimmt bei Ebbe viel Sonnenwärme auf, während es sie bei Flut an das kühlere Wasser abgibt. Dadurch ändert sich die Wassertemperatur in den Watten schneller und stärker als in der angrenzenden Deutschen Bucht. Diese Faktoren verleihen dem Wattenmeer eine zu seiner Wassermenge überproportionale Bedeutung für den Temperaturhaushalt der angrenzenden Nordsee.

Doch nicht nur die Sonneneinstrahlung, auch die Gezeiten beeinflussen die Wassertemperatur im Wattenmeer. Die durch die Sonneneinstrahlung hervorgerufene Tageswelle der Temperatur, mit Temperaturminima in den frühen Morgenstunden und Maxima am Nachmittag, wird durch die Gezeiten gestört, weil deren Hauptperiode (12 h und 25 min) nicht mit der Sonnenperiode (Tageslänge 24 h) übereinstimmt. Durch die Überlagerung der Tageswelle mit den Gezeiten kommt es zu ungefähr 15-tägigen Temperaturschwankungen im Wattenmeer: Kälteres Wasser ist schwerer als warmes. In relativ abgeschlossenen Wasserkörpern, z. B. in Senken, kann sich daher bei Niedrigwasser eine vertikale Schichtung ausbilden, die erst zerstört wird, wenn das Oberflächenwasser in der Nacht abkühlt oder kälteres Wasser der Nordsee aufläuft. Doch durch die besonders kräftige Gezeitenströmung bildet sich eine derartige Schichtung nur sehr selten und in geringem Umfang aus.

Im Verlauf des Jahres wird die höchste Wassertemperatur im August erreicht. Danach kühlt das Meer bis in den Februar ab, wenn im Allgemeinen die niedrigsten Temperaturen gemessen werden. Auch die Temperaturamplitude ist im Wattenmeer im Vergleich zur Nordsee sehr viel stärker ausgeprägt. Im vergangenen Jahrzehnt ist eine ungewöhnliche Häufung milder Winter und warmer Sommer aufgetreten, doch die Wassertemperaturmessungen aus mehr als 130 Jahren zeigen derzeit keinen signifikanten Trend für eine Erwärmung oder Abkühlung der Nordsee und des Wattenmeeres. Die niedrigsten Temperaturen in den Wattgebieten liegen nahe dem Gefrierpunkt des Seewassers (zwischen -1,5 °C und -1,9 °C). Die höchsten Wassertemperaturen steigen auf rund 23 °C. Allerdings können in kleinen abgeschlossenen Bereichen oder Prielen auch höhere Werte bis etwa 30 °C auftreten. An der nordseeweiten Verteilung der ermittelten Minimal- und Maximaltemperaturen über einen langen Zeitraum wird deutlich, dass die Wattgebiete eine Sonderstellung einnehmen. Dort treten die niedrigsten und höchsten Temperaturwerte auf. Extremereignisse wie Eisschollen und Vereisungen großer Wattflächen haben einen starken ökologischen Einfluss: Das über das Watt bewegte Eis schürft die Sedimente ab – dadurch können ganze Teilökosysteme zerstört werden, z.B. Muschelbänke. Flächendeckende Eisschichten vermindern den Gasaustausch mit der Atmosphäre. Unter den Eisdecken sinkt folglich der Sauerstoffgehalt, was negative Folgen für die Bodenorganismen des Wattenmeeres hat. Durch höhere Gezeitenströmungen unter Eisflächen kann es zu einer intensivierten Erosion des Wattbodens kommen. Extreme Eiswinter traten besonders Mitte des vorigen Jahrhunderts auf, in einer Zeit, als die globalen Temperaturen leicht rückläufig waren. Die jüngsten bemerkenswerten Vereisungen gab es 1978/79, 1984/85 sowie 1995/96.

Wie schon angedeutet, ist das maritime Klima auch durch seine markanten Niederschläge gekennzeichnet. Das für die Region so berühmte schlechte Wetter lässt sich jedoch statistisch nicht nachweisen. Auch im flachen Land an der Westküste ist die Niederschlagsverteilung von Effekten mitbestimmt, die nicht primär mit der Nordseeküste in Verbindung gebracht werden können und die unterschiedliche Niederschlagsformen hervorbringen. Werden Schauer und Gewitter durch Konvektion ausgelöst, also durch Abkühlung der vom Erdboden aufgestiegenen erwärmten Luft, ist die örtliche Aufheizung des Bodens von Bedeutung. Diese Aufheizung ist von der Beschaffenheit der Erdoberfläche abhängig. Bereits sehr kleinräumig bewirkt sie so markante Unterschiede in der Höhe, der Dauer und der Intensität des Niederschlags.

Dagegen ist der Niederschlag gleichmäßiger bzw. großräumig verteilt, wenn er durch erzwungene Hebung an orographischen Hindernissen bzw. durch Aufgleiten wärmerer Luft auf eine kältere, dichtere Luftmasse verursacht wird (vgl. Abb. 12, S. 36).

Im Westen Schleswig-Holsteins schwanken die mittleren Jahreshöhen des Niederschlages zwischen etwa 700 mm im Bereich der Halligen und mehr als 900 mm über der holsteinischen Hochgeest und im Gebiet um Schleswig. Diese Niederschläge verteilen sich über das Jahr auf etwa 185 bis 215 Tage mit Niederschlagshöhen von mindestens 0,1 mm. Generell ist der Februar durchschnittlich der Monat mit dem wenigsten Niederschlag (durchschnittlich etwa 40 mm), die meisten Niederschläge fallen im Oktober oder November (rund 90 mm). In den Früh-

jahrs- und Sommermonaten erreichen die Binnenlandwetter-
stationen im Mittel deutlich größere Niederschlagshöhen als die
Inselstationen.

Der erhöhte Niederschlag im Bereich ansteigenden Geländes
lässt sich auf die erzwungene Hebung an orographischen Hindernissen zurückführen. Die Erhöhung der Niederschläge im
unmittelbaren Küstenbereich bildet sich infolge unterschiedlicher Rauhigkeiten über See und Land. Eine Luftströmung, die
vom Wasser zum Land gerichtet ist, wird durch die verstärkte
Reibung über dem Land verzögert, so entsteht an der Küste ein
Luftstau, eine Konvergenzzone. Sie wirkt sich deutlich durch
Wolkenbildung und Wetterverschlechterung aus. Ein nieder-
schlagsärmerer Keil von der Nordsee bis über die Halligen resultiert aus der dort noch deutlich geringeren Reibung als im
Bereich der Inseln Sylt, Amrum und Föhr sowie der Halbinsel
Eiderstedt. Der mittlere Niederschlagsanstieg im Gebiet des
Husumer–Bredstedter Küstenabschnittes resultiert aus dem
recht abrupten Übergang von der See zu der kurz hinter der
Küstenlinie ansteigenden Husumer Geest. Zu allen Jahreszeiten
entfallen auf den Geestbereich die höchsten Niederschläge, auf
das Halliggebiet immer die geringsten.

Der Begriff des milden maritimen Klimas ist insgesamt somit
in Relation zur umgebenden Festlandsmasse unter Berücksichtigung der Besonderheiten einer Gezeitenküste zu sehen. Die regionalen Schwankungen der klimatischen Bedingungen führen
im Nordseeküstenraum zu einem Wechsel vielseitiger Wetter-
und Witterungszustände, die sich auch in extremen Wetterlagen
zeigen können. Das Reizklima wird in allen Facetten seinem Ruf
gerecht. Der Name wird als Programm verwendet, denn das
Reizklima (wenn auch im anderen Zusammenhang) ist ein zug-
kräftiger Werbeträger des Nordens. Wer diesem wechselhaften
Wetter mit Interesse begegnet, wird durch die Vielfalt an der
Küste überrascht sein, und man wird schnell feststellen, was
noch nicht von vielen Touristen entdeckt wurde: Saison ist in
Nordfriesland immer.

Bauern, Fischer, Edelleute – Historischer Überblick
Thilo Christophersen

„Incertum quo fata ferunt" –
Ungewiss ist, wohin das Schicksal leitet

Mit der Vergangenheit von Dithmarschen und Nordfriesland be-
schäftigen sich seit jeher viele Historiker und Archäologen. Auch
eine große Zahl von Laien befasst sich mit der Enträtselung so
mancher bis heute offenen Frage nach der bewegten Geschichte
dieser Landschaft und ihrer Menschen. Das hängt sicherlich
damit zusammen, dass gerade von der einmaligen Wattenmeer-
landschaft mit ihrem schier unerschöpflichen Vorrat an span-
nenden historischen und prähistorischen Quellen und Kulturspuren ein ganz besonderer Reiz ausgeht.

Seien es nun Scherben von Tongefäßen aus mittelalterlichen
Siedlungen, die heute noch an vielen Stellen im nordfriesischen
Watt den Wattläufern in die Hände fallen, eindrucksvolle Hünen-
gräber aus der Stein- und Bronzezeit oder aber Schiffswracks aus
allen Epochen, die von Zeit zu Zeit freigespült werden und bei
deren Anblick sich wohl jeder fragt, wie es zu ihrem Untergang
oder ihrer Strandung gekommen sein mag.

Viele Menschen sind auch von der Frage fasziniert, wie die
Zukunft der Westküste in Zeiten immer häufigerer Sturmfluten
und steigender Wasserstände aussehen mag. „Incertum quo fata
ferunt" - Ungewiss ist, wohin uns das Schicksal leitet. So lautet
der in vielerlei Hinsicht für die Region treffende Wappenspruch
der Stadt Wyk auf Föhr.

Mit dem Einbaum im Watt – Vor- und Frühgeschichte

Flach steht die Sonne über dem südlichen Horizont. Es ist
12.00 Uhr am 21. Dezember im letzten Jahr des zwanzigsten
Jahrhunderts - Wintersonnenwende. Wir befinden uns in dem
engen Gang des steinzeitlichen Grabes „Denghoog" von Wenningstedt auf Sylt und schauen direkt in die Sonne. Seit gut 5 000
Jahren gelangen die Strahlen der Sonne, sofern der Himmel
nicht bedeckt ist, an diesem Tag des Jahres für einige Minuten in
das Innere des Großsteingrabs. Es gilt als das schönste seiner Art
in Deutschland. Noch heute ist der ovale Raum, die Grabkam-

mer, vorhanden. Sie wird von zwölf mächtigen Tragsteinen und
drei Decksteinen begrenzt. Genau nach Süden verläuft der von
neun Tragsteinen und neun Überliegern eingefasste Grabgang.
Er war ursprünglich sechs Meter lang. Als Decke dienen Packun-
gen aus Steinplatten. Klei und Sand schützten das Grab über
Jahrtausende weitgehend vor dem Einfluss der Witterung. Insgesamt sind alleine für die Nordfriesischen Inseln über 1500 Grabhügel aus der Stein-, Bronze- oder Wikingerzeit und 77 Groß-
steingräber wie das von Wenningstedt nachgewiesen worden.
Dabei finden sich die Siedlungs- und Grabspuren aus der Vor-
und Frühgeschichte v.a. im Bereich der hochgelegenen Geestrücken. Hier war das Siedeln im Trockenen möglich, während
die tiefer liegenden Flächen der Umgebung von unwirtlichen
Mooren und feuchten Bruchwäldern eingenommen wurden.

Auch vor Sturmfluten mussten sich die Menschen der jüngeren Steinzeit bereits in Acht nehmen, sofern sie sich in den flachen Marschbereichen an der damaligen Westküste aufhielten.
Einige tausend Jahre zuvor, gegen Ende der letzten Eiszeit, sah
das noch anders aus.

Lagen doch weite Teile der Nordsee vor etwa 10 000 Jahren
noch vollkommen trocken, war die Themse ein Nebenfluss des
Rheins. Es war sogar möglich, zu Fuß bis ins heutige England zu
gelangen (vgl. Kap. Geomorphologie). Dass die Jäger der mittleren Steinzeit hierhin tatsächlich unterwegs waren, ist durch die
Funde ihrer knöchernen Harpunenspitzen auf dem Nordsee-
grund bekannt geworden. Von den Menschen aus dieser Zeit finden wir heute an der schleswig-holsteinischen Westküste keine
Spuren mehr. Längst sind die damals bevölkerten Geestrücken
westlich des heutigen Küstenverlaufs von der immerwährenden
Brandung abgetragen worden – der Meeresspiegel ist seither an-
gestiegen. Als ganz besonders erstaunlich ist daher ein Fund zu
bezeichnen, der von Neandertalern herrührt und der in der
Wand einer Dithmarscher Kiesgrube gemacht wurde. Einigen
unscheinbaren Feuersteinabschlägen wurde dort von Archäologen das enorme Alter von 60 000 Jahren attestiert. Wie häufig
Neandertaler, die später in Mitteleuropa vom „Jetztmenschen"
Homo sapiens sapiens, verdrängt wurden, in Dithmarschen gewesen sind, lässt sich aber aus dem Fund nicht ableiten.

Doch zurück nach Wenningstedt. Die Menschen der Jungsteinzeit, auch Neolithikum genannt, die das Großsteingrab
„Denghoog" errichteten, gehörten der so genannten Megalithkultur an, die durch ihre gewaltigen Bauleistungen für die Nach-
welt beeindruckende Denkmäler schuf. Die Anlagen aus riesigen
Findlingen verwundern noch heute die Betrachter, von ihnen

geht eine starke Faszination aus. Die Gräber mitsamt ihren Beigaben weisen außerdem auf siedelnde Tätigkeit der Menschen in der Jungsteinzeit hin. Sie demonstrieren heute noch den Zusammenhalt sesshafter sozialer Gefüge. Rodungen, Dörfer, Weiden und Äcker, nachweisbar erstmals ab dem 3. Jahrtausend v. Chr., stehen für erste planvolle Eingriffe in natürliche Vegetationsverhältnisse.

Der Wechsel von der Lebensweise als Jäger und Sammler zur Sesshaftigkeit brachte viele folgenschwere Neuerungen mit sich. Durch die Ernte von Getreide und das Halten von Haustieren wurde eine umfangreichere Vorratshaltung möglich, die besonders in der kalten Jahreszeit das Überleben merklich erleichtert haben dürfte. Nahrung und Ausrüstungsgegenstände, die den Toten mit ins Grab gegeben wurden, weisen für diese Zeit bereits auf einen Glauben an das Leben nach dem Tode hin. Als Grabbeigaben dienten auch schon in der Jungsteinzeit teilweise Geräte und Schmuck aus Kupfer. Allerdings waren die gut gearbeiteten Dolche oder Beilblätter aus dem vielerorts zu findenden Feuerstein dem weichen Kupfer deutlich überlegen.

Vor etwa 3 800 Jahren jedoch wurde über den Feuern früherer Schmiedestädten auch an unserer Westküste dazu übergegangen, aus Kupfer und Zinn Legierungen herzustellen. Es entstand ein Material mit – für damalige Verhältnisse – geradezu revolutionären Eigenschaften, die Bronze. Die unterschiedlichsten bronzenen Gegenstände wurden auch in großem Umfang, insbesondere auf den Nordfriesischen Inseln, gefunden. Sie sind sowohl direkt dort hergestellt als auch aus entfernten Regionen eingeführt worden. Es hat also schon während dieser Epoche Handelsbeziehungen auf dem Seewege gegeben. Begehrtes Tauschobjekt war der Bernstein. Er wurde damals häufiger als heute an der Nordseeküste gefunden und zu beliebten Schmuckstücken verarbeitet. Diese gelangten auf dem Handelswege sogar bis nach Griechenland.

Während es auf den Geestinseln in dieser Periode, der Bronzezeit, einen bedeutenden Wohlstand gegeben hat, gilt die nachfolgende Eisenzeit infolge einer Klimaverschlechterung als Epoche mit erschwerten Lebensbedingungen. Auch waren die Wasserstände der Nordsee in den letzten vorchristlichen Jahrhunderten während der so genannten ersten Dünkirchener Transgression sehr hoch, was zu großflächigen Überflutungen führte. Eisenzeitliche Funde aus unserer Gegend sind weitaus seltener als solche aus der Bronzezeit. Überlieferungen durch Aufzeichnungen, die uns Informationen geben könnten, gibt es aus dieser Zeit ebenfalls nicht.

Könnten die Menschen uns heute aus dieser Epoche berichten, würden sie vermutlich ein Bild entwerfen, das der Gestaltung des Freilandmuseums „Oldtidsparken" nahe des dänischen Scherrebek, etwa 30 km nördlich der deutsch-dänischen Grenze, entspräche. Eine Häufung von Gräbern und anderen Kulturspuren aus der Vorgeschichte wurde zum Anlass genommen, als anspruchsvolle Touristenattraktion ein eisenzeitliches Dorf zu rekonstruieren. Alte Nutztierrassen, wie Wollschweine oder Ziegen, die in der Tat sehr urtümlich anmuten, liegen hier auf der faulen Haut. Ihre Ställe, die aus Lehmwänden bestehen und mit Strohdächern bedeckt sind, befinden sich – wie es zur Eisenzeit üblich war – unter einem Dach mit den Behausungen der Menschen. Die unmittelbare Nähe zu den Tieren machte es möglich, deren Körperwärme als Heizung im Winter auszunutzen. In einer Museumshöhle sind unter großen Glasplatten die Menschen tatsächlich genau so zu sehen, wie sie in der Steinzeit beigesetzt worden sind.

Die Sommergäste können im „Oldtidsparken" Fallen stellen, eine Schmiede besuchen oder sich im Bogenschießen und Einbaumfahren üben. Dabei waren die damaligen Westküstenbewohner nicht nur mit kleinen Einbäumen, sondern sogar mit über 13 m langen Booten entlang ihrer Küste zum Güteraustausch unterwegs. Diese für die damalige Zeit erstaunliche Leistung wurde bekannt, als ein solches Boot in einem kleinen Moor auf der dänischen Ostseeinsel Alsen gefunden wurde. Voll besetzt konnte es über 20 Personen befördern! Eine ähnliche Anlage wie die bei Scherrebek gibt es übrigens auch in der Nähe von Albersdorf in Dithmarschen. Durch die erwähnten Überflutungen an der Westküste während der Phase der ersten Dünkirchener Transgression lagerten sich auch Sedimente ab, so dass in einigen Bereichen neue ausgedehnte Marschgebiete aufwuchsen. Dieses besonders fruchtbare Gebiet wollten sich die Menschen verfügbar machen. Dazu war es nötig, direkt in der Marsch zu wohnen, was langfristig jedoch nur mit Hilfe geeigneter Hochwasserschutzvorkehrungen möglich war.

Seit dem frühen ersten Jahrhundert n.Chr. wurde im Dithmarscher Raum die neu entstandene Marsch besiedelt. Zu dieser Zeit war es wieder zu einem vorübergehenden Absinken des Meeresspiegels gekommen und größere Überflutungen blieben aus. Größere Stammesverbände mit sozialer Gliederung sind im 1. Jahrhundert n.Chr. erwähnt. Die Sachsen, erstmals im 2. Jahrhundert belegt, fielen zusammen mit Jüten und Angeln um 400 in Britannien ein und hinterließen nördlich der Elbe große Siedlungslücken. Erst im 8. Jahrhundert kam es zur erneuten

Landnahme durch Sachsen, Friesen, Slawen sowie durch Jüten. Der dänische Handelsplatz Haithabu entstand im 9. Jahrhundert. Eindrucksvoll belegt ist die Besiedlung der Seemarschen in Form von früh angelegten Flachsiedlungen und später durch den Bau von Warften. Diese künstlich aufgeschütteten Hügel ließen die auf ihnen stehenden Häuser auch bei den gegen Ende des ersten Jahrtausends wieder häufigeren und höher ansteigenden Sturmfluten aus dem Wasser ragen, so dass die Bewohner in den meisten Fällen keine nassen Füsse bekamen. Warften können also als frühe Form von Hochwasserschutzanlagen bezeichnet werden. Sie sind dem ostfriesischen Bereich sogar bereits seit dem 4. Jahrhundert v. Chr. bekannt.

Eine Republik der Bauern – Mittelalter und frühe Neuzeit in Dithmarschen

Während die ersten Siedlungen in der Dithmarscher Seemarsch um 100 n. Chr. noch zu ebener Erde errichtet wurden, war es etwa 600 Jahre später erforderlich, auf Warften zu bauen, die vor dem Hochwasser schützten.

Mit der intensiven Kolonisation der Dithmarscher Westküstenlandschaft einher ging die systematische Entwässerung von Mooren, die Anlage von ersten Deichen und die landwirtschaftliche Nutzung der besonders ertragreichen Marschböden. Das bescherte den Dithmarscher Bauern im Laufe der Jahrhunderte einen beträchtlichen Wohlstand. Sie wurden dadurch sogar über lange Zeit selbständig und unabhängig von den Ansprüchen des Adels auf Leibeigenschaft und Großgrundbesitz. Sie selbst waren Träger der politischen, militärischen und juristischen Gewalt ihrer so genannten Dithmarscher Bauernrepublik. Ziele, für die im mittleren und südlichen Teil Deutschlands während der Bauernkriege um die Wende vom 15. zum 16. Jahrhundert gekämpft wurde, waren in Dithmarschen Wirklichkeit geworden. Mit einiger Anerkennung und wohl auch mit Neid dürften eine Zeit lang die übrigen Bauern Schleswig-Holsteins nach Dithmarschen geblickt haben. Waren sie doch mehr oder weniger abhängig von den Großgrundbesitzern oder der Kirche, die ebenfalls in beträchtlichem Umfang Land besaß.

Allerdings gab es auch in Dithmarschen erhebliche Standesunterschiede. Das Land wurde von einer zunehmend privilegierten Gruppe mit einer ausgebauten Machtposition, den so genannten Regenten, auf nicht besonders „republikanische" Art regiert.

Der Machtanspruch der dänischen Krone auf Dithmarschen führte schließlich zum Krieg. Während es noch im Jahr 1500 den bewaffneten Bauern gelang, das eigentlich weit überlegene königliche Heer zurückzuschlagen, unterstanden sie im Jahr 1559 endgültig der dänischen Krone. Freilich wurde nicht die Niederlage von 1559, sondern der Sieg vom 17. Februar 1500 zur Legende. Auch überregional wurde die Schlacht von Hemmingstedt bekannt. Gelang es doch etwa 6000 Dithmarscher Bauern das doppelt so große dänische Heer vernichtend zu schlagen. Wenigstens in Dithmarschen ist diese Schlacht bis in die heutige Zeit zum Mythos für den unbeugsamen eigenen Willen der Landsleute geworden.

Trutz blanke Hans!
Mittelalter und frühe Neuzeit in Nordfriesland

Eine zunehmend dichte Besiedlung der nordfriesischen Marsch erfolgte später als in Dithmarschen, nämlich erst zwischen der Mitte des 9. Jahrhunderts und 1200 n. Chr. Zu dieser Zeit hielten die Friesen Einzug.

Wenn heute an der Westküste manchmal halb im Spaß und halb ernsthaft der Unterschied von Dithmarschern und Nordfriesen betont wird, dann kann das auf die unterschiedliche Herkunft zurückgeführt werden. Während die Dithmarscher ursprünglich zu den Sachsen gehörten, wird als Stammland der Friesen allgemein die Gegend am unteren Niederrhein und um die Rheinmündung angegeben. Von hier aus erschlossen sie sich im ersten Jahrtausend n. Chr. zunächst die östlich angrenzenden Küstengebiete des heutigen Ostfrieslands. Anschließend gelangten sie zu den Marschen der Westküste zwischen Eider und Südtondern und den vorgelagerten Inseln – dem heutigen Nordfriesland. Hier trafen sie vermutlich auf vereinzelte Siedlungen von Dänen und wohl auch auf den einen oder anderen Unterschlupf der gefürchteten Normannen, besser bekannt als die Wikinger.

Diese profitierten von den natürlichen Verhältnissen in der von Wasserläufen durchzogenen Marsch, in welche sie sich nach ihren Raubzügen auf See zurückziehen konnten, ohne vor Verfolgern Angst haben zu müssen. Die fanden sich nämlich in der Regel zwischen den Untiefen des Wattenmeeres kaum zurecht und liefen nicht selten bei dem Versuch, den Wikingern zu folgen, auf Grund.

Anders als in Dithmarschen wurden in Nordfriesland weite küstennahe Flächen von Mooren eingenommen, die u. a. infolge von Schmelzwasseransammlungen und Grundwasserstau entstanden waren. Noch in der ersten Hälfte des 14. Jahrhunderts, also vor nur 700 Jahren, wurde fast der gesamte Bereich des heutigen nordfriesischen Wattenmeeres von einer mehr oder weniger zusammenhängenden Moorlandschaft eingenommen. Die Küstenlinie verlief seinerzeit etwa in der Verlängerung der Sylter Südspitze bis nach Eiderstedt. In ihrem Verlauf trennte eine langgezogene Dünenkette die Marschen und Moore der Uthlande, so nannten die Friesen ihren neuen Lebensraum, von der offenen Nordsee.

An eine intensive landwirtschaftliche Nutzung der Moorböden war nicht zu denken, aber dennoch verhalfen diese den Friesen zu einer lukrativen Erwerbsquelle. Durch den Meerwassereinfluss hatte sich Salz in den Moorböden angereichert. So wurde schließlich dazu übergegangen, Torf aus den umliegenden Mooren in Siedereien zu verbrennen, und auf diese Weise das Salz zu gewinnen. Da Salz im Mittelalter sehr wertvoll war, florierte bald ein lebhafter Handel. Besonders zum Haltbarmachen von Speisen war das „weiße Gold" begehrt. Erst nach einem Erlass zugunsten des Lüneburger Salzstocks kam die Salzgewinnung aus Torf Ende des 18. Jahrhunderts in Nordfriesland zum Erliegen. Was die Friesen im Mittelalter nicht bedachten, war die Tatsache, dass sie sich durch das großflächige Abtorfen regelrecht den Boden unter den eigenen Füßen weggruben. Schließlich lagen weite Teile der Uthlande um einen bis zwei Meter tiefer als das Niveau des Meeresspiegels. Gleichzeitig, in etwa gegen Ende des ersten nachchristlichen Jahrtausends, begann der Meeresspiegel während der zweiten Dünkirchener Transgression wieder leicht anzusteigen. Und so kam, was kommen musste – der Untergang der Uthlande in den Wogen der nahezu ungehindert eindringenden Nordsee.

Besonders fatale Auswirkungen hatten die Sturmfluten von 1362 und 1634. Im Jahre der Ersten Großen Mandränke 1362 kamen – den historischen Quellen zufolge – 7600 Menschen ums Leben. Bei dieser Sturmflut versank auch Rungholt, der Hauptort der Uthlande. Um dieses Verhängnis herum rankt sich eine zu einiger Berühmtheit gelangte Sage:

„Rungholt war ein kleines Städtchen auf dem Strand bei Pellworm, dort wo jetzt Südfall sich befindet. In diesem verlangten einige betrunkene Bauern, daß der Prediger nach einer öffentlichen Schankstätte herbeigeholt würde..." (HAGEMEISTER 1989, S. 13).

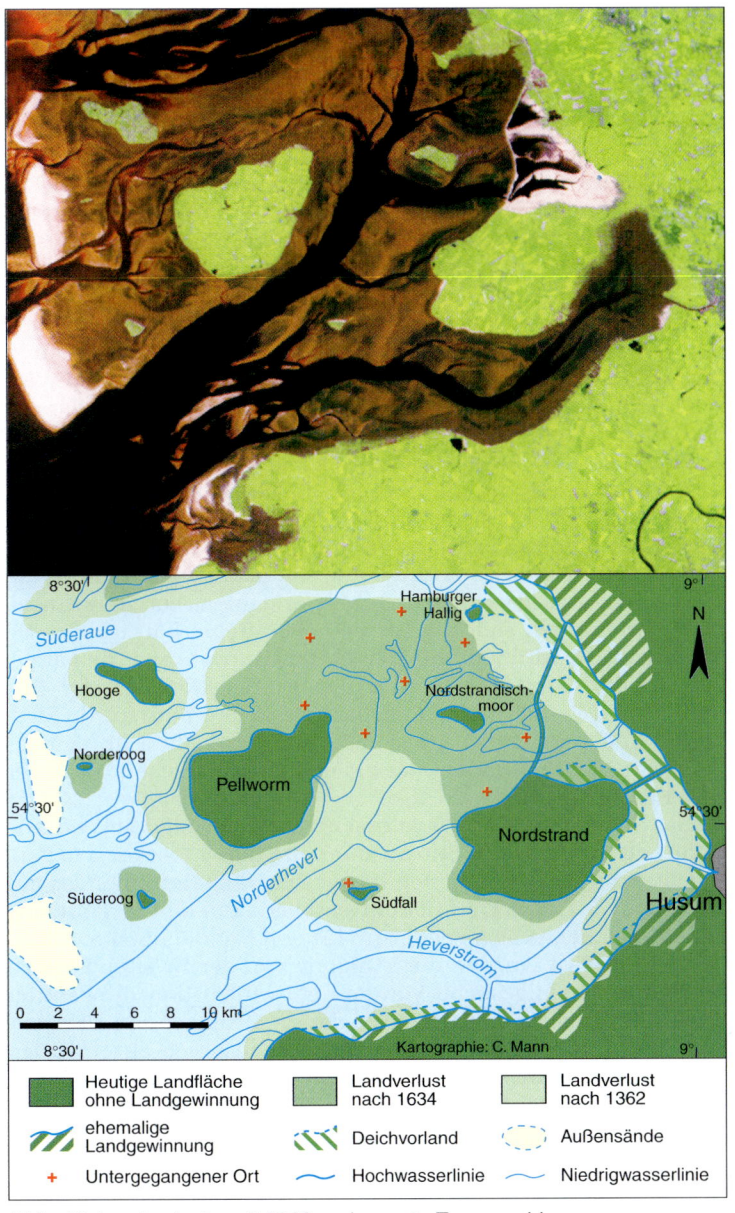

Abb. 15: Landverluste seit 1362 und rezente Topographie

So beginnt die Sage, nach der die Rungholter für ihre sündhafte und prassende Lebensweise mit dem Untergang bestraft wurden.

Davon inspiriert, versuchten jahrhundertelang Generationen von Forschern, die lange umstrittene Existenz Rungholts zu beweisen, bis das schließlich dem Nordstrander ANDREAS BUSCH gelang. Seither konzentrieren sich die Bemühungen der Rungholtforschung besonders darauf, die genauen Umstände des Unterganges und die exakte Lage der Stadt im Bereich der heutigen Hallig Südfall zwischen Pellworm und Nordstrand herauszufinden. Bekannt ist inzwischen außerdem, dass es von Rungholt aus weitreichende Handelsbeziehungen gegeben hatte. So geht z. B. aus mittelalterlichen Aufzeichnungen hervor, dass es Kontakte bis nach Brügge und Gent in Flandern gegeben hat. Durch die Seefahrt und den damit verbundenen kulturellen und wirtschaftlichen Austausch herrschten für die Friesen schon damals gute Bedingungen für eine fortschrittliche Entwicklung. Sie waren wohl voll „auf der Höhe ihrer Zeit".

Die Menschen, die die mittelalterlichen Sturmfluten in der Marsch überlebten, siedelten sich häufig am höher gelegenen Geestrand neu an oder vergrößerten die dort bereits bestehenden Dörfer. Diese lassen noch heute z. T. ihre typische, am Geestrand entlang ausgerichtete Struktur erkennen. Von den Einzelhöfen erstreckten sich damals wie auch heute häufig schmale Streifen der Feldflur in die Marsch hinein, während die Parzellen auf der Geestseite der Höfe meist blockförmig oder den natürlichen Verhältnissen angepasst verliefen. Eine solche Siedlungs- und Bewirtschaftungslandschaft wird Marschhufenflur genannt. Sie ist besonders stark in den Flussmarschen von Eider und Elbe ausgeprägt.

Das Siedeln am Geestrand brachte viele Vorteile mit sich. Die hohe Lage schützte vor Sturmfluten und in der trockengelegten, fruchtbaren Marsch ließ sich besser Ackerbau betreiben als auf der sandigen Geest. Die auf der Geest verlaufenden Verkehrsverbindungen ließen sich wiederum für den Handel nutzen.

Im Jahr 1634 wurden die Uthlande von der Zweiten Großen Mandränke heimgesucht. Von den etwa 9 000 Einwohnern der Insel Alt-Nordstrand, starben bei dieser verheerenden Katastrophe über 6 000 Menschen. Der Alte Strand brach auseinander, und übrig blieben die Inseln Pellworm und Nordstrand sowie Flächen in den Bereichen Nordstrandischmoors, der Hamburger Hallig und der Hallig Südfall.

In den nachfolgenden Jahrhunderten kam es zu weiteren schweren Landverlusten, besonders im Bereich der Halligen. Viele der erst um 1000 n. Chr. durch Aufschlickungen entstandenen Halligen wurden bald wieder von den steigenden Fluten abgetragen. Doch als die folgenschwersten Sturmfluten überhaupt behielten die beiden Mandränken von 1362 und 1634 ihren Platz in der Geschichte. Es ist sicher nicht übertrieben, sie als die Geburtsstunde des nordfriesischen Wattenmeeres der Neuzeit zu bezeichnen, denn die scheinbar endlosen Weiten des Wattenmeeres von heute waren noch zu Beginn des 14. Jahrhunderts zum größten Teil Festland.

Deichbau

Der Anstieg des Meeresspiegels während der zweiten Dünkirchener Transgression hatte den Bau von Hochwasserschutzanlagen nötig gemacht, die besser noch als Warften vor den Wassermassen schützen konnten. Im 11. Jahrhundert kam es so zur Errichtung erster, lückenhafter Deiche. Sie hatten eine aus heutiger Sicht sehr bescheidene Höhe von nur etwa 1,60 m und vermochten demnach auch nicht im Entferntesten, den großen Sturmfluten standzuhalten. Vielmehr kam es zu den bereits beschriebenen gewaltigen Landverlusten in Nordfriesland. Das führte hier, früher als in Dithmarschen, zu den ersten planmäßigen groß angelegten Eindeichungen und der gezielten Förderung von Anlandung seeseits der Deiche.

Zwei Methoden des Küstenschutzes waren im Verlauf der Jahrhunderte bis in die heutige Zeit maßgeblich für Schutz und Neugewinn landwirtschaftlich nutzbarer Marschflächen – die Anlage von Lahnungen und Grüppen und die fortschreitende Deichbautechnik. Lahnungen sind kleine Dämme aus zwei Pfahlreihen, zwischen denen mit Draht Buschwerk verschnürt ist. Sie werden außendeichs in Form großer rechteckiger Felder angelegt, in denen das Wasser zur Ruhe kommt. Der sich dann ablagernde Schlick und Sand wird in Form von Gräben, den Grüppen, ausgehoben und zur Erhöhung auf die umliegenden Flächen verteilt. Bis in die 1980er Jahre wurde auf diese Weise dem Meer Land abgerungen. Stück für Stück wurden die erhöhten Flächen durch einen neuen Seedeich landfest und so zu einem landwirtschaftlich nutzbaren Koog gemacht. Die technische Entwicklung der Deiche führte von den etwa drei Meter hohen Stackdeichen des 15. Jahrhunderts mit Holzbohlenwerk auf der Seeseite und einem mit Stroh bestücktem Deichkörper aus Klei zu immer höheren und breiteren Deichen mit zunehmend flacherem Profil. Für diese Bauleistungen wurde von der Küstenbevölkerung jahrhundertelang in eigener Verantwortung Immenses geleistet.

Diese Leistung findet ihre ganz besondere Personifizierung in der Gestalt des Schimmelreiters, jenem legendären Deichgrafen aus der gleichnamigen Novelle von THEODOR STORM aus dem Jahr 1888. Mit diesem erstrangigen literarischen Werk wird uns noch heute auf eindrucksvolle Weise vor Augen geführt, welchen Strapazen die Menschen beim gemeinschaftlichen Bau und Erhalt der Deiche ausgesetzt waren.

Insgesamt beträgt die Länge der Deiche allein in Schleswig-Holstein 2 000 km. Darin enthalten sind die historischen und die heutigen Deiche, die inzwischen eine Höhe von über acht Metern erreichen. Ihre Wartung und Erhöhung wird heute vollständig vom Staat geleistet. 1971 hat das Land Schleswig-Holstein die Unterhaltung der Deiche übernommen. Die Finanzierung erfolgt aus Landes- und Bundesmitteln (vgl. Kap. Küstenschutz).

Die Küste der Witwen – Historische Seefahrt

„Die Küste der Witwen" titelte die Tageszeitung „Husumer Nachrichten" Anfang November 1999 und besprach ein neues Buch über Wrackforschung an der Westküste. Geschätzte 1000 Strandungen habe es allein zwischen 1600 und 1900 im nordfriesischen Wattenmeer gegeben. So lautet der Befund vom nordfriesischen Wattenmeer als einem riesigen „Lastsegler-Massengrab". Segelschiffe der unterschiedlichsten Typen und Bauarten – solche, die auf große Fahrt gingen, und solche, die nur eben unter der Küste ihre Fracht transportierten, solche, die wahre Schätze enthielten, und solche, die mehr oder weniger leer unterwegs waren – fanden ihr jähes Ende auf einer Sandbank oder in einem Sturm.

Kaum ein Schiff hat demnach vor 1900 überhaupt sein Abwrackalter erreicht. Alleine zwischen 1702 und 1762 kamen über 400 nordfriesische Seeleute auf dem Wege zur Anmusterung oder der Heimfahrt nach der Walfangsaison bei Schiffsuntergängen ums Leben. Die Rede von der Küste der Witwen und Waisen ist demnach nicht einmal besonders übertrieben. Zuständig für Wracks oder andere Kulturspuren aus vergangenen Epochen ist in Schleswig-Holstein das Landesamt für Archäologie. Dort arbeitet der Archäologe Dr. HANS-JOACHIM KÜHN, Autor des besprochenen Titels. Er weiß um das große Interesse an „Untergegangenem" gerade auch von Laien: „Unabhängig von nüchternen schifffahrtstechnischen und wirtschafts- und sozialgeschichtlichen Informationen, die durch Wracks und ihr Inventar vermittelt werden können, scheint von ihnen eine besondere Wirkung auszugehen, die, weil es um Verlust von Menschenleben und von materiellen Werten geht, um großes Unglück also, viele Besucher betroffen macht – aber auch auf unerklärliche Weise fasziniert".

Deshalb wurde auch die Arbeitsgruppe „Schiffswracks in Nordfriesland" gegründet. Regelmäßig treffen bei dieser Arbeitsgruppe Meldungen von allerlei Funden ein. In den meisten Fällen müssen sich die aufgeregten Melder mit einem „Kennen wir schon lange" zufrieden geben. Leider fehlen für eine aufwendige Bergung dann aber in den meisten Fällen die finanziellen Mittel. So bleibt es oft bei einer oberflächlichen Diagnose. Eine Ausnahme bildet da das Uelvesbüller Schiffswrack, das nach seiner Entdeckung 1994 auf Eiderstedt geborgen und so der Wissenschaft zugänglich gemacht werden konnte. Durch seinen vergleichsweise guten Zustand und zahlreiche an Bord erhalten gebliebene Gebrauchsgegenstände wurde dieses Wrack zu einem offenen Geschichtsbuch für die Wrackforscher um den erwähnten Archäologen.

Das Risiko, dem die kommerzielle Küstenschifffahrt durch Strandungen im Watt ausgesetzt war, dürfte, wie die Ergebnisse der Wrackforschung zeigen, noch weit größer gewesen sein als bisher angenommen wurde. Dabei sind hier die Unglücke auf hoher See und in anderen Erdteilen gar nicht mit einbezogen. Ließen doch z. B. allein im größten Unglücksjahr der Grönlandfahrt (1777) etwa 270 Seeleute ihr Leben. Ihnen wurde die riskante Jagd auf Wale im Treibeis vor Grönland zum Verhängnis. Wie die meisten Männer, die in der zweiten Hälfte des 17. und im 18. Jahrhundert an der Westküste lebten, waren sie nach Hamburg und in die Niederlande gelangt, um von dort aus auf den Walfangschiffen anzuheuern. Nicht selten folgten die Walfänger ihrer Beute vor Grönland auch zwischen das treibende Packeis. In den Lücken zwischen dem Eis waren auftauchende Wale keine allzu schwere Beute. Auch ließen sich auf dem Eis die ebenfalls begehrten Robben leicht erlegen. Wenn ein Schiff nun von den Eismassen eingeschlossen wurde, ließ es sich mit ihnen treiben, bis es wieder offenes Wasser erreichte. Doch im Katastrophenjahr 1777 gelang das insgesamt 14 Schiffen nicht. Sie wurden vielmehr von den mächtigen, scharfkantigen Eisschollen zerdrückt. Unter denkbar dramatischen Umständen rettete sich ein Teil der verschiedenen Besatzungen an die grönländische Küste. Dort überlebten einige der Seefahrer dank der Hilfe der aufopferungsvollen Urbevölkerung, um später nach Hause zurückkehren zu können.

Zu Beginn des 19. Jahrhunderts verlor der Walfang immer mehr an Bedeutung – es gab kaum noch Beute im Nordmeer. Währenddessen gingen die Friesen für einige Zeit dazu über, auf Handelsschiffen zur See zu fahren. Außerdem widmeten sie sich in zunehmendem Maße wieder der Landwirtschaft zu Hause. Viele wanderten aber auch in den folgenden Jahrzehnten aus – v. a. nach Amerika, denn die wirtschaftliche Situation war sehr bedrückend. Hinzu kamen nach dem politischen Anschluss an Preußen im Jahr 1864 weitere Schwierigkeiten, wie der Verlust des alten friesischen Privilegs, wonach die Seefahrer vom Kriegsdienst befreit waren.

Die Dithmarscher, die praktisch nicht an den Grönlandfahrten beteiligt gewesen waren, hatten zu dieser Zeit gerade eine erneute Blütezeit erlebt – sie konnten die Getreideüberschüsse, die sie auf ihren fruchtbaren Marschböden ernteten, erfolgreich exportieren.

Der Norden unterm Hakenkreuz

Die in Deutschland ab 1933 regierenden Nationalsozialisten stützten sich in Schleswig-Holstein auf eine breite Zustimmung. Allerdings gab es auch Widerstand, doch wurde dieser mit Gewalt gebrochen. Im Zweiten Weltkrieg sind einzelne Städte von Luftangriffen schwer getroffen worden, ansonsten blieb das Land weitgehend davon verschont. Am Ende des Krieges stand Schleswig-Holstein, wohin sich neben vielen Dienststellen des zusammenbrechenden Reiches fast eine Million Flüchtlinge retteten, vor kaum lösbaren Problemen.

Wer sich im Dithmarscher Landesmuseum in Meldorf über das Dritte Reich informieren möchte, wird dort vergeblich nach einer Schilderung der Verbrechen des Nazi-Regimes suchen. In Dithmarschen habe es ohnehin kaum Juden gegeben und die wenigen vorhandenen seien frühzeitig in die Anonymität Hamburgs geflohen, ist dort auf Nachfrage als Begründung zu erfahren.

Auch das größte Massengrab Schleswig-Holsteins aus dem zweiten Weltkrieg im Dithmarscher Gudendorf findet in der sonst sehr detaillierten Ausstellung keine Erwähnung. Im Sterbelager von Gudendorf fielen noch zwischen Herbst 1944 und dem nahen Kriegsende etwa 3 000 sowjetische Gefangene den

Abb. 16: Gedenkstätte Kriegsgrab Gudendorf (Dithmarschen)

unmenschlichen Verhältnissen zum Opfer. Eine zeitgenössische Anfrage aus Dithmarschen, wie mit den für die Zwangsarbeit vorgesehenen Kriegsgefangenen zu verfahren sei, beschreibt das Grauen der Gewaltherrschaft: „Von den hier eingetroffenen Transporten ist ein großer Teil wegen Krankheit noch nicht zum Einsatz gekommen. Ein großer Prozentsatz ist auch bereits gestorben. Allein in Heide sind in zwei Tagen bereits fünfzehn sowjetische Kriegsgefangene gestorben. Alle hier eintreffenden sowjetischen Gefangenen sind vollkommen verhungert (!) und können sich zum Teil nicht mehr aus eigener Kraft vorwärts bewegen... Wenn man sie schon sterben lassen will, dann soll man das in den großen Sammellagern tun." (Inselbote, 3. August 2000)

Die Antwort von Reichsmarschall HERMANN GÖRING ist an Zynismus nicht zu überbieten und lässt keine Zweifel am Vernichtungswillen der Nazis aufkommen: „Werft ihnen doch eine tote Katze in die Feldküche. ... Sowjets leben in Erdhöhlen, wer so was gewohnt ist und dem Tier gleich lebt, muß nicht besonders bevorzugt behandelt werden." (Inselbote, 3. August 2000)

Auf den Spuren der Verfolgungen während des Nationalsozialismus an der Westküste lassen sich in Friedrichstadt Hinweise auf die einzige damalige jüdische Gemeinde in Nordfriesland und Dithmarschen finden. Eine kleine Tafel erinnert an die dortige Synagoge, deren Inneres 1938 von den Nazis zerstört wurde. Über den Verbleib der Gemeindemitglieder fehlen allerdings auch an dieser Stelle genauere Informationen.

Ähnlich wie im Fall des Gefangenenlagers von Gudendorf wurden in Nordfriesland noch 1944, ein halbes Jahr vor Kriegsende, zwei Konzentrationslager eingerichtet. In Schwesing bei Husum und in Ladelund befanden sich Außenstellen des Konzentrationslagers Neuengamme bei Hamburg. Hier wurden Häftlinge aus ganz Europa interniert und mit schonungsloser Zwangsarbeit gequält. Etwa 600 von ihnen mussten die deutsche Tyrannei mit dem Leben bezahlen. Heute befinden sich sowohl in Schwesing als auch in Ladelund Gedenk- und Begegnungsstätten. In Ladelund gibt es eine wissenschaftliche Ausstellung über die Geschichte des Konzentrationslagers.

Ein kürzlich vom Institut für Zeit und Regionalgeschichte in Schleswig veröffentlichtes Gutachten über Zwangsarbeit dokumentiert für ganz Schleswig-Holstein eine Zahl von etwa 225 000 während der NS-Zeit beschäftigten Fremdarbeitern, Kriegsgefangenen und ausländischen KZ-Häftlingen. Viele von ihnen mussten auf den weit über 16 000 Belegplätzen in den Westküstenlandkreisen Zwangsarbeit verrichten.

Ende und neuer Anfang – Seit 1945

Das Land stand nach dem Krieg zunächst unter Besatzungs-recht und musste die eigene Bevölkerung sowie Flüchtlinge und Vertriebene unterbringen, kleiden und ernähren. Begleitet und unterstützt von der englischen Besatzungsmacht, ent-wickelten sich im Lande auf lokaler und auf Landesebene be-reits 1945 neue Ansätze politischen Lebens. Parteien, Zeitungen und Verbände wurden neu gegründet und aus der preußischen Provinz wurde 1949 das Bundesland Schleswig-Holstein, das in den 50er Jahren am „Wirtschaftswunder" in Deutschland Anteil hatte und die Kriegsschäden beseitigen konnte. Die zentrale Wasserversorgung erreichte nach dem Krieg bald flächen-deckend das flache Land, die Nordfriesischen Inseln folgten in den 60er Jahren.

Das Verhältnis zum dänischen Nachbarn und zur dänischen Minderheit ist auf neue, haltbare Grundlagen gestellt worden (1955). Schleswig-Holsteins Landwirtschaft erfährt im Zuge des Ausbaus des europäischen Agrarmarktes einschneidende struk-turelle Veränderungen (Höfesterben). Die Modernisierung der regionalen Infrastruktur, eine „Urbanisierung in der Fläche", erhält durch regionale Strukturpolitik kräftige Impulse. Die Sta-tionierung der Bundeswehr im „von Natur aus benachteiligten Landesteil Schleswig" dient auch der regionalen Wirtschaft. Die Wirtschaftskraft des Landes, dessen „alte" Industrien einen Um-bau zur Dienstleistungsgesellschaft erschweren, konzentriert sich in den vier Nachbarkreisen der Metropole Hamburg. Die Schleswig-Holsteiner sind, nicht zuletzt wegen ihrer vielen rela-tiv kleinen Gemeinden, statistisch gesehen, ein Volk von Pend-lern. Der Autobahnbau der 1970er Jahre gilt zu Recht als infra-strukturelle Großtat.

Strukturhilfeprogramme – Unterstützung eines ländlich geprägten Raumes

In der Nacht vom 16. zum 17. Februar 1962 wurde die Nordsee-küste von einer Sturmflut mit ungeheurer Stärke heimgesucht. Über 300 Menschen kamen in Hamburg ums Leben. Itzehoe, Elmshorn und Uetersen waren teilweise überschwemmt und mehr als 70 km der Landesschutzdeiche in Schleswig-Holstein waren schwer beschädigt worden. Dies erforderte zwingend um-fangreiche Sanierungs- und Küstenschutzmaßnahmen. Schon in den 50er Jahren ist im Zuge der bundesweiten Flurbereinigungs-maßnahmen auch an der Westküste mit einer Intensivierung der landwirtschaftlichen Nutzung und damit einhergehend mit um-fangreichen Entwässerungs- und Deichbaumaßnahmen begon-nen worden. Diese Maßnahmen wurden nun verstärkt fortge-setzt. Auch die nordfriesischen Halligen, die besonders schwere Schäden nach der Sturmflut von 1962 davongetragen hatten, wurden mit Sanierungsprogrammen vom Staat unterstützt. Hier griff das umfangreiche „Programm Nord" und später das „Berg-bauernprogramm", mit dem sonst auch die Landwirte in ab-gelegenen Bergregionen von der Europäischen Gemeinschaft gefördert wurden. Wie angemessen diese Bemühungen waren, zeigte sich, als 1976 eine Sturmflut mit noch höheren Wasser-ständen über die Küste hereinbrach. Die Schutzmaßnahmen machten sich bezahlt, und das Ausmaß der Schäden blieb hinter denen von 1962 zurück.

Die weitreichenden Eindeichungen und die damit verbun-dene Intensivierung der Landwirtschaft brachten allerdings auch Nachteile mit sich. Große Wattflächen und viele Vorland-bereiche mit ihrer seltenen Salzwiesenvegetation gingen unwie-derbringlich verloren. In dieser Hinsicht besonders umstritten waren die letzten beiden Eindeichungsprojekte an der deutsch-dänischen Grenze bei Rodenäs und in der Nordstrander Bucht in den 1980er Jahren. Etwa 2 450 ha Wattflächen, 845 ha Salzwie-sen (das waren 19 % der nordfriesischen Vorländer) und 140 ha Wasserfläche wurden allein bei der Eindeichung der Nordstran-der Bucht dem Gezeiteneinfluss auf Dauer entzogen.

Nicht zuletzt die großen Proteste, von denen der Bau des neuen Deiches begleitet wurde, machten die Öffentlichkeit auf die ökologische Bedeutung des Wattenmeeres und den zerstö-renden Einfluss von Eindeichungen aufmerksam. Seither findet nun auch keine Landgewinnung mit Eindeichung ganzer Köge mehr statt. Nur zur Unterstützung der bestehenden Deichlinie wird heute noch Vorlandgewinnung mit Hilfe von Lahnungsbau betrieben.

Das Schicksal künftiger Generationen an der Küste wird vom Ausmaß des erwarteten Meeresspiegelanstiegs und von der Intensität kommender Sturmfluten bestimmt. Aufgrund der Klimaveränderungen wird für die nächsten hundert Jahre ein weltweiter Meeresspiegelanstieg zwischen 20 und 90 cm dis-kutiert.

Nationalpark Schleswig-Holsteinisches Wattenmeer – Biologie, Nutzung und Erschließung

Thilo Christophersen

Eine große Idee wird geboren

Es war im Jahre 1872, als sich eine Expedition aus Naturforschern, Publizisten und Washingtoner Kongressabgeordneten auf den Weg in die unergründlichen und wilden Bergmassive der nordamerikanischen Rocky Mountains machte. Als sie die Gegend um den Yellowstone River erreichten, waren die Teilnehmenden vollkommen überwältigt von der Schönheit und Erhabenheit, die sich ihren Blicken darbot. Hierher war noch

Abb. 17: Nationalparks im Wattenmeer

kein Siedler vorgedrungen, und die Natur war jahrtausendelang frei von jedem menschlichen Einfluss geblieben. Zurück in Washington beschlossen sie, den amerikanischen Präsidenten aufzufordern, das Gebiet um den Yellowstone für immer unter strengen Schutz zu stellen. Es sollte auch zukünftig von menschlicher Zersiedlung verschont bleiben – die Nationalparkidee war geboren.

Hatte der Yellowstone-Nationalpark anfangs noch den Charakter eines Freizeitparks, in den nur wenige, reiche Luxustouristen gelangen konnten, erfuhr der Nationalparkbegriff bereits bei der Einrichtung des Yosemite-Nationalparks 1890 in Kalifornien einen ersten Wertewandel. Hier war es besonders der Naturforscher JOHN MUIR, der sich erfolgreich dafür einsetzte, die Nationalparks für alle Menschen zugänglich zu machen. Nur so könne sich ein Verständnis für die Natur entwickeln, argumentierte MUIR bereits damals. Einiges, was heute als Umweltpädagogik bezeichnet wird, lässt sich also bis zu den Anfängen der Nationalparkidee zurückverfolgen.

Der erste Nationalpark Europas wurde 1909 in Schweden eingerichtet. Es folgten Nationalparks in der Schweiz (1914) und in Italien (1922). Ende der 1930er Jahre gab es in 12 Ländern Europas bereits 31 Nationalparks.

Dieser Siegeszug der Nationalparkidee, der freilich noch lange nicht in Deutschland angelangt war, veranlasste 1948 die von der UNO eingerichtete Naturschutzabteilung IUCN (International Union for Conservation of Nature), allgemein gültige Nationalparkkriterien aufzustellen. Sie sollten eine weltweit einheitliche, hohe Qualität der Nationalparks gewährleisten. Die Kriterien der IUCN, die zuletzt 1994 aktualisiert wurden, sehen einen Schutz der natürlichen Abläufe vor. Das bedeutet den Verzicht auf jegliche menschliche Eingriffe. Umweltbildung und Naturerlebnis sind weitere wichtige Nationalparkkriterien. Daraus ergibt sich schließlich auch die Erholungsfunktion von Nationalparks.

Natur Natur sein lassen

1970 war es dann endlich auch in Deutschland soweit. Mit dem Bayerischen Wald wurde hierzulande der erste Nationalpark eingerichtet. Es folgten 1978 der Nationalpark Berchtesgadener Land und 1985 schließlich das Schleswig-Holsteinische Wattenmeer.

„Natur Natur sein lassen", so lautet das Motto der deutschen Nationalparks, deren Anzahl sich mittlerweile auf 13 beläuft.

Doch dieser Leitgedanke hat es in sich! Was für die einen nahezu selbstverständlich erscheint, ist für andere schlichtweg nicht hinnehmbar. Die Natur konsequent sich selbst zu überlassen, bedeutet nämlich in vielen Fällen, angestammte Nutzungen und traditionelle Denkweisen über das Verhältnis von Mensch und Natur neu zu erwägen und in Frage zu stellen. So ist zum Beispiel im Nationalpark Schleswig-Holsteinisches Wattenmeer vorgesehen, den Großteil der Salzwiesen nicht mehr mit Schafen zu beweiden. Das Ergebnis ist dann, je nach Sichtweise, ein artenreicher und bunter Lebensraum oder die „Öko-Steppe". Dabei gehen die Meinungen darüber, was als „schöne" Natur zu betrachten ist, weit auseinander.

Eine Zeit, in der das Empfinden für die Schönheiten der Natur besonders ausgeprägt war, und die deshalb für die Entwicklung des Naturschutzgedankens in Europa in jedem Fall von großer Bedeutung ist, war die Romantik. Zu Beginn des 19. Jahrhunderts hatte die Natur-Ästhetik Hochkonjunktur. Starker Ausdruck dafür sind die bekannten und einprägsamen Gemälde CASPAR DAVID FRIEDRICHS aus dieser Zeit. Sie repräsentieren die romantische Vorstellung vom Menschen inmitten wilder Natur. Diese Vorstellung verklärt dabei die Wildnis nicht selten zur Idylle, was soziologisch betrachtet auch als Ausdruck eines schlechten Gewissens der expandierenden Industriegesellschaft gegenüber der praktischen Naturzerstörung gedeutet wird.

„Das ästhetische Empfinden wird wirksam im Verzicht auf Nutzung zum Erhalt der Schönheit". So formuliert es der Hamburger Professor für Naturschutz VOLKER SCHURIG. Nach seiner Auffassung kommt es darauf an, welcher Stellenwert den naturästhetischen Erwägungen eingeräumt wird, um erfolgreich Naturschutz betreiben zu können.

Wie das oben angeführte Beispiel der Salzwiesenbeweidung zeigt, sind ästhetische Argumente für den Naturschutz allerdings nicht in jedem Fall verwendbar – sehen doch viele Menschen die genutzten und von rechtwinkeligen Gräben eingefassten „schieren" Salzwiesen als viel schöner an als die „Öko-Steppe".

Allein, derartige Meinungsverschiedenheiten können nicht darüber hinwegtäuschen, dass in vielen Fällen gerade solche Gebiete zu Nationalparks geworden sind, die bereits auf eine mehrere Jahrhunderte andauernde Problemgeschichte im Naturschutz mit ihren Ursprüngen in der Romantik zurückblicken können.

Moderner Naturschutz – Einzigartig und repräsentativ

Eine neue Wandlung erfuhr der Nationalparkbegriff während der letzten Jahre. Standen von jeher neben der absoluten Unberührbarkeit der Natur besonders Einzigartigkeit und Seltenheit im Mittelpunkt der Schutzbemühungen, hat sich in jüngster Vergangenheit im modernen Naturschutz die Auffassung verbreitet, dass auch und gerade typische und repräsentative Naturlandschaften zu schützen sind. Dahinter steckt die Erkenntnis, dass in einer Zeit fortschreitenden Flächenverbrauchs der Charakter landschaftsprägender großräumiger Natureinheiten im besonderen Maße gefährdet ist. Im Übrigen ist das, was an einem Ort der Erde häufig und „normal" ist, weltweit betrachtet möglicherweise sehr selten. Ein Beispiel dafür ist der Vogel des Jahres 2000 in Deutschland, der Rotmilan. Die Art ist bei uns verbreitet – aber eben nur bei uns. Der Rotmilan kommt heute mit etwa 60 % seines Weltbestandes in der Bundesrepublik Deutschland vor. Deshalb gilt ihm besonderes Augenmerk im Sinne einer globalen Betrachtungsweise des Naturschutzes.

Ein Nationalpark im modernen Sinne ist der 1997 eingerichtete Nationalpark Hainich. Er umfasst einen Buchenwald, also die Naturlandschaft, die für Mitteleuropa am meisten typisch ist. Waren doch noch zu Beginn des Mittelalters über 90 % der Fläche Mitteleuropas mit solchen Wäldern bedeckt. Im Mittelpunkt eines ökologisch orientierten Leitbildes steht hier die „Allerweltsart" Rotbuche. Demgegenüber spielt das menschliche Empfinden nurmehr eine untergeordnete Rolle.

Infolge dieses Wertewandels erhöht sich die Bedeutung des ökologischen Wissens in der Bevölkerung zunehmend. Denn erfolgreicher Naturschutz muss eine breite gesellschaftliche Akzeptanz haben und darf nicht zur abgehobenen Disziplin einiger Spezialisten werden. Der Öffentlichkeitsarbeit fällt die besonders wichtige und anspruchsvolle Aufgabe zu, die Zusammenhänge, die heute die Grundlage für Naturschutz sind, zu vermitteln.

Hier gilt es zum Beispiel, das Sammelsurium der verschiedenen Schutzgebietskategorien für „normalsterbliche" Menschen durchschaubar zu machen.

Was gehört wohin? – Schutzgebietskategorien

Begriffe wie Naturschutzgebiet, Landschaftsschutzgebiet oder Nationalpark werden vielerorts verständlicherweise nach wie vor munter durcheinander geworfen. Dabei ist die differenzierende gesetzliche Regelung zum Schutz der Natur, die je nach dem Charakter eines Gebietes unterschiedliche Formen der Nutzung zulässt, sinnvoll und wichtig.

Den höchsten Schutzstatus genießen die Nationalparks, wobei hier im Unterschied zu Naturschutzgebieten der Prozessschutz im Vordergrund steht. Die natürlichen Abläufe werden geschützt. In einem Naturschutzgebiet hingegen soll der bestehende Charakter bewahrt werden, selbst wenn dazu menschliche Eingriffe, häufig in Form von Pflegemaßnahmen, notwendig sind. In einem Landschaftsschutzgebiet wird die Funktion der Landschaft geschützt. Dazu gehört auch die bestehende Nutzung. So liegen in Landschaftsschutzgebieten häufig landwirtschaftliche Nutzflächen.

Weitere Kategorien sind Naturparks und Biosphärenreservate. Naturparks umfassen großräumige, vornehmlich der Erholung dienende Kulturlandschaften. Zu ihrem Schutzziel gehört auch der Erhalt historischer und volkskundlicher Stätten und Traditionen.

In Biosphärenreservaten sollen die Belange des Naturschutzes mit denen traditioneller Kulturlandschaften verknüpft werden. Sie sollen Modellregionen sein, in denen eine naturverträgliche, nachhaltige Wirtschaftsweise praktiziert wird.

Ein Lebensraum der Superlative

Mit der Gründung der Wattenmeer-Nationalparks in Schleswig-Holstein, Niedersachsen und Hamburg in den Jahren 1985, 1986 und 1990 wurde erkannt, dass alles getan werden muss, um einen der letzten großen, zusammenhängenden und vom Menschen weitgehend unbeeinflussten Lebensräume in Mitteleuropa zu erhalten. Die drei Nationalparks haben deshalb eine große Bedeutung im Sinne des Vorsorgeprinzips. Mit ihrer Hilfe soll sichergestellt werden, dass die Wattenmeernatur auch zukünftig nicht menschlichen Nutzungsinteressen zum Opfer fällt.

Das gesamte Wattenmeer erstreckt sich von Den Helder in den Niederlanden bis nach Esbjerg in Dänemark auf einem etwa 500 km langen, bis zu 30 km breiten, Küstenabschnitt. Nirgendwo sonst auf der Welt gibt es so große zusammenhängende Wattflächen – dazu kommt die ökologische Einmaligkeit.

Nach Schätzung von Wissenschaftlern beherbergt das Wattenmeer jährlich über 10 Mio. Vögel, die meisten von ihnen auf dem Zug in die Sommer- oder Winterquartiere. Sie profitieren vom

Nahrungsreichtum der Wattflächen. Auf einer Fläche von einem Quadratmeter Wattboden leben nicht selten bis zu 60000 der nur einige Millimeter großen Wattschnecken und bis zu 30000 einjährige Herzmuscheln.

Es gibt auf weiten Teilen der Wattflächen relativ wenige Tierarten, diese kommen dafür aber in sehr großen Individuenmengen vor. Das wird darauf zurückgeführt, dass nur wenige Tierarten in der Lage sind, unter den extremen Lebensbedingungen im Gezeitenbereich zu existieren. Solche Extrembedingungen sind zum Beispiel starke Temperatur- und Salzgehaltschwankungen. Im Sommer können durch die intensive Sonneneinstrahlung Temperaturen von über 30°C entstehen, während der Wattboden im Winter manchmal von dezimeterdicken Eisschichten bedeckt ist. Bei Regen süßen die Wattflächen aus, bei Hitze verdunstet das Wasser und die Salzkonzentration steigt erheblich.

Im Wattenmeer ist nichts so beständig wie der Wandel. Dieser Satz bringt die außergewöhnliche Dynamik dieses Lebensraumes auf den Punkt. Sie steht im krassen Gegensatz zu dem viel zitierten „Ökosystem mit stabilem Gleichgewicht" aus dem ökologischen Lehrbuch. Seien es nun die bereits genannten Extremfaktoren oder aber Wattflächen und Priele, die sich durch Strömungsänderungen von Jahr zu Jahr erheblich verlagern – der instabile Zustand scheint System zu haben. Das zeigt sich auch in der immer wieder auftretenden Besiedlung durch neue Arten, zuletzt durch die Amerikanische Schwertmuschel um 1978 und die Pazifische Auster in den 90er Jahren.

Neben den Vögeln nutzen auch die Meeres-Säugetiere den Nahrungsreichtum im Wattenmeer. Etwa 16000 Seehunde bevölkern heute das gesamte Wattenmeergebiet, knapp 6000 davon den schleswig-holsteinischen Teil.

Von ihren Fischzügen in die offene See erholen sie sich bei Ebbe auf den trockengefallenen Sandbänken. Hier kommen im Juni und Juli auch ihre Jungen zur Welt. Sie werden einige Wochen mit der besonders fettreichen Muttermilch gesäugt, bevor sie in die Selbständigkeit entlassen werden. Den Winter verbringen Seehunde ebenfalls im Wattenmeer, ein Teil von ihnen hält sich dann jedoch überwiegend im offenen Nordseebereich auf.

Weniger bekannt als der Seehund sind der Schweinswal, ein delphinartiger Kleinwal, und die zweite heimische Robbenart, die Kegelrobbe. Schweinswale kommen in einem Bestand von mehreren tausend Tieren westlich der Inseln Amrum und Sylt vor. Gelegentlich lassen sie sich direkt vom Sylter Strand aus beobachten. Dann sind sie an der aus dem Wasser auftauchenden Rückenfinne zu erkennen. Kegelrobben werden etwas größer als Seehunde und bekommen im Unterschied zu diesen ihre Jungen im Winter. Von ihnen gibt es eine kleine Kolonie auf den Außensänden nordwestlich von Amrum.

Gesalzene Probleme

Begießt man eine Topfpflanze mit Salzwasser, vertrocknet sie schnell. Den Gesetzen der Osmose gehorchend, fließt das Wasser, das sich in der Pflanze befindet, zum Ort höherer Salzkonzentration, also in unserem Fall aus der Pflanze heraus in die Erde. Die in der Salzwiese wachsenden Pflanzenarten haben alle spezielle Mechanismen entwickelt, mit deren Hilfe sie trotz des Salzgehaltes des Bodens Wasser aufnehmen können. Grundsätzlich überwinden sie das osmotische Gefälle, indem sie selbst Salze aufnehmen. Dieser Aufnahme sind jedoch physiologische Grenzen gesetzt. Zur Regulation des Salzhaushaltes wird überschüssiges Salz wieder ausgeschieden. Der bekannte Strandflieder scheidet das Salz aktiv über Drüsen wieder aus. Einfacher machen es sich Bottenbinse und Strandaster, die alte Blätter, in denen sie beträchtliche Salzmengen angesammelt haben, abwerfen. Andere Arten wie die Portulak-Keilmelde reichern das Salz zunächst in ballonförmigen Blasenzellen speziell gebauter Blatthaare an und entfernen es durch das Platzen der Blasenzellen oder das Abwerfen der Blätter.

Wieder andere Arten, z. B. der Queller, scheiden einmal aufgenommenes Salz nicht mehr aus, sondern verdünnen es mit Wasser, da die negative Wirkung des Salzes auf die Pflanze nicht von der absoluten Salzmenge, sondern von der Konzentration abhängig ist. Das führt zum Aufquellen der Pflanze (Name), was ihr Ähnlichkeit mit einem Kaktus verleiht, der ja auch Wasser speichert. Das Phänomen der Wasserspeicherung in dickfleischigen Pflanzenorganen wird als Sukkulenz bezeichnet. Am Ende des Jahres ist die Salzkonzentration in der Quellerpflanze dann aber doch so groß geworden, dass sie abstirbt. Allerdings nicht, ohne vorher noch Samen produziert zu haben, die mit dem Wasser an eine flache Wattstelle transportiert werden. Hier kann dann im folgenden Jahr ein neues Stück Salzwiese entstehen.

Ein solcher Entstehungsbereich wird noch bei jedem Hochwasser überflutet. In dieser Quellerzone wächst neben dem Queller häufig auch noch die ebenfalls sukkulente Strandsode.

Oberhalb der mThw-Linie (mThw – mittleres Tidehochwasser) schließt sich die Andelzone mit dem Andelgras als charakteristischer Art an. Die Überflutungen in dieser Zone finden etwa 150 bis 250-mal im Jahr statt.

Hat sich der Boden auf 35 cm erhöht, beginnt die Rotschwingelzone, die 30 bis 70-mal im Jahr überflutet wird. Die vorherrschende Pflanzenart besonders beweideter Salzwiesen ist der namensgebende Rotschwingel. Weitere hier wachsende Arten sind Strandbeifuß (oder Strandwermut), Strandgrasnelke und die Bottenbinse.

Nur die wenigsten Salzwiesenpflanzen vertragen den Verbiss durch Vieh. Deswegen ist die Beweidung der Vorländer ein klassischer Konfliktfall im Nationalpark. Hier soll einerseits die Natur vom Menschen unbeeinflusst bleiben, andererseits ist die Vorlandbeweidung aber eine traditionelle Nutzungsform an der Westküste. In den vergangenen Jahren wurden viele Salzwiesen, die im Nationalpark liegen, nicht mehr neu verpachtet, nachdem Schäfer in Ruhestand gegangen sind. Auf diese Weise sind inzwischen gut 60% der Flächen aus der Nutzung genommen worden, ohne dass Existenzen in der Landwirtschaft zerstört worden sind.

Nationalpark Schleswig-Holsteinisches Wattenmeer

Oberster Grundsatz des Naturschutzes ist auch in diesem Nationalpark, einen unbeeinflussten Ablauf natürlicher Prozesse zu gewährleisten und die Natur um ihrer selbst Willen zu erhalten. Demgegenüber stehen die menschlichen Handlungen, die die natürliche Dynamik beeinflussen. Das sind im Schleswig-Holsteinischen Wattenmeer in besonderem Maße wirtschaftliche Nutzungsformen wie Miesmuschelfischerei und Ölförderung, die militärische Waffenerprobung sowie Eindeichungen. Der Erfolg des Naturschutzes im Nationalpark muss sich daran messen lassen, inwieweit es ihm gelingt, diese Einflüsse aus dem Nationalpark herauszudrängen. Denn die Voraussetzung für die Bewahrung der Natur ist die Bereitstellung von großräumigen Schutzgebieten, die frei von Ressourcennutzung sind.

Bei kritischer Betrachtung der genannten Problemfelder wird aber schnell deutlich, dass den Großnutzern im Nationalpark weitreichende Befugnisse eingeräumt werden.

Abb. 18: Queller

Watt
Quellerzone
(Eulitoral)

Untere Salzwiese
Andelzone
(Supralitoral)

Queller
Salicornia Europaea

Schlickgras
Spartina Townsendii

Andel
Pucinella Maritima

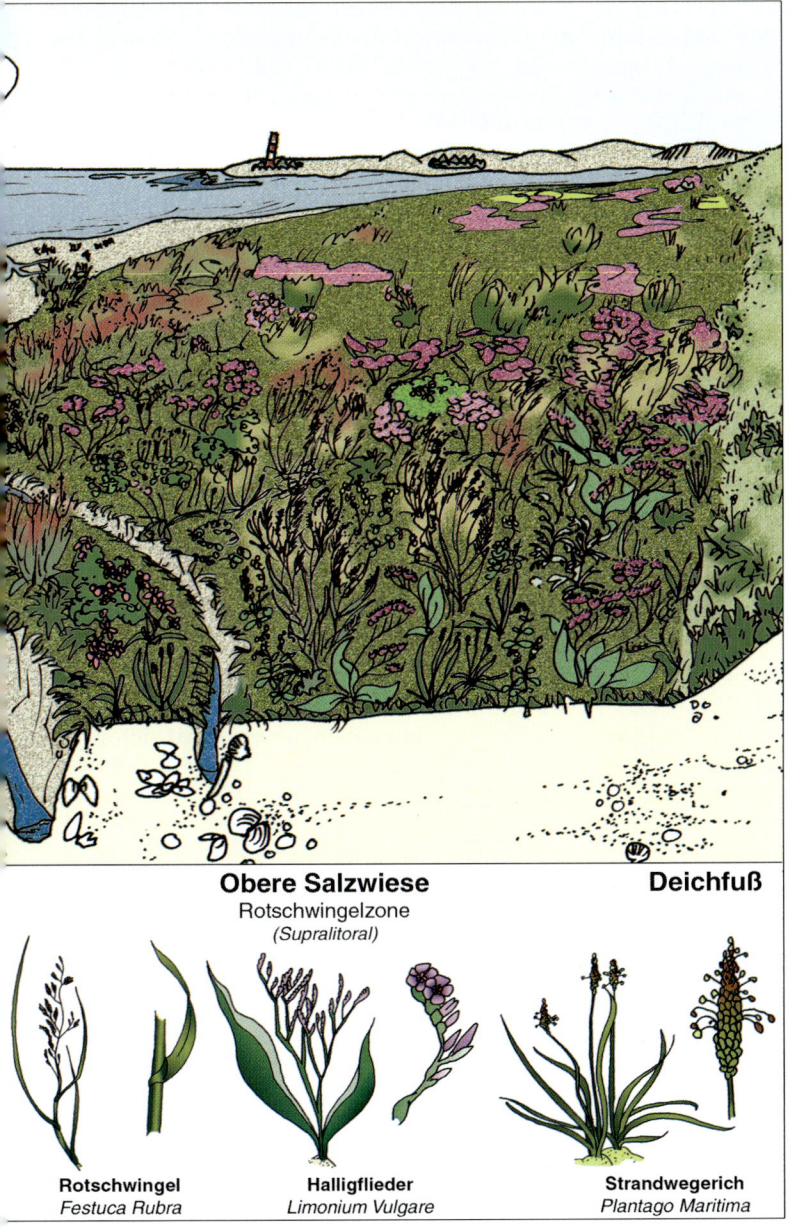

Obere Salzwiese
Rotschwingelzone
(Supralitoral)

Deichfuß

Rotschwingel
Festuca Rubra

Halligflieder
Limonium Vulgare

Strandwegerich
Plantago Maritima

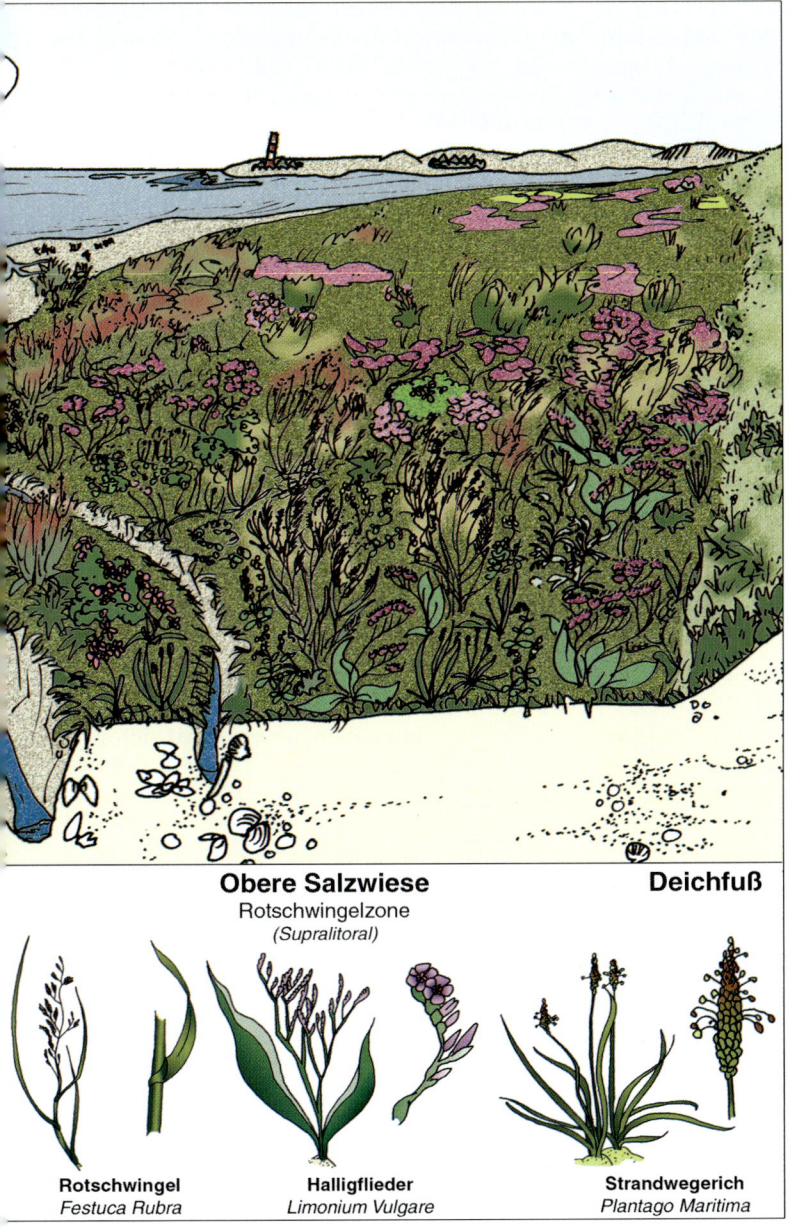

So wurde zeitgleich mit der Einrichtung des Nationalparks Mitte der 1980er Jahre die Ölbohrinsel der DEA (damals Texaco) an ökologisch bedeutendster Stelle im Dithmarscher Watt gebaut.

Aufgrund alter Konzessionsrechte aus den 1940er Jahren hatte die Landesregierung Schleswig-Holsteins die Bohrerlaubnis erteilt. Einerseits hatte sie sich im Falle der Nichterteilung der Genehmigung von hohen Schadensersatzforderungen seitens des Antragstellers bedroht gesehen, andererseits hat sie aber die nach dem Bundesberggesetz durch Landesverordnung zu bestimmende Förderabgabe schon vor Beginn der Förderung auf lediglich 10 % festgesetzt (später sogar auf nur 5 %). Für alle anderen Förderungen in Schleswig-Holstein wurden damals immerhin 32 % Förderabgabe erhoben. Etwa zur selben Zeit spendete die Firma Texaco an die halbstaatliche Stiftung Naturschutz 4,3 Mio. DM.

Die Gefahr, die von der Bohrinsel ausgeht, liegt, abgesehen von den täglichen Störungen für die Umgebung bei „Normalbetrieb", besonders im Transport des Öls zum Festland: Es wird durch eines der am meisten befahrenen und unfallträchtigsten Fahrwasser der Erde, der Elbmündung, nach Brunsbüttel transportiert. Wie sehr die empfindliche Wattenmeernatur bei einem Austritt auch vergleichsweise geringer Mengen Öl geschädigt wird, zeigte sich zuletzt bei der Havarie des Holzfrachters „Pallas". „Nur" etwa 60 t ausgelaufenes Öl vor der Insel Amrum kosteten im November 1998 über 16 000 Seevögeln das Leben.

Eine Regelung im Sinne des Nationalparkgedankens bezüglich der militärischen Nutzung lässt ebenso weiter auf sich warten. Entgegen anderslautender Beteuerungen aus dem Bundesverteidigungsministerium wurden auch noch im Jahr 2000 zur Brut- und Rastzeit der Seevögel Erprobungen von Raketengeschossen im und am Nationalpark in der Meldorfer Bucht durchgeführt. Massive Störungen zur empfindlichsten Zeit des Jahres für die Natur verursachen außerdem große NATO-Flugmanöver über dem gesamten Nationalpark-Gebiet. Seit 1969 wird die Meldorfer Bucht als militärisches Übungsgelände genutzt. Die damalige Landesregierung hatte, um eine Teileindeichung zu finanzieren, Flächen in der Meldorfer Bucht als Raketenerprobungsgebiet an die Bundeswehr verkauft.

Die wohl intensivste Nutzungsform im Schleswig-Holsteinischen Wattenmeer ist jedoch die Miesmuschelfischerei. Seit der Nationalparkgründung hatte sich die Anlandung von Mies-

←**Abb. 19:** Eine Salzwiese zwischen Watt und Deich

muscheln zunächst von durchschnittlich etwa 16000t in den 1980er Jahren auf 42000t im Rekordjahr 1992 gesteigert. Seit 1992 liegt sie bei durchschnittlich etwa 18000t im Jahr. Zusätzlich haben die Muschelfischer vom schleswig-holsteinischen Umweltministerium die Zusicherung erhalten, im Falle eines wirtschaftlichen Engpasses infolge eines Rückgangs der Fangmengen, sogar die Fischerei auf Trogmuscheln aufnehmen zu dürfen.

Bei der Miesmuschelfischerei werden auf wilden Muschelbänken so genannte Saatmuscheln gefangen. Das sind in der Regel kleine Muscheln, die dann für einige Zeit auf einer Kulturfläche im Watt ausgebracht werden und zur Marktreife heranwachsen, bevor sie von dort geerntet werden. Bei der Saatmuschelfischerei kommt es zur Zerstörung von Wildmuschelbänken. Sie werden mit einem eisenbügelbewährten Dredge-Netz regelrecht vom Boden gehobelt. Etwa 40 andere Tier – und Pflanzenarten, die auf der Miesmuschelbank leben, bleiben dabei als „Beifang" auf der Strecke. Die künstlich angelegten Muschelbänke sind dagegen Monokulturen, auf denen eine Ansiedlung von anderen Arten, wie z.B. dem Seestern, soweit wie möglich verhindert wird. Die Fläche solcher Kulturen hatte sich in den ersten Jahren seit Bestehen des Nationalparks mehr als verdoppelt.

Seit 1997 gibt es aber auch gewisse Einschränkungen, die die Miesmuschelfischerei hinzunehmen hat. Ihre Kulturflächen sollen schrittweise wieder reduziert werden, und das Fischen im trockenfallenden Watt ist inzwischen verboten. Wie die Praxis zeigt, werden allerdings immer wieder auch solche Muschelbänke befischt, die zwar nach den gültigen Seekarten de jure im ständig mit Wasser bedeckten Sublitoral liegen, die aber de facto bei Niedrigwasser trockenfallen.

Alles in allem ist es deshalb nicht verwunderlich, dass die internationale Anerkennung als Nationalpark ausbleibt, die den von der internationalen Naturschutzkommission (IUCN) festgelegten Kriterien entspricht. Dafür werden andere Maßstäbe gesetzt. So fehlt beispielsweise in einem Reiseführer über Venezuela nicht der Hinweis auf die Bestimmungen im Nationalpark Schleswig-Holsteinisches Wattenmeer, wenn es darum geht, dort die Ölförderung in sensiblen Ökosystemen zu rechtfertigen.

Selbst nachdem mit einem jahrelangen, enormen Forschungs- und Bearbeitungsaufwand im Dezember 1999 das Nationalparkgesetz novelliert worden ist, wird der Nationalpark Schleswig-Holsteinisches Wattenmeer dem internationalen Anspruch noch nicht gerecht.

Positiv formuliert, ist der Naturschutz diesem Ziel seit 1985 ein Stück näher gekommen. Gibt es doch inzwischen einige wertvolle neue Regelungen:

Weite Teile der Vorländer werden heute sich selbst überlassen, also nicht mehr beweidet. Das hat nicht zuletzt zu einer sprunghaften Vermehrung diverser Brutvogelarten geführt.

Durch das neue Gesetz gibt es eine deutlich vergrößerte Kernzone mit besonders strengen Schutzbestimmungen. Sie orientiert sich an dem Verlauf ökologisch zusammenhängender Gezeitenbereiche – von den Seegatts, durch die das Wasser bei Flut vom offenen Meer ins Watt gelangt, über die schmaleren und ganz kleinen Priele bis zu den Salzwiesen in den Vorlandbereichen.

Inzwischen gibt es ein lange von Naturschützern gefordertes und eigens für den bedrohten Schweinswal eingerichtetes Walschutzgebiet westlich der Insel Sylt.

Und auch ein nach internationalem Standard üblicher „Null-Nutzungsbereich" ist mit der Gesetzesnovelle geschaffen worden. In dieser so genannten Referenz-Zone soll tatsächlich jegliche Nutzung unterbleiben. Vielmehr steht das Gebiet der Forschung zur Verfügung, die hier die Entwicklung der Natur unter eben diesen nutzungsfreien Bedingungen untersuchen kann.

Leider hielt sich der Gesetzgeber bei der Ausweisung des Referenz-Gebietes nicht an den von Wissenschaftlern vorgeschlagenen Bereich nördlich des Hindenburgdamms, der Sylt mit dem Festland verbindet, sondern wählte – Nutzungsinteressen folgend – die Wattflächen südlich des Hindenburgdamms aus.

Mit dieser Entscheidung können die Naturschützer nicht zufrieden sein. Liegt doch der Bereich in unmittelbarer Nachbarschaft zu intensiv genutzten Muschelkulturen. Das Bild von der „Null-Nutzungszone auf dem Autobahnmittelstreifen" verdeutlicht diese Bedenken aus ökologischer Sicht.

Und noch ein gewichtiges Argument für die Einrichtung der Null-Nutzungszone nördlich des Hindenburgdamms wurde außer Acht gelassen. Das Gebiet ist seit über hundert Jahren Gegenstand naturwissenschaftlicher Untersuchungen, auf die die Wissenschaft in einmaliger Weise hätte aufbauen können. Im Nordsylter Wattenmeer wurden ganz wesentliche ökologische Grundprinzipien erstmals erkannt und formuliert. So prägte zum Beispiel MÖBIUS 1877 den Begriff der Biozönose (Lebensgemeinschaft) am Beispiel einer Austernbank in diesem Gebiet.

Naturschutz schafft Arbeitsplätze

Naturschutzbemühungen haben an der Westküste eine lange Tradition. Schon im Jahr 1907 gründete sich der „Verein Jordsand" mit dem Zweck, die im Nordsylter Watt gelegene kleine Sandinsel Jordsand vor Eierdieben und „Sonntagsjägern" zu schützen. Zwei Jahre später kaufte der Verein mit Hilfe von Spendengeldern der Hamburger Kaffeebörse für 12 000 Goldmark die Hallig Norderoog und richtete dort eine „Seevogelfreistätte" ein. Norderoog wurde dann 1939 unter Naturschutz gestellt.

Als 1963 auf Hallig Hooge die Naturschutzgesellschaft Schutzstation Wattenmeer gegründet wurde, gab es im Schleswig-Holsteinischen Wattenmeer bereits vier Naturschutzgebiete. Dennoch war die Akzeptanz für einen kritischen Naturschutz allgemein gering. Im Jahr nach der verheerenden Sturmflut von 1962, bei der insgesamt 70 km der Landesschutzdeiche Schleswig-Holsteins schwer beschädigt worden waren, überwog die Einstellung, sich gegenüber einer bedrohlichen Meeresnatur verteidigen zu müssen. Mit viel Enthusiasmus und einem langen Atem gelang es dann den Naturschutzverbänden, insbesondere durch ihr breites touristisches Veranstaltungsangebot, das Bewusstsein für den Schutz der intakten Wattenmeernatur als Voraussetzung für die zukünftige Entwicklung der Westküste zu etablieren.

Lange bevor der Nationalpark eingerichtet wurde, gab es schon ein nahezu flächendeckendes Netz privater Schutzgebietsbetreuer. Zu ihren Aufgaben gehören naturkundliche Arbeiten wie Vogelzählungen und Bestandserfassungen anderer Tiere und Pflanzen, Lenkungsmaßnahmen, also z.B. das Aufstellen von Hinweisschildern oder die Reparatur von Zäunen und die Öffentlichkeitsarbeit in Form von Führungen, Vorträgen und der Betreuung von Ausstellungen.

In diesem Zusammenhang soll der seit 1996 bestehende Nationalpark Service genannt werden. Mit ihm ist ein Mittel der hauptamtlichen Schutzgebietsbetreuung eingeführt worden, das seit Jahren von unterschiedlichen Seiten für die Westküste gefordert worden ist. Er gehört zweifellos zu den Errungenschaften des Nationalparks Schleswig-Holsteinisches Wattenmeer in den vergangenen Jahren. Während die Arbeit der Naturschutzverbände hauptsächlich von Zivildienstleistenden und freiwilligen Mitarbeitern geleistet wird, sind beim Nationalpark Service hauptamtliche Kräfte tätig. Beides zusammengenommen ergibt eine Kombination aus ständigem „frischen

Abb. 20: Winzig erscheint der Mensch angesichts des im Wattenmeer unendlichen Horizonts

Wind" durch die jugendlichen „Zivis" und kontinuierlicher Vertretung der Nationalparkbelange vor Ort durch Einheimische.

Darüber hinaus wirken auch die Schädigungen der gesamten Nordsee, wie Schadstoffeinleitungen, Eutrophierung und Überfischung, direkt auf die Wattenmeernationalparks. Um hier eine Verbesserung der Situation zu bewirken, sind entsprechende politische Entscheidungen erforderlich.

Wirtschaft – Struktur und Potential der Küstenregion
Sandra Gehrke

Schleswig-Holstein besitzt immer noch das Image eines Agrar- und Ferienlandes. Betrachtet man nur die äußere Erscheinung der Kulturlandschaft, ist dieser erste Eindruck sicherlich richtig. Die Industrie ist ungleichmäßig auf einzelne größere Städte und vorzugsweise den Süden verteilt. Es herrschen überwiegend breit gestreute ländliche Siedlungen, Ackerflächen, Wiesen, Weiden und vereinzelt Waldflächen vor. Bis weit in das 20. Jahrhundert hinein setzte sich die Wirtschaft aus dem Dreierbund der Landwirtschaft, Fischerei und Schifffahrt zusammen.

Tatsächlich hat sich in Schleswig-Holstein aber schon lange ein Strukturwandel hin zu einem modernen Industrie- und Dienstleistungsstandort vollzogen. Statistisch gesehen liegt der Beitrag der Land- und Forstwirtschaft zum Bruttoinlandsprodukt (1999) nur noch bei ganzen 2 %. Dienstleistungen (36 %), Verarbeitendes Gewerbe (19 %) sowie Handel und Verkehr (16 %) machen den größten Teil der volkswirtschaftlichen Gesamtrechnung aus. An dem Land zwischen den Meeren sind die großen Umschichtungen nicht vorbeigegangen.

Die Anfänge

Die Wirtschaftsgeschichte Schleswig-Holsteins wird durch zwei naturräumliche Gegebenheiten bestimmt: als Vermittler im Handel zwischen Ost und West und als Landbrücke zwischen dem Kontinent und seiner skandinavischen Halbinsel. Mit zunehmender Zahl an Transitverbindungen verlief ein lebhafter Fernverkehr über diese Brücke.

Die Attraktivität dieser Landbrücke steht außer Zweifel. Seit dem 8. Jahrhundert kämpften Sachsen, Franken, Friesen, Dänen und Slawen um ihren Besitz. Dabei kamen die Impulse für Handel und Wandel nicht aus dem notorisch schwachen Binnenland, sondern immer von den Küsten. Die historisch gewachsenen Handelsadern verliefen von der jütländischen Halbinsel bis vor die Tore Hamburgs. Auf diesen so genannten Ochsenwegen wurde das Vieh in die Stadt getrieben und zum Verkauf angeboten.

Im Frühmittelalter legten die Wikinger nahe des heutigen Schleswig und der seichten Schlei ihren berühmten Umschlagplatz Haithabu an. Hier wurden die Waren von Skandinavien in den Süden transportiert. Dabei waren die Häfen und Handelsplätze an der Ostküste weitaus bedeutender als die der Westküste. Je nach Tiefe und Beschaffenheit der Förden und Meeresbuchten haben die zentralen Funktionen der Handelsstädte weit über das *Mare Balticum* in andere Teile Europas hinaus gereicht.

Landwirtschaft und Handel

Die wirtschaftliche Entwicklung Schleswigs und Holsteins war eng in die Wirtschaftsgeschichte Europas eingebunden. Vom 12. bis zum Ende des 13. Jahrhunderts dauerte die Phase des wirtschaftlichen Aufschwungs, die im Zusammenhang mit dem Bevölkerungswachstum stand. Damals wurde die Gesamtzahl der Bevölkerung auf 200 000 Einwohner geschätzt. Ökonomische Grundlage der Landwirtschaft war v. a. der Getreideanbau: Roggen auf der Geest und den sandigen Mittelrücken – Gerste, Hafer und Weizen in den Marschen und im östlichen Hügelland.

Nach den Bevölkerungsverlusten, die durch Pestepidemien seit 1350 verursacht wurden und denen ein Drittel der Einwohner zum Opfer fiel, kam es zu einer zweiten „Bevölkerungswelle", d. h. einem erneuten Anstieg, in der ersten Hälfte des 15. Jahrhunderts. Die erhöhte Nachfrage vor allem nach Nahrungsmitteln führte zu einer steigenden Produktion. In dieser Zeit gewann auch die Viehzucht und -mast von Rindern, Pferden und Schweinen an Bedeutung. Dieser Aufschwung hielt bis in das 17. Jahrhundert an, als die Bevölkerungszahl mit rund 450 000 Einwohnern an die maximalen Grenzen des Ertrages aus der Landwirtschaft stieß. In dieser Zeit war Schleswig-Holstein ein bedeutender Getreide- und Viehexporteur. Neben Getreide, Vieh und Fisch, wurden auch friesisches Salz und Bier ausgeführt.

Beim Handel über „See und Sand" hatte nur der Ochsenhandel keine Nachteile. Hier wurden seit dem 14. (bis zum 19.) Jahrhundert jährlich tausende Ochsen von Dänemark durch Schleswig-Holstein Richtung Elbe nach Itzehoe oder Wedel getrieben. Bei einem Export von jährlich 10 000 bis 50 000 Ochsen konnten die Landesherren über ihre gemeinsamen Zollstätten einen hohen Reingewinn abschöpfen.

Der Holzhandel war einer der Haupterwerbszweige für die Regionen Angeln und Lauenburg nördlich der Eider. Vor allem die holzarmen Marschgebiete und die Nordfriesischen Inseln waren auf die Holzlieferungen für den Bau von Häusern, Brücken, Deichen und Entwässerungsanlagen angewiesen. Holz und Torf wurden außerdem für das Sieden des friesischen Torfsalzes verwendet (vgl. Kap. Geschichte).

Im 18. und frühen 19. Jahrhundert lebte der größte Teil der Schleswig-Holsteiner indirekt oder direkt von der Landwirtschaft. In der Zeit der Aufklärung wurden die extremen Unterschiede hinsichtlich der Hierarchie, Rechtsstellung, Bodengüte sowie der Nähe und Ferne zu Märkten deutlich. Die Zusammenhänge zwischen Agrarproduktion, Ernährung und Bevölkerungsentwicklung wurden aufgedeckt. Reformen bezüglich der veralteten Agrarverfassung und -technik wurden nicht nur diskutiert, sondern alsbald in die Tat umgesetzt. Mit der Umverteilung der Besitztümer wurden auch die Hofdienste aufgehoben und dort, wo es sie noch gab, Leibeigene in die Freiheit entlassen. Für die Landschaft selber gab es ebenfalls tiefgreifende Veränderungen: Der Flurzwang wurde aufgehoben, Felder effektiv zusammengelegt, Flurbereinigung und Verkoppelung durchgeführt. Das künstliche Anlegen von Knicks (Wallhecken) im Zuge der Verkoppelung führte letztendlich zu einem völlig neuen Landschaftsbild.

In diese Zeit fiel auch die Erschließung bisher ungenutzter Flächen und der Beginn der Neulandgewinnung. Die damalige Landgewinnung aus dem Meer begann an der nordfriesischen Küste mit dem 1742–1743 entstandenen Sophien-Magdalenen-Koog und endete 1800 mit dem Louisen-Reußen-Koog.

Im 20. Jahrhundert haben sich die Strukturprobleme der Landwirtschaft weiter verlagert. Die arbeitsintensive Bewirtschaftung trat im Zuge der Technisierung zugunsten moderner Maschinen zurück. Um im EG-Wettbewerb bestehen zu können, war eine Rentabilität nur durch wachsende Höfe gegeben. Aber auch der Küstenschutz rückte nach der großen Sturmflut im Februar 1962 wieder mehr in den Vordergrund. Ein umfassendes Programm zur Sicherung des Festlandes und der vorgelagerten Nordfriesischen Inseln wurde gestartet. Neben Deicherhöhung und -erneuerung wurden weitere Köge eingeweiht.

Die rund 25 000 landwirtschaftlichen Betriebe werden in Schleswig-Holstein auch in Zukunft noch die Kulturlandschaft prägen. Fast 20 000 Beschäftigte in dieser Branche sichern die Basis der Ernährungsindustrie des Landes. Mit einem Anteil von 20% ist dies die bedeutendste Branche des verarbeitenden Gewerbes in Schleswig-Holstein.

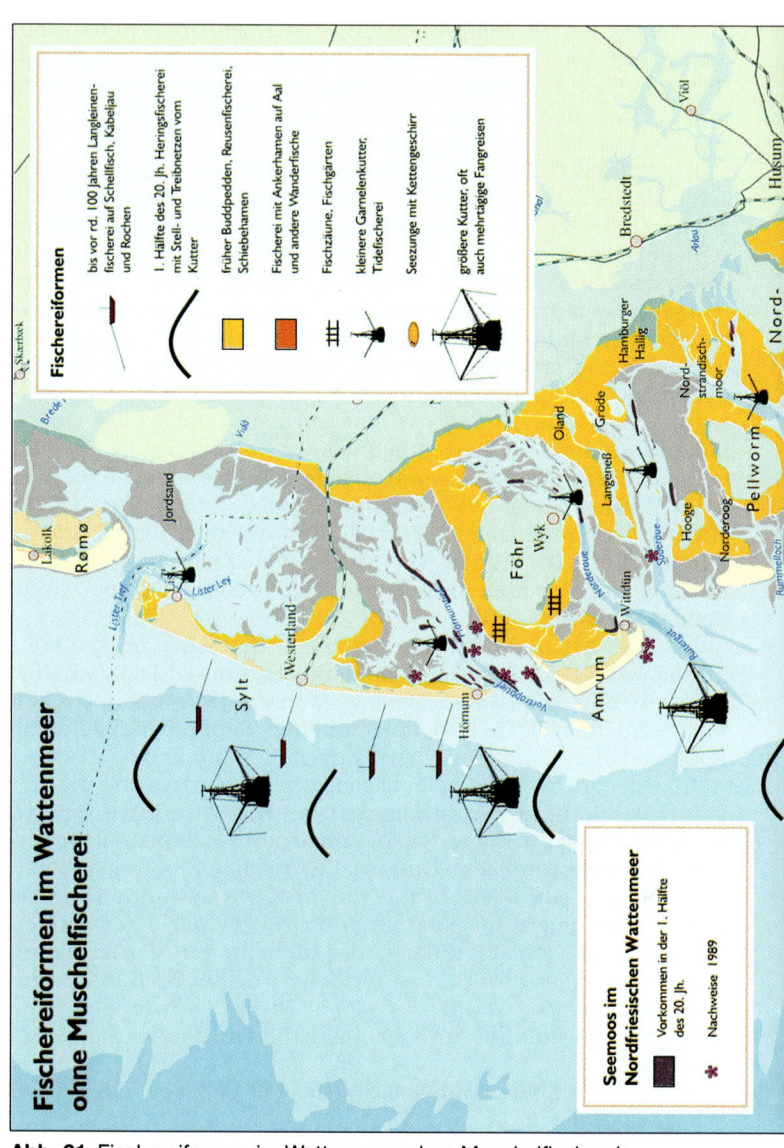

Abb. 21: Fischereiformen im Wattenmeer ohne Muschelfischerei;
In: UWA 1999, S. 167

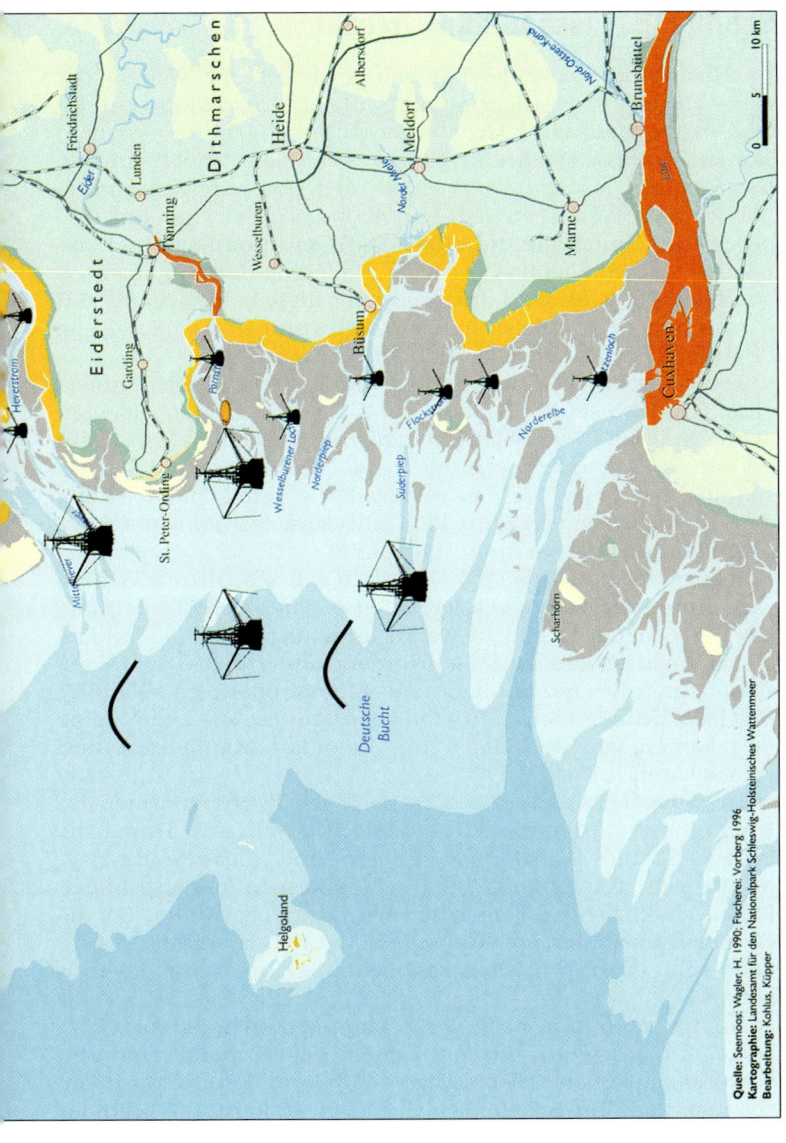

Friedrichstadt

Eider

Lunden

Dithmarschen

Alberdorf

Heide

Meldorf

Tönning

Wesselburen

Nordel'Wehe

Nord-Ostsee-Kanal

Brunsbüttel

Marne

Eiderstedt

Garding

Peenau

Büsum

Zensloch

Cuxhaven

Heverstrom

St. Peter-Ording

Westelfurt Loch

Nordepneg

Süderpiep

Flackey

Norderelbe

Scharhörn

Mittel'Au

Deutsche
Bucht

Helgoland

Quelle: Seemoos: Wagler, H. 1990; Fischerei: Vorberg 1996
Kartographie: Landesamt für den Nationalpark Schleswig-Holsteinisches Wattenmeer
Bearbeitung: Kohlus, Küpper

0   5   10 km

Schifffahrt, Fischerei und Handel

Im Hoch- und Spätmittelalter wuchs Lübeck zur Königin der Hansestädte heran. Nicht zuletzt aufgrund ökonomischer Erfolge erstreckte sich die Macht dieses Bundes über den gesamten Norden Europas. Während Lübeck sich später mehr auf den Ostseehandel beschränkte, richtete sich Hamburg fast ausschließlich nach Westen und auf seinen binnenländischen Einzugsbereich im Hinterland der Elbe aus. Dieser norddeutsche Kaufmanns- und Städtebund war für Schleswig-Holstein insoweit von Bedeutung, als dass das Land über diese beiden Städte mit hansischen Fernhandelswaren versorgt wurde und landeseigene Produkte in den hansischen Handel eingingen.

Flensburg dagegen konnte seine Blüte erst im 18. Jahrhundert entfalten. 1803 stand die Stadt mit 275 Schiffen unangefochten an der Spitze. Mit der hochseetauglichen Seglerflotte wurde ein lukratives Überseeimportgeschäft mit Spirituosen und Gewürzen aus der Neuen Welt aufgebaut. Die gesamte Handelsflotte der Herzogtümer erreichte 1806 mit 1982 Schiffen und etwa 47 110 Kommerzlasten ihren Höhepunkt.

In der vorindustriellen Zeit hatten die schiffbaren Wasserläufe für den regionalen Güteraustausch eine große Bedeutung: Die Häfen an der Westküste waren Umschlagplatz und Markt zu gleich. Im ausgehenden 18. Jahrhundert unterhielten die Hafenstädte intensive Beziehungen zur Elbmetropole. Die Händler brachten insbesondere Getreide, Lebensmittel, Holz und Steine und kamen von den Häfen mit Kolonial-, Manufaktur- und Fabrikwaren zurück.

Die Übersichtskarte (Abb. 21) zeigt die Fischereiformen im Wattenmeer an der Westküste Schleswig-Holsteins. Durch die Fanggebiete in Wattflächen, Prielen und Flussmündungen, haben sich unterschiedliche Fischereiformen herausgebildet. Für die mehrtägigen Fangreisen wurden große Kutter, für die Garnelen eher kleinere Kutter benötigt. In der Abbildung 22 kann man einen typischen Krabbenkutter im Wattenmeer erkennen.

Infolge der Einführung der Schleppnetzfischerei vom Boot oder Schiff aus, wurde die Wattfischerei weitreichend verändert. So konnten jetzt auch Fangplätze in größeren Entfernungen angelaufen und dort gezielt nach Garnelen, Austern und Seemoos gefischt werden. Seit den 1950er Jahren nimmt die Garnelenfischerei aus betriebs- und marktwirtschaftlichen Gründen wieder ab. Von damals 300 angemeldeten Krabbenkuttern blieben 1995 nur noch 100 übrig.

Abb. 22: Krabbenkutter im Schleswig-Holsteinischen Wattenmeer

Im 18. und 19. Jahrhundert wurde auch die so genannte Grönlandfahrt auf Walfischfang und Robbenschlag fortgesetzt. Die
Seeleute hatten ihre Ziele in den arktischen Gewässern um die
Bäreninsel und Spitzbergen. Ausgangspunkte waren Glückstadt,
Beidenfleth, Brunsbüttel, Elmshorn, Itzehoe und Uetersen. Das
Ende der Subventionierung der Grönlandfahrt 1838, der Ersatz
von Tran durch Rapsöl und die kapitalintensiven Neuerungen
der Dampfschifffahrt und des Eisenschiffbaus brachten auch
diesen Wirtschaftszweig zum Erliegen.

Im Jahre 1819 kam das erste Dampfschiff auf der Fährstrecke
von Kiel nach Kopenhagen zum Einsatz. Es begann eine neue Ära
der Personen- und Frachtbeförderung. Acht Jahre später wurden
auch Glückstadt und Hamburg auf diese Weise verknüpft.

Die Werftindustrie

Im Küstenland Schleswig-Holsteins stellte der Schiffbau, mit
einer jahrhundertelangen Tradition einen wichtigen Wirtschaftszweig dar. Von seinem Bedeutungsverlust sind nicht nur
die Werften selbst, sondern auch die Zulieferer betroffen. Der
Schiffsbau war nach dem Zweiten Weltkrieg zunächst untersagt.

Betriebe, die ehemals für die Marine gearbeitet hatten, wie die Germania Werft und die Deutschen Werke in Kiel, wurden demontiert. Die Produktion setzte mit dem Bau von Binnenschiffen, Fischerei- und Küstenfahrzeugen nur langsam wieder ein. Durch den Beitritt zur NATO konnten 1955 auch wieder Marinebauten in Auftrag genommen werden. 31 000 Menschen konnten aufgrund der wachsenden Nachfrage nach größeren Schiffen beschäftigt werden. 1958 entsprach dies 18 % der in der Industrie Tätigen.

Bis 1975 verbesserte sich zwar die Weltwirtschaftssituation bezüglich der Nachfrage im Schiffsbau, doch gebeutelt durch japanische und südkoreanische Konkurrenz, Ölkrise und die Eröffnung des Suezkanals sanken die Beschäftigungszahlen in Schleswig-Holstein rapide. Schiffsbausubventionen und staatliche Aufträge konnten die mangelnde Konkurrenzfähigkeit nicht kompensieren.

Die an der hafenfeindlichen Westküste liegenden kleinen und mittleren Betriebe konnten sich zwar auf den Bau von Behördenfahrzeugen oder anderen spezielleren Booten umstellen, aber der Verfall eines ehemals wichtigen Industriezweiges war nicht mehr aufzuhalten.

Heute sind nur noch zehn Seeschiffswerften des Landes aktiv. Sie haben sich stabilisiert und können mit Container-, Spezialschiff- und U-Boot-Bau ca. 6 000 Menschen Lohn und Brot geben. Durch ihr hervorragendes Know-how beim Bau von Spezialschiffen dürften die noch bestehenden Werften auch in Zukunft dem enormen weltweiten Konkurrenzdruck trotzen.

Die Meiereiwirtschaft

Mitte des 17. Jahrhunderts gewann die Milchwirtschaft aufgrund gestiegener Nachfrage zunehmend an Bedeutung. Die Eingrenzung von Koppeln durch Zäune und Knicks, die zunächst nur das Ziel verfolgte, das Land aus der gemeinschaftlichen Nutzung des Dorfes herauszunehmen, kam der Viehhaltung entgegen. Die Koppeln boten den Gutsherren die technische Voraussetzung zum stetigen und rationellen Wirtschaften, denn die großen Holländereien und Meiereihöfe wurden von den Gütern auf Pachtbasis betrieben.

Seit dem Ende des 19. Jahrhunderts wird der Milch verarbeitenden Industrie eine besondere Bedeutung beigemessen. Die Ursache für die erhöhte Milchproduktion bis 1983 trotz stagnierenden Verbrauchs sind folgende: eine Absatz- und Preisgarantie durch die EU, die Aufstockung der Rinderbestände, Züchtungserfolge und verbesserte Tierhaltung. Die Milchleistung pro Kuh ist inzwischen auf fast das Doppelte gestiegen: Lag sie 1949 noch bei 3200 kg, steigerte sie sich 1988 auf 5000 kg und liegt heute mit 6200 kg über dem Bundesdurchschnitt.

Die Meiereien häufen sich vor allem in den mittleren Landesteilen der Hohen Geest und Vorgeest. Hier hatte nach dem Krieg fast jeder ländliche Zentralort seine eigene Meierei. Ihre Zahl ist jedoch von 469 im Jahre 1950 auf 26 im Jahre 1999 gesunken. Viele Molkereibetriebe mussten unter dem Einfluss der Liberalisierung des Milchmarktes, durch Inkrafttreten von EU-Richtlinien und staatlichen Strukturplänen geschlossen werden. Mehrere kleine und mittlere Betriebe können sich durch die Herstellung von Nischenprodukten (z.B. Käsespezialitäten oder Sauermilchprodukten) gut am Markt behaupten.

Tourismus als altes und neues Standbein

Im Wirtschaftsleben des Landes spielen der Fremdenverkehr und der Tourismus eine große Rolle. Rund 200 000 Menschen finden in dieser Branche ganzjährig oder saisonal eine Beschäftigung.

Die Bäder- und Heilkultur reicht in Travemünde, Westerland und Glücksburg bis ins 19. Jahrhundert zurück. Auch heute noch liegt die Zahl der jährlich in das Land führenden Urlaubsreisen knapp unter der 3-Millionen-Grenze. Gemessen an den Einwohnerzahlen machen in keinem anderen Bundesland so viele Personen Urlaub wie in Schleswig-Holstein.

Neben den Hauptattraktionen der Küsten: Sonne, Sand und Meer, bietet Schleswig-Holstein noch weitere Anziehungspunkte. Ein kulturelles Zentrum im eigentlichen Sinne hat es zwar nie gegeben, aber dass Kunst und Kultur in dem kargen, von Wind und Wetter geplagten Land nördlich der Elbe nicht gedeihen können, ist nicht ganz richtig. „*Frisia non cantat*" – die rauhen Kerle von der Küste können nicht singen – ein Zitat aus „Germania" von TACITUS belegt dieses von alters her genährte Vorurteil. Wenn man sich (Nord-) Friesland betrachtet, wird man allerdings eines Besseren belehrt. Lyriker wie THEODOR STORM, Historiker wie THEODOR MOMMSEN, Soziologen wie FERDINAND TÖNNIES, Pädagogen wie FRIEDRICH PAULSEN, Talente und Künstler wie EMIL NOLDE, wuchsen allesamt zwischen Kühen und Marschen auf und machen einen Besuch im Heimatmuseum oder in Husum, der „Grauen Stadt am Meer", lohnenswert.

Technologielandschaft in Schleswig-Holstein

Durch technologische Innovationen werden in starkem Maße Wachstum, Produktionssteigerung und Wettbewerbsfähigkeit der Wirtschaft bestimmt. Um die wirtschafts- und beschäftigungspolitischen Ziele zu erreichen, wurden vom Wirtschaftsministerium zahlreiche Förderungsmaßnahmen eingesetzt. Besonders gefördert werden durch die Landesregierung die Biotechnologie, die Mikrosystemtechnik, Software-Engineering und die Informations- und Kommunikationstechniken.

Außerdem ist der Ausbau der Technologielandschaft ein zentrales Anliegen in Schleswig-Holstein, wobei der Transfer zwischen Wirtschaft und Wissenschaft gefördert werden sollte. In dieser Hinsicht wurden bereits durch die Gründung der Technologiestiftung und der Technologie-Transfer-Zentrale wichtige Voraussetzungen geschaffen.

Um den Anschluss an die dynamisch wachsenden Märkte nicht zu verlieren, setzt die Landesregierung auf den Ausbau der wirtschaftsnahen Infrastruktur und der Hightech-Standorte. Besondere Bedeutung hat dabei der Ausbau der überregionalen Verkehrsverbindungen und der Datennetze. Mit Millionenaufwand wird die wirtschaftsnahe Forschung gefördert, insbesondere an den Standorten der neuen Fachhochschule an der Westküste, der Medizinischen Universität in Lübeck und des Fraunhofer-Instituts für Siliziumtechnik (ISiT) in Itzehoe. Bei dieser „Hightech-Schmiede" handelt es sich um eines der modernsten europäischen Chip-Labore. Geforscht wird hier an einem Biosensor, u. a. zum Aids-Nachweis, an einem Chip für die Schwermetallanalyse im Umweltschutz und an einem implantierbaren Medikamentendosiersystem.

Neben der Technologieförderung belegt Schleswig-Holstein bei der Nutzung von regenerativen Energien ebenfalls einen Spitzenplatz. Weit über 1 000 Windkraftanlagen sind inzwischen installiert und tragen zur Stromerzeugung bei.

Als meerumschlungenes Land hat Schleswig-Holstein quasi die Pflicht, auch die Meereskunde zu fördern. Tatsächlich haben das Institut für Meereskunde und das GEOMAR-Forschungszentrum im internationalen Vergleich die Nase vorn.

Die Medizintechnik gilt als weiteres Beispiel eines zukunftsweisenden Industriezweiges. 1987 wurde zum Zwecke der Förderung dieses Bereichs eine Arbeitsgemeinschaft gegründet. Ziele dieser Vereinigung aus Vertretern der Forschung, Industrie und Verwaltung waren die Verbesserung der Zusammenarbeit zwischen Wissenschaft und Wirtschaft, die Erleichterung des In-

Abb. 23: Wenningstedter Mühlen

formations- und Erfahrungsaustausches zwischen den Mitgliedern und die Vertretung gemeinsamer Interessen nach außen.

Eine Bestandsaufnahme im Jahre 1987/88 zählte neun Hochschulen und medizinisch-technisch orientierte Forschungsinstitute sowie 34 Produktions- und Dienstleistungsfirmen auf. Die Ausrichtung der Unternehmen reicht von der Herstellung traditioneller Geräte zur Röntgendiagnostik und Krankenversorgung, über moderne akustische und optische Apparate, bis hin zu neuen Werkstoffen für Implantate. Nur 10% dieser Firmen existierten bereits vor dem Krieg. Die meisten von ihnen wurden erst nach 1970 gegründet. Neben traditionsreichen Großunternehmen gibt es in Schleswig-Holstein inzwischen eine beachtliche Anzahl kleiner und junger Medizintechnik-Unternehmen. Als Spin-Offs der Hochschulen und Forschungseinrichtungen sorgen sie dafür, dass Know-how in Wertschöpfung und damit in qualifizierte Arbeitsplätze umgesetzt wird. Schleswig-Holstein besitzt mit rund 200 Medizintechnik-Unternehmen und einer Vielzahl wissenschaftlicher Einrichtungen sowie Aus- und Fortbildungsinstitutionen bereits ein gutes Fundament für innovative Produktentwicklungen und Existenzgründungen. Schon jetzt trägt allein die Medizintechnik mehr zur Wertschöpfung des Landes bei, als der Schiffbau und beschäftigt doppelt so viele Menschen.

Zusammenfassung und Ausblick

Die Wirtschaftsstruktur des Landes hat sich in den letzten Jahrzehnten rasant geändert. Besonders durch die starke Zunahme von Dienstleistungsunternehmen muss die Aussage: „Schleswig-Holstein ist ein reines Agrarland" korrigiert werden. Ob traditioneller Fremdenverkehr, moderne Forschungseinrichtungen, ob Software-Dienstleister oder öffentliche Verwaltung, der tertiäre Sektor hat auch als Arbeitgeber eine bedeutende Rolle gewonnen. Inzwischen arbeiten in diesem Sektor zwei Drittel aller Erwerbstätigen. Diese vergleichsweise krisenbeständige Struktur brachte dem Land in den letzten Jahren stabile Wachstumsraten und einen Platz in der oberen Gruppe der westlichen Bundesländer. Geteilt wird Schleswig-Holstein wohl nur noch durch den Nord-Ostseekanal. Diese 1895 im kaiserlichen Deutschland angelegte Verbindung, hat sich zu der am meisten befahrenen künstlichen Wasserstraße der Welt entwickelt. So wird Schleswig-Holstein mit seinen neuen Standbeinen auch den nächsten wirtschaftlichen Stürmen trotzen können ...

Küstenschutz – Im Kampf gegen die Fluten
Gregor C. Falk

Auf „hohen Hügeln oder auf Gerüsten [...] die von Men-
schenhand nach dem Stand der höchsten Flut errichtet sind"
hausen die Friesen. „In ungeheurem Andrang stürzt dort in
einem Zeitraum von Tag und Nacht zweimal das Meer heran,
breitet sich ins Unermeßliche aus und bedeckt einen ewig in der
Natur strittigen Raum". Der Bericht des römischen Offiziers
Gaius Secundus Plinius (d. Ält.) zeigt, dass die Menschen bereits
vor zwei Jahrtausenden Kenntnisse vom zyklischen Auftreten
der Tide hatten, ohne dass sie dieses Phänomen hätten erklären
können. Die zentrale Frage der „antiken" Bewohner der deutschen Nordseeküste war der Schutz ihrer Siedlungen vor dem
Wasser und die Aufrechterhaltung der Versorgung mit Fischen,
landwirtschaftlichen Produkten und natürlichen Baustoffen wie
Schilf, Holz usw. Jahrhundertelang genügten die insgesamt noch
sehr primitiven Schutzmaßnahmen, um in der amphibischen
Landschaft zu überleben. Extremen Witterungserscheinungen
und dem Meeresspiegelanstieg konnten sie jedoch nicht dauerhaft trotzen, so dass es im weiteren Verlauf der Besiedlungsge-
schichte immer wieder verheerende Wassereinbrüche gab. Ptolemäus und Plinius schreiben von einer gewaltigen Sturmflut,
„welche den größten Teil der Cimber und die Teutonen gezwungen haben soll, sich nach gesicherten Wohnstätten in Südeuropa
umzuschauen". Erst im hohen Mittelalter rückte die Frage nach
überregionalen Schutzmöglichkeiten in den Vordergrund und
bald wurde mit der Eindeichung weiter Teile der natürlich entstandenen Marsch begonnen. Aber auch diese Schutzmaßnahmen reichten nicht aus, um dem „Blanken Hans" ausreichend
Widerstand entgegenzusetzen.

In Bezug auf Anzahl und Auswirkungen der verschiedenen
Sturmfluten sind die historischen Quellen mit großer Vorsicht
zu behandeln. In seiner nordfriesischen Chronik berichtet
Anton Heimreich beispielsweise von 6 000 Toten nach einer
großen Flut im Jahre 516 und über 2 000 zerstörten Wohnstätten
nach Überschwemmungen im Jahr 819. Peter Sax schreibt für
den 17. November 1218, dass „... in den Nordländern volle 36 000
Menschen ertrunken" seien. Auch bei der Marcellusflut des
Jahres 1362 sollen rund 100 000 Menschen den Tod gefunden
haben. Eugen Traeger stellt bereits 1892 zu Recht kritisch fest
„... Wo hätten denn immer wieder in den sicherlich nicht dicht

bevölkerten Küstengebieten die Menschen herkommen sollen, um allein von den Meeresfluten so massenweise verschlungen zu werden?".

Besonders vor dem Hintergrund der sich seit dem Mittelalter intensivierenden wirtschaftlichen Inanspruchnahme des Raumes erwuchsen neue Überschwemmungsgefahren, die nicht direkt mit dem steigenden Meeresspiegel in Zusammenhang standen. ALBERT BANTELMANN (1966) betont die Tatsache, dass die weitflächige Torfkultivierung, also der Abbau von Torfen zur Salzgewinnung oder auch als Heizmaterial, oft dazu führte, dass das Hinterland unter den Meeresspiegel geriet und somit besonders überflutungsanfällig wurde. Neuere Forschungen schreiben allerdings dem Prozess der Moorkultivierung weit weniger Verantwortung für die verheerenden Landverluste der vergangenen sieben Jahrhunderte zu als bislang angenommen. Nachdem bereits weite Flächen einstmals kultivierten Marschlandes samt der dort befindlichen Siedlungen im Meer versunken waren – erinnert sei hier nur an den sagenumwobenen Untergang des Ortes Rungholt – verbesserten sich die technischen Standards im Küstenschutz seit der Neuzeit stetig, und die errichteten Bauwerke erwiesen sich zunehmend als stabil. Dennoch sorgten Setzungsprozesse in der Marsch einst und jetzt dafür, dass einige binnenwärts der Deiche gelegenen Flächen nunmehr unter NN geraten sind. Ein eventueller Deichbruch, der statistisch gesehen – wie sämtliche Katastrophen – recht unwahrscheinlich ist, hätte verheerende Folgen. Diese Setzungsprozesse sind einerseits auf die umfangreichen Entwässerungsmaßnahmen in der Marsch zurückzuführen, andererseits kommt es aber auch zu natürlichen Setzungen durch Sedimentkompaktion.

Zumindest für weite Teile des nordfriesischen Festlandes scheint das Meer an unmittelbarer Bedrohlichkeit verloren zu haben. Ausreichend hohe Deiche schützen das Hinterland. So schwerwiegende Überschwemmungskatastrophen wie 1962 hat es in den letzten knapp vier Dekaden nicht gegeben. Insbesondere den immer intensiveren technischen Bemühungen um einen Schutz der küstennahen Gebiete und seiner Bewohner ist es zu verdanken, dass trotz des steigenden Meeresspiegels und trotz häufiger auftretender Sturmflutwetterlagen keine massiven Wassereinbrüche stattgefunden haben. Im Gegenteil, gerade das vergangene Jahrhundert war bis in die fünfziger Jahre hinein von den erfolgreichen menschlichen Bemühungen geprägt, dem Watt Flächen zum Zwecke landwirtschaftlicher Inwertsetzung abzutrotzen. Vom Bereich westlich des Schobüller Berges abgesehen, stellt nunmehr eine zusammenhängende gerade Deichlinie die seewärtige Grenze des Festlandes dar. Erst auf den Inseln, aber insbesondere auf den Halligen wird die zerstörerische Gewalt der See offenbar. Zwar umfassen niedrige Deiche, so genannte Überlaufdeiche, inzwischen auch die meisten Halligen, doch werden diese bei höheren Sturmflutwasserständen regelmäßig überflutet. Nur die Tatsache, dass die Siedlungsstätten auf teilweise Jahrhunderte alten Warften angelegt sind, sichert das Überleben der Bewohner. Einige gefährdete oder bereits zerstörte Gebäude auf der Insel Sylt zählen wohl zu den prominentesten Beispielen für die aus menschlicher Sicht schier unbändige und zerstörerische Energie des Meeres.

Grundsätzlich muss beim Küstenschutz zwischen abrasionshemmenden Maßnahmen und unmittelbaren Hochwasserschutzbauwerken unterschieden werden. Dabei gilt es, die vorhandenen natürlichen Potentiale zu erhalten und in die Überlegungen zum Küstenschutz einzubeziehen. Die Außensände, die Halligen und die Seeseite der Geestkerninseln bilden die äußerste Schutzlinie, die in nicht unerheblichem Maße dazu beiträgt, dass Sturmfluten nicht mit voller Wellenenergie auf den Festlandsdeich einwirken. Umso wichtiger ist der bereits in diesen Gebieten ansetzende Küstenschutz, der hauptsächlich von biotechnischen und erosionshemmenden Maßnahmen geprägt ist. Dazu zählen u. a. die Festlegung der Dünen durch Bepflanzung mit Strandhafer, eine Form der Befestigung, die bereits seit dem letzten Jahrhundert angewandt wird, sowie die Anlage von Sandfangzäunen, um Deflationserscheinungen einzuschränken oder Materialakkumulation zu unterstützen. Auch die Pflege und der Schutz der noch vorhandenen Salzwiesen dient nicht zuletzt dem Küstenschutz, da der vorhandene Bewuchs durch Schlick- und Seegräser (z. B. das Zwergseegras – *Zosteretum nanae*) in der Regel als Schlickfänger dient. Zwischenzeitlich wurde versucht, diese Aufschlickungsprozesse durch das künstliche Einbringen verschiedener Gräser zu fördern. Bald stellte sich jedoch heraus, dass einige der anthropogen eingebrachten Arten (z. B. *Spartina townsendi*) zu Bultenbildung neigen, was wiederum zu kräftigen Auskolkungen führt.

Bereits seit gut einhundert Jahren wird versucht, dem Materialverlust an den Stränden der Inseln durch den Bau von Buhnen entgegenzuwirken. Später, insbesondere in den siebziger Jahren des 20. Jahrunderts, sollte die erosive Kraft der Wellen durch Tetrapoden gemindert werden. Dies erwies sich beispielsweise auf Sylt als problematisch, da die tonnenschweren, auch ästhetisch wenig ansprechenden, Betonvierbeiner langsam in das Sediment einsanken und so ihre Wirksamkeit zunehmend einbüßten. Entlang der gesamten Nordseeküste von

Nordwestfriesland werden inzwischen verschiedene Inseln durch Sandvorspülungen stabilisiert, eine recht kostenintensive aber auch meist erfolgreiche Form des Abrasionsschutzes.

Im Wattenmeer und den Vorländern kommt neben dem Schutz der Salzwiesen auch der Instandhaltung der Wattsicherungsdämme eine bedeutende Rolle zu.

Noch bis in die späten fünfziger Jahre des letzten Jahrhunderts wurden vor dem Seedeich, durch Eindeichungsmaßnahmen und die Anlage von Lahnungsfeldern, Neulandflächen gewonnen, was gleichsam zu einer lokalen Minderung des Überschwemmungsrisikos beigetragen hat. Auch die Eindeichung der großen Köge, z.B. des Hauke-Haien-Kooges oder des Beltringharder Koogs, führte zur Schaffung neuer Nutzflächen und hat die Sicherheit des Hinterlandes erhöht. Die Anlage zahlreicher, inzwischen meist etwas weiter landeinwärts gelegener Köge reicht partiell bis in das 14. Jahrhundert zurück.

Vor dem Hintergrund des Überangebotes landwirtschaftlicher Flächen innerhalb der Europäischen Union werden gegenwärtig keine Neulandgewinnungen zur späteren agrarischen Nutzung durchgeführt. Nur dort, wo dies zum unmittelbaren Schutz des Deiches notwendig erscheint, erfolgen entsprechende biotechnische Eingriffe in den Naturhaushalt.

Abb. 24: Lahnungen südlich von Dagebüll

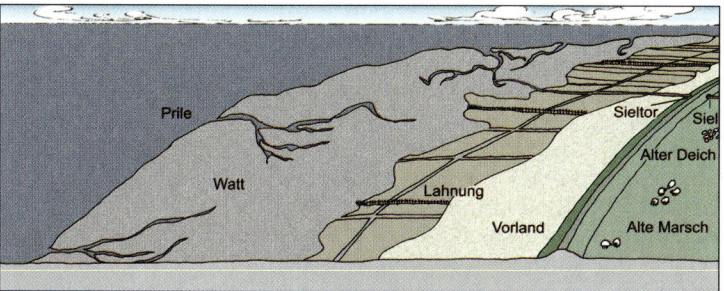

Abb. 25: Küstenschutz 1963 – vor dem Generalplan zur Deichverstärkung

Neben die überwiegend flächenhaft wirkenden Maßnahmen zum Schutz vor Abrasion und zur Reduzierung der Wellenenergie tritt der direkte Schutz des Festlandes vor Überschwemmungen durch lineare Küstenschutzbauten, den Landesschutzdeich. Der Deichbau entlang der schleswig-holsteinischen Westküste blickt auf eine beinahe 1000-jährige Entwicklungsgeschichte zurück. Im Gegensatz zu den primitiven mittelalterlichen Deichen versprechen die neuzeitlichen Deiche jedoch eine höhere Standhaftigkeit gegen die Kräfte des Meeres. Wurden die Deiche einst noch durch Koyer von Hand aufgeschüttet, so werden sämtliche baulichen Maßnahmen heute ausschließlich maschinell realisiert. Die Deichgrafen, die über Jahrhunderte hinweg für die Überwachung des Pflegezustandes der Deiche verantwortlich waren, sind inzwischen von hochspezialisierten Deichbauingenieuren ersetzt worden (vgl. Kap.

Abb. 26: Aktuelle Küstenschutzmaßnahmen an der schleswig-holsteinischen Nordseeküste

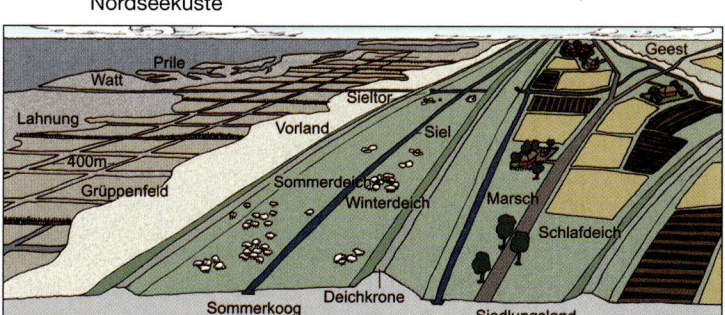

Historie). Einen entscheidenden Einfluss auf das Deichbaugeschehen an der Westküste hatte die Hollandflut vom 1. Februar 1953, die in England und den Niederlanden mehr als 1000 Todesopfer forderte und zu katastrophalen Verwüstungen weiter Flächen in Küstennähe führte. Diese Flut war Anlass genug, auch den Landesdeich an der schleswig-holsteinischen Westküste hinsichtlich potentieller Schwachstellen zu inspizieren. In weniger als 10 Jahren wurden 50% der Deiche erhöht – auch der Unterhaltungszustand der oft maroden Deiche konnte entscheidend verbessert werden. Aus den aufgedeckten Mängeln erwuchs schließlich im Jahr 1963 der „Generalplan Deichverstärkung, Deichverkürzung und Küstenschutz in Schleswig-Holstein." Noch reichen die eingeplanten Sicherheitsreserven des Generalplans aus, um der gefährdeten Bevölkerung, zumindest aus statistischer Sicht, einen ausreichenden Überflutungsschutz zu gewährleisten. Dennoch erfordern der steigende Meeresspiegel und die allgemeine Veränderung der klimatischen Rahmenbedingungen, die an der Nordseeküste u. a. eine gesteigerte Sturmflutaktivität zur Folge hat, neue Überlegungen bezüglich der Deichhöhe oder des küstennahen Flächenmanagements insgesamt. Diesbezüglich hat die Landesregierung Schleswig-Holsteins folgendes Leitbild Küstenschutz formuliert: „Geschützt vor lebensbedrohenden Überflutungen durch Sturmfluten und vor den zerstörenden Einwirkungen des Meeres leben, arbeiten, wirtschaften und erholen sich die Menschen heute und künftig in den Küstengebieten." Unter Küstengebieten werden in diesem Zusammenhang auch überflutungsgefährdete Flächen hinter Deichen, aber auch die Halligen verstanden. Dieses Leitbild, das den Menschenschutz berechtigterweise ausdrücklich über den Naturschutz stellt, soll über die Realisierung von 10 Entwicklungszielen verwirklicht werden. Der angestrebte Menschenschutz soll in erster Linie durch eine adäquate Verstärkung der Küstenschutzbauten erreicht werden, nicht aber durch die Aufgabe besiedelter Flächen. Ein wenig Arroganz gegenüber den Kräften der Natur, denen man sich offensichtlich nun nach über 2 000-jähriger Erfahrung im Umgang mit den Fluten überlegen fühlt, spiegelt das formulierte Festhalten am Prinzip „Erhalt der Landflächen unter allen Umständen" wieder.

Gegenwärtig steht der Küstenschutz mit seinen Maßnahmen, die immer auch einen Eingriff in das sensible küstennahe Ökosystem bedeuten, im Spannungsfeld zwischen den Interessen des Naturschutzes auf der einen Seite und dem Schutz des Menschen sowie seiner Siedlungs- und Wohnflächen auf der anderen

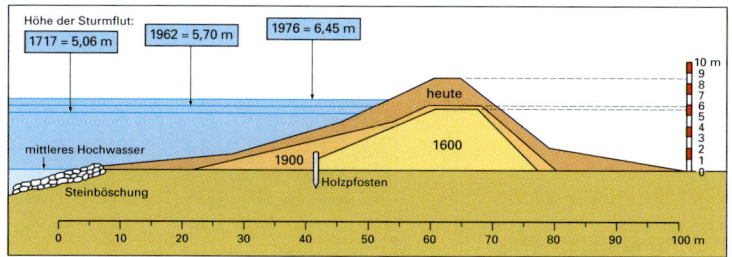

Abb. 27: Maximale Hochwasserstände und Entwicklung der Deiche

Seite. Dabei räumen die Behörden dem Schutz des Menschen äußerste Priorität ein, wenngleich auch auf die Nachhaltigkeit der Maßnahmen Wert gelegt wird.

Künftig könnte allerdings auch überlegt werden, ob weitere Erhöhungen der Deiche eine wirklich sinnvolle Antwort auf immer höher und öfter auflaufende Sturmfluten darstellen oder ob nicht eine schrittweise Rückgabe potentiell überflutungsgefährdeter Flächen Materialakkumulation forciert und somit letztendlich zum Erhalt der in Küstennähe nutzbaren Flächen beiträgt. Gerade Sturmfluten führten während des gesamten Holozäns – abgesehen vom letzten Bruchteil, der durch menschliche Eingriffe charakterisiert war – zur Anlieferung fruchtbaren, das Watt und die Marsch aufbauenden, Sediments. Ein quasi Ausstreichen der Fluten im seicht zur Festlandsgeest ansteigenden Gelände verminderte die Transportenergie, und die mitgeführten Sedimente wurden abgesetzt. Gegenwärtig erreichen die Wasserstände bei bestimmten Hochwasserlagen den Deichrand und die Wellenenergie in der deichfußnahen Brandung verhindert eine weitflächige Ablagerung des Materials – das Hinterland ist gewissermaßen von der Materiallieferung abgeschnitten und das Verhältnis von Landhöhe zum Meeresspiegel verschiebt sich verstärkt zugunsten des Seespiegels. Es bleibt abzuwarten, wie das Kräftemessen zwischen Natur und Mensch langfristig ausgeht, doch mahnt ein Blick in die historische und quartärgeologische Vergangenheit, insbesondere unter Berücksichtigung des Ablagerungsgeschehens und der Veränderung des Küstenverlaufs zur Vorsicht und gründlichen Analyse möglicher Szenarien.

EXKURSIONEN

Sylt – Deutschlands nördlichste Insel
Thilo Christophersen, Dirk Lehmann und Traugott Giesen

➜ ## Exkursionsroute A – Nördliches Sylt

Westerland – Denghoog – Rotes Kliff – Wenningstedt-Braderup – Braderuper Heide – Kampen – Listland – Ellenbogen – List

➜ ## Exkursionsroute B – Südliches Sylt

Westerland – Keitum – St. Severin – Morsum-Kliff – Rantumbecken – Rantum – Hörnum – Vögelparadies: Hörnum Odde

▶ ## Überblick

Anreise vom Kontinent – Begegnungen

Wer sich als Westküstenbewohner gelegentlich unter anreisende Touristen mischt, wird von diesen auch ohne Fischermütze oder andere Seemannsattribute unweigerlich als einheimisch erkannt und zielsicher angesprochen. Wo denn hier der Strandkorb mit dieser und jener Nummer sei, ob Möwen ansteckende Infektionen übertragen oder ähnliche Probleme müssen gemeinsam gelöst werden. Aber schon auf der Fahrt mit dem Zug von Hamburg nach Sylt zeigt sich der „gemeine Gast" bereits ausgesprochen lernfreudig.

Zunächst einmal gilt es festzustellen, dass, wer von weit her kommt, gar aus Süddeutschland, für gewöhnlich mit dem Intercity anreist und dafür den fälligen Zuschlag zu entrichten hat. Findige Bahnreisende wissen hingegen, dass der Regionalexpress ohne den unnötigen Aufpreis mindestens genauso schnell von Hamburg nach Westerland gelangt.

„Wie weit ist es denn noch von Westerland bis nach Sylt?", lautet die nächste Frage, nachdem der Schock mit dem Zuschlag verdaut ist. In diesem Fall lässt man, auch wenn es ob der beharrlichen Nachfragen nicht ganz leicht ist, am besten die Zeit für sich arbeiten und verweist einfach auf den Zeitpunkt der Ankunft auf der Ferieninsel. Alles andere würde mit Sicherheit nur für Verwirrung sorgen, die nach der folgenden beunruhigenden Nachricht ohnehin gestiftet wird. „Aufgrund eines Gerichts-

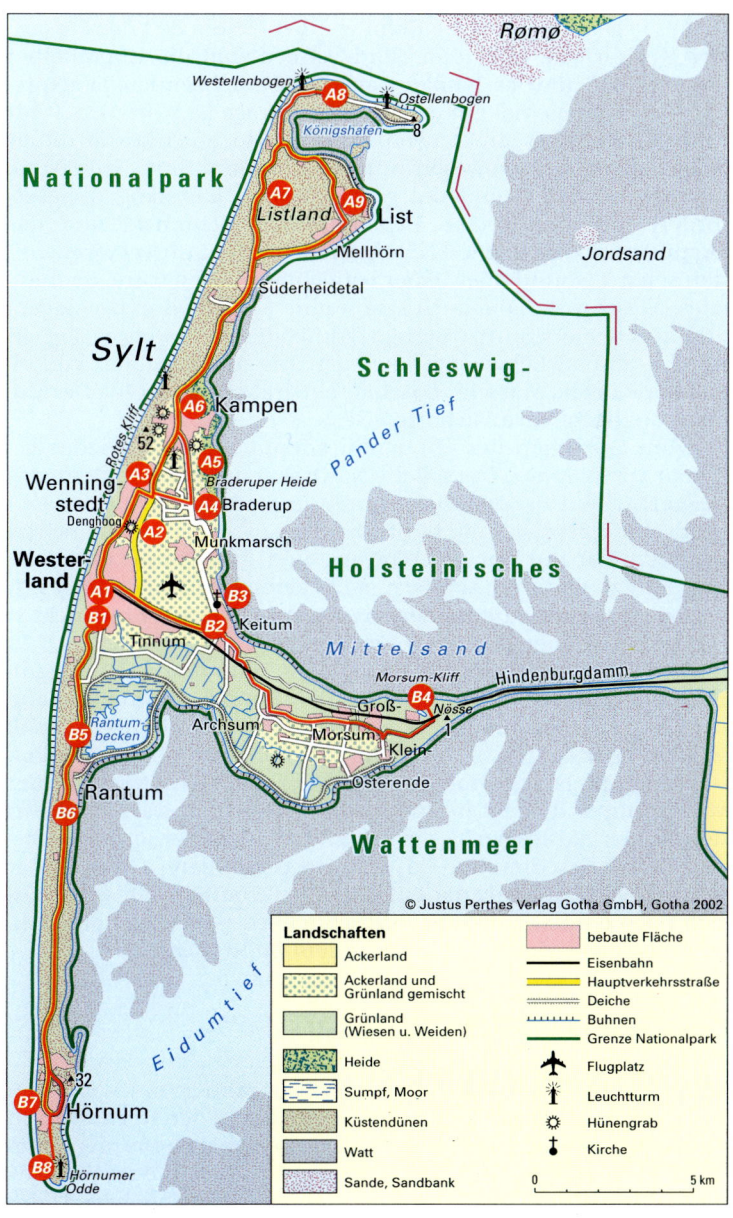

Abb. 28: Exkursionsroute 1 Sylt

urteils gegen die Deutsche Bahn werden für die Zeit der Passage der Hochbrücke über den Nord-Ostsee-Kanal die Zugtoiletten geschlossen" tönt es halblaut aus dem krächzenden Lautsprecher – wenn das mal gut geht. Auf Nachfrage ist beim Schaffner zu erfahren, dass die Anwohner jener Hochbrücke mit einer Klage erfolgreich gewesen waren, nachdem ihre Vorgärten, Dächer und überhaupt die ganze Gegend jahrelang unaufgefordert mit grau-weißen Papierfahnen geschmückt und das Gemüse mit zusätzlichen Nährstoffen aus der Luft versorgt worden seien – worauf aber lieber verzichtet worden wäre. So manches „Geschoss" habe auch schon eine Scheibe durchschlagen, erläutert der auskunftsfreudige Bahnbedienstete weiter. Danach ist erst einmal Schweigen angesagt. Die am Zugabteil vorbeiziehende flache Marschlandschaft bewirkt offenbar eine Beruhigung der leicht verunsicherten Gäste.

Beim Erreichen des Hindenburgdamms kommt wieder Leben in die Gruppe. „Das soll die Nordsee sein – ja wo ist denn das Wasser?!", tönt es aus aller Munde und augenblicklich macht sich echte Enttäuschung breit. Die Sache wird ernst, denn jetzt geht es nicht nur darum, Wirkung und Entstehung von Ebbe und Flut zu erklären, sondern auch, keine Unzufriedenheit mit dem Urlaubsziel aufkommen zu lassen. Der erste Eindruck ist schließlich immer besonders wichtig!

Die Erklärungen werden bis zu dem Zeitpunkt geduldig entgegengenommen, bis die baldige Ankunft in Westerland via Lautsprecher angesagt wird. Dann aber bricht Hektik aus. Schnell werden allerlei Sachen gegriffen und Koffer auf kleinen Rollen Richtung Ausgang geschleift. Da steht wieder der nette Schaffner von vorhin und bietet freundlich seine Hilfe an: „Darf ich ihnen den Koffer raustragen" – ein dankbarer Blick der angesprochenen Dame lässt freudige Zustimmung erkennen. „Oder ist der sehr schwer?", fragt da der gut gelaunte Schaffner und scheint es sich noch einmal zu überlegen. Schließlich geht die Zugtür auf, und eine anstrengende Fahrt geht dem Ende entgegen.

Entstehung der Geestkerninsel Sylt

Die landschaftliche Entwicklung Sylts begann in der vorletzten Eiszeit (Saale-Eiszeit), deren Moränenmaterial den Kern von Sylt bildet (vgl. Kap. Topographie). Diese **Geestkerne** wurden während der Eem-Warmzeit (zwischen der Saale- und der Weichseleiszeit) durch den Meeresspiegelanstieg und während der Weichseleiszeit durch abfließende Schmelzwässer abgetragen, so dass das Gebiet zu Beginn der nacheiszeitlichen Periode (Postglazial) vor etwa 10 000 Jahren eine flache, von Flüssen durchzogene Sanderebene darstellte.

Vor knapp 3 000 Jahren – später als in den Marschgebieten Eiderstedts und Dithmarschens – drang die Nordsee hier ein und gewann der Sanderebene nach und nach immer mehr Material ab, bis nur noch die um ihre Geestkerne konzentrierten Inseln übrig blieben. An diese Kerne schlossen sich im Postglazial Haken und Nehrungen mit Dünen oder Marschen an. Sylt ist mit einer Nord-Süd-Ausdehnung von 35 km die größte Geestkerninsel der Nordsee. Der zentrale Inselkern bei Westerland besteht aus tertiären und eiszeitlichen Ablagerungen, die bis zu 6 km breit sind. Sein Aufbau ist eindrucksvoll am **Roten Kliff**, an der Westküste zwischen Kampen und Westerland zu beobachten, das teilweise mehr als 30 m tief zum Klifffuß abfällt. Über tertiären Kaolinsandschichten liegen Kiese der Elster-Eiszeit, gefolgt von Geschiebelehm aus der Saaleeiszeit. Er wird von Heidesand eiszeitlichen Alters überlagert. Auf diesem Heidesand wurden nach der Eiszeit Flugsande abgelagert, mit Dünen besonders zwischen Kampen und Wenningstedt. Hier bildet die **Uwe-Düne** mit über 50 m den höchsten Punkt der Insel. Das Kliff ist im Laufe der Jahrhunderte von der Nordsee stark angegriffen worden. Der alte Ort Wenningstedt wurde 1300 durch eine Sturmflut vernichtet. Seine Trümmer konnten noch 1640 bei Ebbe rund 900 m vor der Küste beobachtet werden.

An der Wattseite der Westerländer Geest befinden sich gealterte Kliffs. Sie entstanden vor der Bildung des Listlands im Norden Sylts und wurden später durch kleine Strandwälle bzw. Fluthaken und durch Schlickablagerungen geschützt. Östlich von Braderup liegt das **Weiße Kliff**, dessen schneeweißer Kaolinsand weithin leuchtet.

Zwei kleinere Geestkerne liegen bei Archsum und bei Morsum. Die Archsumer Geest wird im Norden und im Süden von Marschen begleitet, unter denen Tone der Holsteinsee lagern. Die Morsumer Geest erreicht in der **Munkhoi-Düne** 23 m Höhe über dem Meeresspiegel. Geologisch und vorgeschichtlich bedeutsam ist hier das unter Naturschutz stehende **Morsum-Kliff**. Schichten voreiszeitlicher Perioden – Glimmerton, Limonitsandstein, Kaolinsand und Tone der Holsteinsee – sind hier durch den Druck des Eises in Schollen zerlegt, schräggestellt, übereinandergeschoben und miteinander verfaltet. An den Westerländer Inselkern schließt sich nach Nordosten das Dünengelände **Listland** an. Der nördliche Teil Sylts besteht aus einem großen Nehrungshaken mit weiten Dünenfeldern.

Südlich der drei Geestkerne Sylts liegt der 1937 eingedeichte **Nössekoog**, Sylts größtes Marschgebiet an der Ostküste. Nach Süden schließt sich der Hörnumer Nehrungshaken an. Im Lee der Geestkerne und Nehrungen haben sich an der Wattseite Marschen gebildet.

Der 19 km lange **Hörnumer Nehrungshaken**, der auf ehemaligem Marschboden abgelagert wurde, ist fast vollständig von Dünen bedeckt. An der Wattseite befindet sich bei Rantum ein größeres Marschengebiet, dessen wenige Gehöfte auf Warften liegen. Es wurde 1938 eingedeicht, verlandete und ist heute ein bevorzugtes Vogelbrutgebiet.

Da die starken Westwinde das Wachstum der Bäume erschweren, können diese nur an windgeschützten Stellen vorkommen (Friesenhain, Vogelkoje, Keitum). Eine Besonderheit an der Westküste bilden die **Vogelkojen**, die früher auf allen größeren Nordseeinseln verbreitet waren (u. a. Kampener Vogelkoje) – künstlich angelegte, Busch umstandene kleine Teiche, in denen mit Hilfe zahmer Lockenten Wildenten gefangen wurden.

1 Westerland

Die Stadt ist im Vergleich zu festländischen Siedlungen klein, aber in ihrer zentralörtlichen Funktion von herausragender Bedeutung für den Inseltourismus, sie ist Ausgangsort für die Erkundung der Insel Sylt und kulturell vielfältig. Der Name „Westerland" findet sich erstmals 1462 in einem schriftlichen Dokument, nachdem die Bewohner des Dorfes Eidum, 1436 von Sturmflut und Flugsand vertrieben, ihre neue Heimat in „Weesterlön" (inselfriesisch für Westerland) nordöstlich von Eidum fanden. Vor der Gründung des Nordseebades und dem Aufblühen des **Tourismus** lebte die Bevölkerung wie auf den übrigen Inseln von der **Landwirtschaft** und vom **Fischfang**. Im 15. und 16. Jahrhundert standen die Heringsfischerei und der Schellfischfang um Helgoland im Vordergrund des Westerländer Wirtschaftslebens. Der Heringsfang wurde im 17. Jahrhundert aufgrund zurückgehender Heringszahlen und zahlreicher Bootsunglücke in den offenen und nicht seetauglichen Schiffen aufgegeben. Stattdessen wurde der **Walfang** als einträglicher Wirtschaftssektor etabliert. Mit dem Walfang zog erstmals der Wohlstand in Form von Geld, Bildung, Samt und Seide auf der Insel ein. Der erfolgreichste Walfangkommandeur war LORENS PETERSEN DE HAHN, dessen Grabstein noch heute auf dem Westerländer Friedhof erhalten ist. Auch wenn es nicht der Walfangtradition zu verdanken ist, war

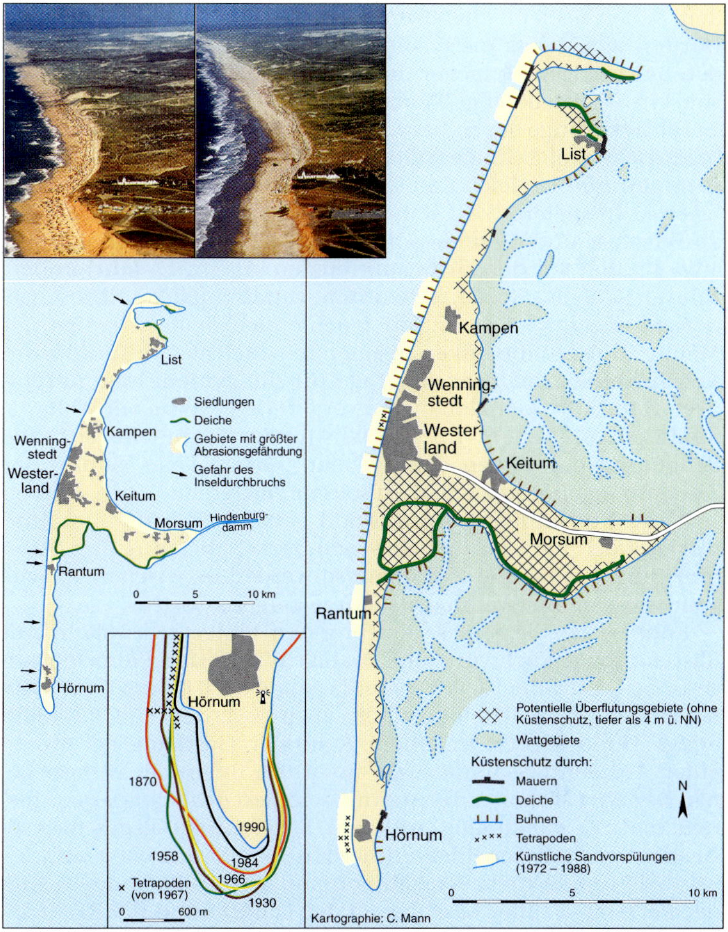

Abb. 29: Küstenschutz und -erosion auf Sylt – Vgl. Abb. 33 (Hörnum Odde)

das jährlich im Februar stattfindende „Biikebrennen" Abschieds-
fest für die Seefahrer, die im 17. und 18. Jahrhundert auf Wal- und
Robbenjagd nach Grönland und ins Eismeer fuhren.

Das „**Biikebrennen**" am 21. Februar gilt allgemein im Norden
Deutschlands als ein ganz besonderes Datum, es ist das „National-
fest" der Friesen. In der Abenddämmerung sieht man die Feuer
der großen Holzstapel, die auf den Nordfriesischen Inseln und

dem nahen Festland überall entzündet werden. Auch in den Sylter Dörfern wird heute diese alte Tradition gepflegt. Die Biiken, die den auswärtigen Besucher an die Osterfeuer erinnern werden, sind ein Stück lebendige Tradition mit wechselvoller Bedeutung.

Die Ursprünge des Biikebrennens liegen in grauer Vorzeit. Als heidnische Opferrituale sollten die Flammen die Götter gnädig stimmen und zugleich den Glauben an die Naturkräfte symbolisieren. In späterer Zeit standen die Biiken für die Vertreibung des Winters und dienten zeitweilig auch als Warnsignal, wenn etwa Piraten vor der Küste aufkreuzten. Als im 17. Jahrhundert zahlreiche Sylter Seefahrer wurden, verabschiedeten ihre Angehörigen sie mit den weithin leuchtenden Feuern; einige der Männer nutzten die Biiken in jener Zeit auch als Treffpunkt, um sich für einen der nächsten Tage für die gemeinsame Abreise nach Hamburg oder Holland zu verabreden, wo sie auf Walfangschiffen anheuerten. Im 19. Jahrhundert wandelte sich die Bedeutung der Biiken dahingehend, dass sie das Gefühl der Zusammengehörigkeit stärken sollten. Auch heute noch scharen sich die Einwohner Nordfrieslands am 21. Februar um Ihre Biiken, doch hat sich manches geändert. Nährten früher Stroh und Dünenhalme die Flammen, so werden inzwischen vorwiegend ausgediente Weihnachtsbäume aufgeschichtet.

Kulinarisch bietet das Biikebrennen einiges: Grünkohl mit Kasseler sowie Kochwurst und Bratkartoffeln wird allerorten aufgetischt. Diese Sitte ist jedoch der Legende nach einem reinen Zufall zu verdanken: Im Jahre 1909 saßen nach dem Biikebrennen einige Honoratioren in einem Keitumer Gasthaus bei einem guten Tropfen beisammen, als einen von ihnen der Hunger befiel. Der Wirt konnte indes nur mit dem Rest des Mittagessens dienen, und das war zufällig Grünkohl. Es schmeckte so gut, dass sie sich fortan nach der Biike immer Grünkohl auftischen ließen – was bald immer mehr Nachahmer fand. Dem Biikebrennen folgt der **Perritag**. Früher beschlossen der Landrat und die Ratsmänner an diesem Tag Gesetze und Erlasse, heute gehört der 22. Februar der Sylter Jugend – in allen Orten findet Kindertanz statt.

Doch zurück zu Westerland und seiner Geschichte: Nach den Grönlandfahrten wandten sich die Bewohner der Insel Sylt der Handelsschifffahrt zu, die v. a. in den Jahren von 1775 bis 1807 zum „goldenen Zeitalter" wurde. Zu Beginn des 19. Jahrhunderts stellte jedoch auch die Seefahrt nicht mehr die Haupterwerbsquelle dar, die Entwicklung stagnierte. Im Vergleich zu anderen Regionen begann die Entwicklung des Fremdenverkehrs relativ frühzeitig. Im Jahre 1855 wurde der Startschuss für eine bis heute andauernde Erfolgsgeschichte gegeben: die Gründung des „**Nordseebades**

Westerland", damals bewohnt von 466 Menschen, durch den Westerländer WULF MANNE DECKER und der Altonaer Arzt Dr. GUSTAV ROß, welcher sich maßgeblich darum bemühte, Westerland als Heilbad zu propagieren. Er wies auf die natürlichen klimatischen Voraussetzungen hin und verfasste die ersten Werbeschriften.

Nicht alle Bürger Westerlands waren damals dem neuen Wirtschaftszweig gegenüber positiv eingestellt. Als Gründe für ihre ablehnende Haltung führten sie die Unruhe an, die der Fremdenverkehr auf ihre abgeschlossene Insel bringen würde: Sie befürchteten einen negativen Einfluss auf die Sitten und eine Gefährdung der tradierten Lebensart. Die Erfahrungen der ersten Jahre waren jedoch positiv – die Aussichten des Tourismus auf der wirtschaftlich schwachen Insel gut. Frühere Bedenken wurden vorbehaltlos zurückgestellt. Im Zuge des Baus von **Kuranlagen** konnte 1866 das erste **Badehaus** eröffnet werden, das warme Seebäder und Anwendungen sowie Massagen bot. Im gleichen Jahr entstand eine Verbindung der Insel mit dem Kontinent mittels eines Telegrafenkabels. **Fährverbindungen** gab es zu dieser Zeit von Husum nach Nösse und von Hoyer nach Munkmarsch sowie von Hamburg nach Munkmarsch. Eine Kleinbahn transportierte ab 1888 Gäste von Munkmarsch nach Westerland. Die Expansion des Fremdenverkehrs machte 1891 den ersten **Bebauungsplan** für Westerland notwendig – im Jahre 1895 konnten mehr als 10 000 Gäste gezählt werden. Zwischenzeitlich erfolgten wesentliche Verbesserungen der Infrastruktur wie die Einführung elektrischer Straßen- und Hausbeleuchtung (1893), ein Krankenhaus (1895) und ein zentrales Kanalisations- und Wasserwerk (1901). Eine Inselbahn verband Hörnum und List mit Westerland.

Der **Erste Weltkrieg** brachte für Sylt eine schwere Wirtschaftskrise, da Fremde die Insel nicht betreten durften, die kriegstechnisch von großer Bedeutung war. Nach dem Ende des Krieges durften auch Gäste wieder die Insel betreten und bereits ab dem 1. Juni 1919 eröffnete Westerland seinen Kurbetrieb erneut – so auch das Kurhaus. Mit großem finanziellen Aufwand wurde eine neue **Seebadeanlage** am Brandenburger Platz errichtet. Der Sylter Tourismus erholte sich, erreichte jedoch noch nicht das Vorkriegsniveau. In den für Deutschland so goldenen 1920er Jahren wurde zur wirtschaftlichen Stärkung dieser peripheren Region ein Großprojekt der besonderen Art realisiert: Am 1. Juni 1927 wurde der **Hindenburgdamm**, der bis heute eine der wenigen gewinnbringenden Strecken der Bundesbahn ist, nach vierjähriger Bauzeit vom damaligen Reichspräsidenten VON HINDENBURG eingeweiht. Doch nicht der Tourismus, sondern der Krieg ermöglichte Sylt einen erneuten Aufschwung. In den

1930er Jahren kam es durch das Aufrüstungsprogramm zu einem deutlich spürbaren Wirtschaftswachstum. Der **Zweite Weltkrieg** machte die Insel erneut zum Sperrgebiet. Nach Kriegsende kamen Tausende von Heimatvertriebenen, die aufgenommen werden mussten, für die es aber keine Arbeit und auch keine Wohnungen gab. Des Weiteren litt Westerland auch an der **Währungsreform**, die 1948 durchgeführt wurde.

Doch trotz dieser Rückschläge wurde der Fremdenverkehr weiter ausgebaut, als roter Faden, der sich durch die 150-jährige Tourismusgeschichte zieht. Autozüge transportierten fortan Fahrzeuge auf die Insel und 1949 wurde die Kurhausstrandhalle wiedereröffnet und Westerland als **Heilbad** anerkannt. In den weiteren Jahrzehnten dienten kontinuierliche Investitionen dazu, die Wettbewerbsfähigkeit Westerlands auszubauen. 1964 war das neue **Meerwasser-Wellenbad** die Attraktion, bis 1977 entstand das neue Kurzentrum mit Kur- und Kongresssaal, Gaststätte, Hotels und Eigentumswohnungen. 1978 begann der Bau eines neuen, modernen Kurmittelhauses.

Um den wachsenden Ansprüchen des internationalen Publikums gerecht zu werden, waren im Laufe der Jahre vielfältige Investitionen notwendig geworden. Neben der Verkehrsentwicklung spielte der **Küstenschutz** eine große Rolle. Durch immer wiederkehrende Sandvorspülungen soll versucht werden, sturmbedingten Erosionserscheinungen entgegenzuwirken. Das Stadtgebiet Westerlands umfasst heute eine Fläche von 1045 ha. Die wirtschaftliche Struktur ist ausschließlich vom Fremdenverkehr geprägt: Rund 25 000 (!) Gästebetten stehen bei einer Einwohnerzahl von knapp 10 000 zur Verfügung. Westerland als Hauptort der Insel erfüllt als zentraler Ort infrastrukturelle Aufgaben für die gesamte Insel. Konzeptionell gilt Westerland als führend im Bereich des Massentourismus in Schleswig-Holstein.

➜ Rundgang A – Nördliches Sylt

A2 Denghoog

Fährt man von Westerland aus in Richtung Norden, gelangt man kurz hinter dem Ortsausgang zum **Denghoog**, einer der besterhaltenen Grabstätten der jüngeren Steinzeit im Norden Deutschlands. Dieser prähistorische Fundort, ein Hügelgrab mit Ganggrab aus dem dritten Jahrtausend vor Christus, ist unter den vielen **Inselhünengräbern** von Sylt das herausragendste.

Die Bezeichnung „Denghoog" leitet sich von dem Wort „Thing-hügel", Versammlungshügel, ab. Die Grabstätte wurde im Jahre 1868 geöffnet, wobei Knochenreste sowie insgesamt 74 Objekte gefunden worden sind, darunter Schmuckgegenstände, Werkzeuge und Waffen. Das Grab, dessen Beigaben sich heute im **Landesmuseum** in Schleswig befinden, kann man besichtigen. Die Kammer ist 5 m lang und 3 m breit. Zur Anlage gehört auch ein 6 m langer Gang, 12 Tragsteine halten drei gewaltige Decksteine. Die technische Bewältigung dieser Anlage lässt sich bis heute nur vermuten.

Rotes Kliff

Zwischen Kampen und Wenningstedt liegt das **Rote Kliff**, eine 4,5 km lange Kliffküste mit Aufschlüssen aus dem Tertiär. Die südlichen Kliffkanten erreichen Höhen bis zu 3 m. Der Name der Abbruchkante ergibt sich aus der rötlich-braunen Färbung des aufgeschlossenen Moränenmaterials. Diese ist auf die Oxidation des im Geschiebelehm enthaltenen Eisens zurückzuführen. Die sich dem Kliff anschließenden Areale sind **Küstentrockenheiden** und verschiedene **Dünenökosysteme**. Insgesamt ist dieser Abschnitt der Insel zwar einer der schönsten, jedoch sehr stark durch Erholungsverkehr belastet.

Wenningstedt-Braderup

Von Westerland aus ist es nicht mehr weit bis zur Doppelgemeinde **Wenningstedt-Braderup** – nur 3 km. Auf den Ausläufern des berühmten Roten Kliffs gelegen, hat Wenningstedt mit dem zum Wattenmeer ausgerichteten Ortsteil Braderup ein ganz anderes Aussehen als etwa List. Wenningstedt als friedliches **Familienbad** mit wenig Trubel hat noch ein wenig von der Beschaulichkeit vergangener Zeiten beibehalten können.

Der Ort hat heute ca. 1500 Einwohner und etwa drei Mal so viele Gästebetten. Ungefähr ein Sechstel aller Übernachtungen entfallen auf Wenningstedt. Die Gemeinde blickt auf eine lange Geschichte zurück, obwohl es – abgesehen von Braderup – einen ganz modernen Eindruck erweckt. Vor 1000 Jahren besaß Wenningstedt sogar einmal einen Fischerhafen. Damals verlief die Küste anders als heute – das alte Wenningstedt befand sich etwa 2 km weiter westlich. Doch ist der alte Ort im Jahre 1362 den Fluten zum Opfer gefallen. Wenningstedt-Braderup, das im Jahre

1927 zur Gemeinde erhoben wurde, hat keine herausragenden Kunstschätze. In der 1914 erbauten Kapelle ist ein Altar-Leuchterpaar erwähnenswert, das aus dem 16. Jahrhundert stammt.

Ganz anders als in Wenningstedt sieht es im Ortsteil **Braderup** aus. In diesem **Bauerndorf** ist es verstanden worden, den friesischen Charakter zu erhalten. Es ist der kleinere Ortsteil der Doppelgemeinde, reetgedeckte Friesenhäuser prägen das Gesicht des Ortes. Weite Wiesen und Felder im Westen, malerische Heideflächen und das angrenzende Wattenmeer im Osten begrenzen Braderup. Ein Besuch des **Naturzentrums** der Naturschutzgemeinschaft Sylt gibt Einblicke in die Landschaftsgeschichte, informiert über den Nationalpark und hält für den interessierten Besucher eine Reihe lokaler Führer und vertiefender Informationen bereit.

A5 Braderuper Heide

An der von der Hauptwindrichtung abgewandten Ostküste der Insel Sylt liegt auf der Kampen-Wenningstedter Geest die **Braderuper Heide**, die zum besonderen Heidetyp der küstennahen atlantischen Heiden gehört. Sie stellt die größte zusammenhängende **Küstenheide** der Nordfriesischen Inseln dar und ist ein hervorragendes Beispiel einer historischen Heidelandschaft, die seit Jahrhunderten nur extensiv genutzt und wenig verändert wurde. Das 137 ha große Areal wurde 1979 unter den Schutz der Naturschutzgemeinschaft Sylt gestellt. Die Braderuper Heide gehört – wie eben erwähnt – zu den subatlantischen Küstenheiden, die auf Sylt an verschiedenen Stellen schon erheblich reduziert wurden. Sie liegt am Ostrand eines saalezeitlichen Grundmoränen- und Sanderrests am Übergang zu nacheiszeitlichen Strandwall- und Schlickformationen. Das Schutzgebiet umfasst einen höher gelegenen, teilweise übersandeten Geestkern, dessen Abbruchufer, das **Weiße Kliff**, sowie die anschließenden Vorländer. Am Weißen Kliff treten Kaolinsande, Fossilien (Korallen und Schwämme) und Windkanter, d.h. von Wind und Sand geschliffene Steine, zutage. Der Geestkern trägt überwiegend Pflanzengesellschaften der trockenen Sandheiden, stellenweise sind Feuchtheiden- und Trockenrasenbereiche eingestreut. Der Vorlandbereich am Fuß des Weißen Kliffs unterliegt einerseits dem Süßwassereinfluss von der Geest und andererseits – bei hoch auflaufenden Sturmfluten – dem Salzwassereinfluss. Jeweils ein Drittel der Flächen wird gemäht, beweidet bzw. bleibt ungenutzt.

Das Gebiet umfasst ebenso Strandbereiche. Diese Lebensräume bieten zahlreichen küstentypischen Pflanzengesellschaften sowie Tieren geeignete Lebensbedingungen – unter ihnen ein Großteil seltener und gefährdeter Arten. Heute beherbergen sie bis zu 2 500 Tier- bzw. Pflanzenarten, von denen knapp die Hälfte auf der Roten Liste stehen, darunter eine große Anzahl spezialisierter Wirbellosenarten.

Kampen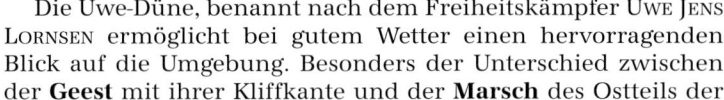

Nördlich der Braderuper Heide gelangen wir nach **Kampen**, dem Ort der Reichen und Schönen. Auf welchem Weg auch immer wir den Nobelort erreichen – man kann sich hier eine kleine Rundtour durch das Wirrwarr der Straßen und Wege gönnen, deren Abschluss der Besuch von Sylts höchster Düne im Westen, der 52 m hohen **Uwe-Düne**, sein könnte.

Die Uwe-Düne, benannt nach dem Freiheitskämpfer UWE JENS LORNSEN ermöglicht bei gutem Wetter einen hervorragenden Blick auf die Umgebung. Besonders der Unterschied zwischen der **Geest** mit ihrer Kliffkante und der **Marsch** des Ostteils der Insel ist deutlich zu erkennen. Die Uwe-Düne selbst ist auf den Geestkern der Insel aufgeweht und liegt nicht – wie vielleicht vermutet – auf einem Nehrungshaken.

Listland

Der Weg nach Norden führt weiter in das „Dünen-Dorado" des Listlandes, das jeder landschaftlich interessierte Syltbesucher kennen lernen sollte. Die vorbildlich restaurierte Entenfanganlage der **Kampener Vogelkoje** liegt dabei unweit der Strecke, die wir begehen.

Die Dünen bilden eine der eindrucksvollsten Naturlandschaften Deutschlands, was wohl einer der entscheidenden Gründe dafür ist, dass sie unter Naturschutz gestellt wurden. Die größte der gewaltigen Wanderdünen des **Listlandes** erreicht eine Höhe von 29 m bei einer Breite von 400 m und einer Länge von knapp 2,3 km. Die **Wanderdünen** haben sich in drei großen Wellen von Westen nach Osten in immer neuen Schichten und Abfolgen über das Listland geschoben. Zu den ältesten gehört der **Süterknöll** westlich von List, der den 1362 bei einer Sturmflut untergegangenen Ort Alt-List überwanderte. Einer späteren Dünenwelle gehören die Wanderdünen westlich des

Abb. 30: Dünenlandschaft Listland

Mannemorsum und des **Blidselstrandtales** an. Den Westrand begleitet die junge Düne, die sich als Wall vor die älteren Dünen legt.

A8 Ellenbogen

Der **Nehrungshaken** „Ellenbogen" verlängert das Listland nördlich des Königshafens bei List. Auf dem Ellenbogen, der durch die Strömung des Lister Tiefs ständig weiter nach Osten wächst, sind **Strichdünen** ausgebildet. Die schmale Verbindung des Ellenbogens mit dem Listland wurde 1928 während einer Sturmflut für kurze Zeit durchbrochen und dokumentiert die ständige Veränderung dieser Landschaft.

A9 List

Der Ort List selbst wurde im Jahre 1934 zum **Garnisonsort**. Spuren aus der Zeit der militärischen Nutzung während des **Zweiten Weltkriegs** finden sich noch heute. Damals wurde in List ein strategisch sehr wichtiger Seeflughafen eingerichtet. Die ziemlich tristen Reihenhäuser im Bereich des Hafens, in denen Soldaten untergebracht waren, stammen aus jener Zeit. Sie stellen einen Fremdkörper in dieser sonst so schönen Landschaft dar und sind wohl einer der Gründe, warum List lange Jahre weniger als Feriendorf denn als Hafen von Bedeutung war. Viel Leben kommt in den **Hafen**, wenn das Fährschiff von der dänischen Insel Röm festmacht. Wer nicht per Huckepack über den Hindenburgdamm nach Sylt gekommen ist, der setzt hier Fuß auf die Insel. Für Gäste vom Kontinent ist der Fischereihafen besonders sehenswert, vor allem wenn die kleinen Fischerboote und Krabbenkutter ihren Fang anlanden.

Von historischer Bedeutung ist der **Königshafen**, der sich im Westen des **Badeortes** befindet. Im Jahre 1644 kam es in der zu Beginn des 18. Jahrhunderts versandeten Hafenbucht zu einer Seeschlacht, bei der ein schwedisch-holländischer Flottenverband mit den Schiffen des Dänenkönigs CHRISTIAN IV. aneinander geriet. Es war die Zeit des **Dreißigjährigen Krieges**, als diese Seeschlacht stattfand. Sicher wäre CHRISTIAN IV. besser beraten gewesen, wenn er sich aus den unseligen Kämpfen der damaligen Zeit herausgehalten hätte, zumal der Dänenkönig mit seinem Heer kaum Entscheidendes ausrichten konnte. Trotz wirtschaftlicher Schwierigkeiten und chronischer Geldknappheit ließ sich CHRISTIAN IV. die Großmachtspolitik, die er sich in den Kopf gesetzt hatte, nicht ausreden. So war vorauszusehen, dass er im **Krieg gegen Schweden** (1643–1645) schließlich geschlagen wurde.

Auch aus dem Blickwinkel des Archäologen ist der Königshafen von List interessant. Schon in Zeiten, als die Wasser der Nordsee noch nicht bis hierhin vordringen konnten, war das Gebiet bewohnt. Ausgrabungen aus der Zeit der **Wikinger** ließen Münzen, Scherben von Gefäßen und sogar Überreste einstiger Hausgrundrisse erscheinen. Bis zum Jahre 1864 war Dänisch noch immer die Amtssprache von List. Die einst enge Verbindung zu **Dänemark** kommt bis zum heutigen Tage in einigen ererbten Rechten zum Ausdruck. Besonders deutlich wird das in den Besitzverhältnissen des **Ellenbogens**, der seit rund 250 Jahren Eigentum zweier Familien ist. Der Privatbesitz mit den beiden ca. 100 Jahre alten **Leuchttürmen** ist nur gegen Entrichtung einer Gebühr begehbar, da hier die Lister Kurkarten nicht gültig sind. Die private Nutzung des Ellenbogens geht auf die so genannte Erdverfestung des Listlandes zurück, die die Festebauern zu Eigentümern des Geländes machte. Sie übten daher auch als Strandvogte die Strandaufsicht aus – eine bis heute lebendige Tradition.

B

In List unterhält die **Biologische Anstalt Helgoland** eine Forschungsstation. Hier betreibt man marine Grundlagenforschung: Ein sehr wichtiger Teil der Arbeit besteht in Untersuchungen, die Aufschluss darüber geben sollen, inwieweit man das Meer als Nahrungsmittelquelle der Zukunft nutzen kann. Neben der Biologischen Anstalt Helgoland gibt es seit 1983 auch die **Biologische Station**. In der von Prof. Dr. Herbert Bruns gegründeten Einrichtung als Station für Vogelbeobachtung und Naturschutz befindet sich ein **Wattenmeer-Informationszentrum**, von dem aus regelmäßig naturkundliche Exkursionen zum Lister Koog und ins Watt des Königshafens angeboten werden.

Des Weiteren hat List die nördlichste Wetterstation Deutschlands und damit v. a. Bedeutung in der Früherkennung von heranziehenden nordatlantischen Tiefausläufern (vgl. Kap. Klima).

➜ Exkursionsroute B – Südliches Sylt

B2 Keitum

Knapp 3 km östlich von Westerland liegt **Keitum**, ein grüner Ort mit 2 000 Einwohnern. Keitum offenbart die Vielfalt der Insel und bietet mit seinem alten Baumbestand eine Abwechslung zur eher baumlosen Sylter Westküste. Es ist einer der wenigen Orte auf Sylt, die an das Festland erinnern. Erstmals wird Keitum im Jahre 1440 urkundlich erwähnt. Archäologische Funde lassen jedoch eine sehr viel frühere Besiedlung vermuten. Keitum ist ein traditionsreicher und wohlhabender Ort. An den Häusern kann man leicht erkennen, dass die Bewohner einst auf Walfang gingen oder als Kapitäne holländischer und dänischer Reeder sowie als Hamburger Kaufleute gutes Geld verdienten. Über mehrere Jahrhunderte war Keitum der Hauptort der Insel und zugleich Sylts wichtigster Hafen, doch heute ist dieser verschlickt und Westerland hat das „Ruder übernommen". Der **Hafen** im Ortsteil Munkmarsch nördlich von Keitum ist heute Sport- und Yachthafen.

Einer der vielen lokalen Größen Keitums ist der im August 1803 in Westerland geborene Chronist Christian Peter Hansen. Sein kritisches Hauptwerk über Geschichte und Kultur Frieslands, die „Chronik der Friesischen Uthlande", machte ihn bekannt. Der einstige Wohnsitz Hansens ist heute Museum: Im „**Altfriesischen Haus**" in Keitum sind Einrichtungsgegenstände aus dem 18. und 19. Jahrhundert zu sehen, wie sie in

vielen alten Häusern Sylts vorkamen. Das reetgedeckte Back-
steinhaus selbst stammt aus dem Jahre 1739 und wurde 1784
umgebaut. Auch andere Häuser haben heute fast musealen
Charakter, denn die alte Ausstattung ist oftmals nahezu vollständig erhalten.

St. Severin

Doch was wäre der Besuch Keitums ohne einen Gang in die
Kirche **St. Severin**. Die auf dem höchsten Punkt des Sylter Geest-
kernes errichtete Kirche ist schon in altgermanischer Zeit ein
Odinheiligtum und wohl auch Begräbnisplatz gewesen, auf dem
das christliche Bauwerk errichtet wurde. Schon der Dänenkönig
KNUT (1018–35) soll den Bau einer Kirche mit Geld und Baumaterial unterstützt haben, doch erstmalig urkundlich erwähnt worden ist die Kirche im Jahre 1240. Das Kirchengebäude romanischen Stils wurde aus rheinischem Tuff, Feldsteinen, Granit und
Ziegelsteinen errichtet, was am Ostfenster der Apsis noch deutlich erkennbar ist. Der spätgotische **Turm** ist um 1450 aus Ziegelsteinen und Feldsteinen erbaut worden und diente bis 1603
als Seezeichen, bis 1803 sogar als **Gefängnis**. Die katastrophalen
Folgen der Pest Mitte des 14. Jahrhunderts sowie der beiden
großen Sturmfluten von 1354 und 1362 zwangen zur Neumissio-
nierung. Die Kirche erhielt ihren Namen St. Severin nach dem
Bischof von Köln aus dem 4. Jahrhundert, möglicherweise, weil
Missionare aus dem Erzbistum Köln auf Sylt tätig waren. Seit
1544 ist St. Severin evangelisch-lutherisch.

St. Severin ist von einem **Friedhof** umgeben, der mehrfach in
Richtung Norden erweitert wurde. Historisch wertvolle Grabsteine sind restauriert und an der Nordseite der Mauer des neueren Friedhofes aufgerichtet worden. An der Nordseite der Kapelle zeigt ein Fliesenbild des Keitumer Malers DIETER RÖTTGER
(geb. 1930) Symbole vom Werden und Vergehen.

Rundgang über das Kirchengelände:

Kalfaster
Kalfaster heißt das Vorhaus an der Südseite, möglicherweise
ehemals der Aufwärmraum (lat. *cale facere* = warm machen) für
Kirchenbesucher. 1979 wurde er zur Sakristei umgebaut. Die
Turmhalle war lange in Richtung Kirchenschiff zugemauert.
1981 wurde sie wieder geöffnet und dient heute als Eingangs-
halle.

Taufstein

Der Taufstein, um 1250 aus Sandstein der Bentheimer Gegend gefertigt, ist das älteste Stück, eine quadratische Sockelplatte mit vier Löwen (verwittert). Der hölzerne Taufdeckel mit Darstellung der Taufe Jesu in idyllischer Flusslandschaft ist jetzt über der Taufe an der Wand zu sehen.

Schnitzaltar

Der spätgotische Schnitzaltar stammt aus der Zeit um 1480, vielleicht aus der Schule des Lübecker Imperialissima-Meisters. Der Hauptaltar zeigt den Gnadenstuhl. Gottvater stellt den auferstandenen Christus der Gemeinde zum Zeichen seiner Liebe und seitlich Maria mit Kind und Bischof St. Severin dar. Die Seitenflügel zeigen die zwölf Apostel. Die Tafelbilder, nur bei zugeklapptem Hauptaltar zu sehen, zeigen Szenen aus der Passionsgeschichte und sind z.t. zerstört. Die Predella ist ein Abendmahlsbild von 1705 – wohl hiesige Malerei.

Kanzel

Die Kanzel, ein frühes Renaissance-Stück von 1580, ursprünglich aus Mögeltondern, wurde 1699 vom Pastorenehepaar Cruppius der Kirche geschenkt und 1988 restauriert. Die Seiten zeigen Adelswappen und die christlichen Tugenden: *fides* (Glaube), *temperantia* (Mäßigung) und *justitia* (Gerechtigkeit). Eine Besonderheit – das Symbol der christlichen Tugend *justitia* trägt statt Augenbinde, Waage und Schwert ein blutendes Herz, das Zeichen der Liebe.

Kronleuchter

Die Kronleuchter, Stiftungen von verschiedenen Kapitänen aus den Jahren 1683, 1698 und 1700, sind Arbeiten aus den Niederlanden.

Orgel

Die Orgel (1787) ist ein Geschenk des Kapitäns Frödden aus Tinnum. Sie wurde von Angel in Flensburg für 700 Reichstaler gebaut. 1959 und 1973/74 ist die Orgel von Eberhard Tolle aus Preetz restauriert worden. Orgelbaumeister Rudolph Neuthor erweiterte die Orgel 1983 um ein Rückpositiv – sie hat insgesamt 40 Register, 2 800 Pfeifen. Die Uneinheitlichkeit der vielen Bauabschnitte haben den Willen zum Bau einer neuen Orgel wachsen lassen. Durch eine große Spende und viel begnadeten Fleiß des jetzigen Organisten Matthias Eisenberg und durch Sammlungen des Förderkreises konnte ein Orgelneubau für 1999 in Auftrag gegeben werden.

Müllerstuhl
Der Müllerstuhl war die Loge für den ehemals wohlhabensten Keitumer, den Munkmarscher Müller. Vorher diente er als Beichtstuhl, gekennzeichnet durch den Hahn und die Bilder aus der Versuchungsgeschichte Jesu.

Glocken
Die alte gis-Glocke (700 kg) trägt die Inschrift „ Tote beklage ich, Lebende mahne ich, Gott, den Herrn, lobe ich." Die fis-Glocke (841 kg) trägt die Inschrift: „Gott, der Herr, ist Sonne und Schild" und zwei verschlungene Ringe, dazu die Namen des Brautpaares zu dessen Trauung die Glocke gestiftet wurde. Die h-Glocke (381 kg) trägt die Jahreszahl: A.D. 1966 und den Namen eines verdienten Kirchenvorstehers.

Innenraum
1985 wurde die Kirche innen renoviert. Statt der Brauntönung ging man zurück zur ursprünglich hellgrünen Farbgebung der Holzteile. Freigelegt wurde über der Nordempore ein Bild vom Jüngsten Gericht.

Dach
Seit Menschengedenken ist das Dach in Blei gedeckt – sturmfest und gediegen. 1885 hatte man sich das Blei abhandeln lassen und durch Schiefer ersetzt. Als dieser nach 100 Jahren verschlissen war, wurde 1991 wieder Blei aufgebracht. Die Apsis hat ihre Bleibedachung immer behalten. Der Turm ist mit Dachpfannen in so genannter Mönch-Nonnen-Legung gedeckt.

Morsum-Kliff `B4`

Von Keitum aus etwa 5 km östlich schließt sich die Landschaft rund um das **Morsum-Kliff** an, im Hochsommer eine fast wüstenähnlich wirkende Landschaft mit Einblicken tief in die Geschichte der Erde.

   Das Morsum-Kliff ist eine **Steilküste** mit Aufschlüssen aus dem Tertiär (Kliff, Düne, Trockenheide und Feuchtheide). Das Gebiet hat sowohl große geologische als auch geobotanische und faunistische Bedeutung, jedoch ist es durch Besucherströme sehr gefährdet. Das rund 42 ha große Gebiet „Morsum-Kliff" wurde 1923 unter Schutz gestellt und ist somit eines der ältesten **Naturschutzgebiete** Schleswig-Holsteins. Der östliche

Ausläufer des Sylter Geestkerns wird hier durch die verschiedenen alten Erdschichten dargestellt, die nicht über- sondern nebeneinander lagern.

Am steil abfallenden Morsum-Kliff, dessen Abhang eine Höhe von bis zu 20 m erreicht, stehen über 10 Mio. Jahre Erdgeschichte am Kliffrand an. Die Farbunterschiede am Kliff, das während der Eiszeit von Gletschern überfahren wurde, verdeutlichen die Abgrenzungen der verschiedenen Schichten: Schwarz ist das Glimmerton-Kliff, rot das Limonitsandstein-Kliff und weiß das Kaolinsand-Kliff.

Heute wird das Kliff von der **Naturschutzgemeinschaft Sylt** betreut. Diese Organisation bietet Führungen an und liefert detaillierte Informationen vor Ort. Nahe des Kliffs befindet sich ein **Pavillon**, in dem neben einer naturkundlichen Sammlung, Informationen über Geologie, Flora und Fauna des Gebietes zu finden sind.

Rantumbecken

B5

Vom Morsum-Kliff bewegen wir uns zurück nach Westen zum Rantumbecken. Durch Archsum hindurch führt unsere Route an den Deich, wo der Blick auf das **Naturschutzgebiet Rantumbecken** frei wird.

Das Becken wurde Ende der 1930er Jahre im Rahmen militärischer Aktivitäten durch Eindeichung gewonnen und war ursprünglich als militärischer Landeplatz für Wasserflugzeuge geplant. Auch die ehemaligen Kasernen am Ortseingang von Rantum entstanden in dieser Zeit. Heute ist es als **Vogelschutzgebiet** von herausragender Bedeutung. Die Betreuung des Gebietes übernimmt heute der **Verein Jordsand**, der neben der Naturschutzgesellschaft (NSG) Schutzstation Wattenmeer und der NSG Sylt wesentlich zum Erhalt und der Betreuung des Nationalparks beiträgt (vgl. Kap. Nationalpark). Zum Rantumer Vogelschutzgebiet gehört auch die **Helgoländer Trichterreuse**, eine Vogelberingungseinrichtung, die eine Außenstelle der Vogelwarte Helgoland ist.

In der heutigen, rund 560 ha umfassenden Sumpflandschaft leben mehr als 50 Vogelarten – neben Kampfläufer, Rotschenkel und Kiebitz finden hier Höckerschwäne, Enten und Seeschwalben eine Heimat. Besonders hervorzuheben sind die

Abb. 31: Einblick in das Tertiär – Morsum-Kliff

rund 100 **Seeregenpfeiferpaare** im Rantumbecken, welches die größte Vogelkolonie Deutschlands ist. Diese Vogelart ist zum Wappenvogel des Schutzgebietes erklärt worden! Außerdem gibt es derzeit über 2 000 Lachmöwenpaare, eine Zahl, die die idealen Bedingungen des geschützten Rantumbeckens als Brutgebiet zeigt. 1960 hingegen brüteten hier nur elf Lachmöwenpaare.

B6 Rantum

Wir umfahren das Rantumbecken und gelangen auf etwa halbem Weg an die **Eidumer Vogelkoje** rechts und die Kläranlage links des Weges. Von hier aus führt der Weg in südlicher Richtung nach **Rantum** – einem Dünendorf, das etwa 460 Einwohner zählt und das bis zur Erweiterung im 19. Jahrhundert aus nur fünf Häusern bestand. Der Name des Dorfes deutet auf Ran, die Göttin des Seetodes, hin, der man hier gedenken wollte. Dieses ist auch leicht nachvollziehbar, besitzt Sylt doch an dieser Stelle eine Ost-West-Ausdehnung von nur 800 m.

Die erste urkundliche Erwähnung findet sich in einem Grundbuch aus dem Jahre 1440. In der Straße **Merret-Lassen-Wai** stoßen wir auf die ältesten Häuser, wobei das Haus „Raantem-Inge" (1818) als erstes errichtet wurde. Der im Osten bogenförmig verlaufende Deich umgibt diese Häuser, wurde jedoch erst in den Jahren 1987/88 zum Schutz gegen die regelmäßigen Überflutungen von der Wattseite her errichtet. Immer wieder standen die Häuser auf ihren Warften mitten in der See, die bis über die Alte Dorfstraße hinweg reichte.

Zu erwähnen ist in Rantum die katholische Kapelle „**Stella Maris**", die zunächst Turnhalle, später auch Kegelbahn war. Bevor sie zu einem Pferdestall umgebaut werden sollte, hat man sich jedoch für die Nutzung als Kapelle entschieden.

Auf dem Weg nach Süden durchqueren wir nun ausgedehnte **Dünenlandschaften**, die mit ihren zwischengeschalteten Wasserflächen ideale Bedingungen für Kreuzkröten, Moorfrösche und Zauneidechsen, für Sonnentau und Moorbärlapp bieten. Wir nähern uns nun einem fast 200 m hohen Sendemast, der **Loran-Station**, bis 1989 Eigentum der US-Coast-Guard, die ihn zur Funknavigation benutzte. Seitdem wird die Station vom Wasser- und Schifffahrtsamt in Tönning betreut. Mit seiner Reichweite von bis zu 4 000 km ist der Sendemast für die Navigation von Schiffen und Flugzeugen von großer Bedeutung.

Hörnum

B7

Im Süden der Insel liegt unser vorletztes Exkursionsziel – **Hörnum**. Dieser Ort blühte in der Zeit der Militarisierung auf und macht heute einen dementsprechenden Eindruck: Moderne Ferienhausarchitektur und das unentbehrliche **Haus des Kurgastes** verstärken diesen Eindruck. Rund 900 Menschen leben hier v.a. vom Tourismus. Gleichzeitig ist Hörnum **Fischerei- und Ausflugshafen** sowie Haltepunkt der Fähren und Schiffe nach Amrum, Föhr, Helgoland und zu den Halligen. 1946 wurde Hörnum **Seebad** – von der militärischen Nutzung ist heute nur noch architektonisch etwas zu spüren – 3000 Gästebetten sind Zeugnis für die derzeitige touristische Nutzung der Gebäude.

Ein markanter Punkt Hörnums ist der **Leuchtturm**. Im Jahre 1907 wurde er in Dienst gestellt. In seinem Innern enthält der 54 m hohe Turm, der das stärkste Feuer der deutschen Nordseeküste besitzt, mehr als 90 t Gusseisen.

Vogelparadies: Hörnum-Odde

B8

Südlich von Hörnum liegt die Hörnum-Odde, ein **Dünengebiet** mit zur Meerseite halboffenen Dünentälern, die teilweise überflutet werden (Brackwasser) und in denen die seltenen **Sand-Salzwiesen** ausgebildet sind. Diesem Gebiet sei der letzte Teil der Exkursion gewidmet.

Wenn am Mittelmeer noch Temperaturen über 20°C den Sommer langsam ausklingen lassen, gleichzeitig aber schon eisige Kaltluft aus dem Polarmeer nach Süden vordringt, ist bei uns infolge des Luftmassenausgleichs die Zeit der Herbststürme gekommen. Mit den anhaltenden starken Westwinden werden dann sonst seltene **Hochseevögel** an die Küste getrieben. Sie lassen sich besonders gut an solchen Küstenabschnitten beobachten, die eine exponierte Lage zur offenen Nordsee haben, zum Beispiel auf Sylt.

Anfang Oktober wollen wir vom Weststrand der Hörnum-Odde aus Hochseevögel beobachten. Besonders gute Beobachtungsergebnisse lassen sich in den frühen Morgenstunden erzielen. Noch vor Sonnenaufgang machen wir uns also auf den Weg.

Kaum treten wir zwischen den Dünen hervor an den Strand, weht uns der Wind direkt ins Gesicht und mit ihm die salzige Meeresgischt. Unwillkürlich machen wir einen Schritt zurück in den Windschatten, bevor wir das Fernglas ansetzen. Bleigrau erstreckt sich der Himmel über dem fast schwarzen Wasser. Jetzt in der Morgendämmerung macht sich die große Brennweite des „Nachtglases" bemerkbar, denn im Sichtausschnitt wirkt die Umgebung gleich viel heller als mit bloßem Auge. Nichts – kein Vogel ist zu sehen. Doch nach einiger Zeit der Gewöhnung an die Wetter- und Lichtverhältnisse sehen wir flach über dem Horizont zwischen den auf- und abwogenden Wellen nicht enden wollende Reihen mal nach Süden und mal nach Norden fliegender Seevögel. Es sind **Trauerenten**, die zu Tausenden den Winter westlich der Nordfriesischen Inseln auf der offenen See verbringen werden.

Nach einem geeigneten Beobachtungspunkt Ausschau haltend, an dem wir geschützt sind und gleichzeitig einen guten Überblick haben, gehen wir in Richtung Südspitze der Insel. Unmittelbar vor uns trippelt ein etwa starengroßer, hellgrauer Wattvogel mit deutlichen dunklen Flecken an den Schultern, ein **Sanderling** im Schlichtkleid, der uns bis auf Armlänge herankommen lässt. Dabei stochert er unaufhörlich im Sandboden nach Nahrung. Wir spazieren eine Weile mit ihm, bis er kurz auffliegt und sich in einem Bogen wenige Meter hinter uns wieder fallen lässt.

Etwas oberhalb der Wasserkante landen zwei **Steinwälzer**, die gleich darauf mit ihren kurzen, leicht nach oben gekrümmten Schnäbeln schwungvoll allerlei Spülsaummaterial durcheinander werfen, immer auf der Suche nach etwas Fressbarem. Als wir selbst einige Steine und Tang umdrehen, entdecken wir, worauf sie aus sind. Ein Gewimmel kleiner Fliegen und winziger empor schnellender Flohkrebse, das wir in dieser scheinbar so lebensfeindlichen Umgebung nicht erwartet hätten, wird, nunmehr völlig ungeschützt, vom Wind erfasst und fortgewirbelt.

Vor uns taucht das **Tetrapodenquerwerk** von Hörnum auf. Wild kracht die Brandung auf die vierfüßigen Betonklötze, die aufeinandergestapelt ursprünglich dazu gedacht waren, die Wucht des „Blanken Hans" zu brechen. Durch die künstliche Barriere bildeten sich jedoch in der hier von Nord nach Süd verlaufenden Strömung – Strudel, die in der Folgezeit den Abtrag der Sylter Südspitze sogar noch beschleunigten.

Wir folgen der Wasserkante, die hinter den Tetrapoden leicht nach Osten abknickt und finden einen einigermaßen angenehmen Platz im Schutze einer Dünenabbruchkante, an dem wir unser Spektiv aufbauen. Durch das 30fach vergrößernde Fern-

Abb. 32: Hörnum Leuchtturm

Abb. 33: Hörnum Odde im Frühsommer 2001

rohr sind die **Trauerenten** draußen auf dem Meer deutlich besser auszumachen. Die Männchen sind jetzt an ihrem samtig schwarzen Gefieder von den bräunlichen Weibchen mit hellen Kopfseiten zu unterscheiden.

In einer Entfernung von etwa zehn bis zwanzig Metern erscheinen einige **Zwergmöwen** über dem Wasser. Die Altvögel sind an den einfarbig hellgrauen Oberflügeln ohne schwarze Spitzen und den sehr dunklen Unterflügeln zu erkennen. Doch es befindet sich auch eine juvenile Möwe mit der für sie typischen schwarzen W–Zeichnung auf der Oberseite bei den direkt über der Brandungszone kreisenden kleinen Möwen. Häufig tippen sie kurz aus dem Flug heraus mit dem Schnabel auf die Wasseroberfläche, wohl um Nahrung aufzunehmen. Dabei treten sie ein paarmal mit ihren leuchtend roten Füßen – wie um das Gleichgewicht nicht zu verlieren – auf das Wasser. Kommt ihnen eine der hohen Wellen entgegen, fliegen sie behende etwas höher und lassen sich – ohne nass zu werden – hinter der Welle wieder bis knapp über die Wasseroberfläche hinunter.

Gebannt beobachten wir minutenlang das interessante Spiel. Da ertönt über unseren Köpfen das laute Gezeter einer **Sturmmöwe**. Sie wird von einer Schmarotzerraubmöwe verfolgt, die ihrem Namen alle Ehre macht. Schon hat die braune Raubmöwe ihr Opfer eingeholt und attackiert es mit gezielten Schnabelhieben. Die Sturmmöwe hat die Hinweise der Angreiferin verstanden und zollt ihr den geforderten Tribut. Sie würgt einen halbverdauten Fisch wieder aus und lässt ihn fallen. Die **Schmarotzerraubmöwe** schnappt noch in der Luft den Brocken auf und streicht ab.

Währenddessen sind am Horizont eine Hand voll **Basstölpel** aufgetaucht, die sich rasch der Küste nähern. Wir nehmen die majestätischen, an Albatrosse erinnernden Hochseevögel ins Visier. Zwei weiße Altvögel und fünf Jungtiere in ihrem schwarzferbenen Federkleid kreisen lässig in ungefähr 10 m Höhe. Doch plötzlich kommt Bewegung in die Gruppe – Trubel. Nacheinander schießen sie nun mit angelegten Flügeln pfeilschnell ins Wasser. Einen kurzen Augenblick später steigen sie wieder in die Luft. Offensichtlich haben sie einen Fischschwarm ausfindig gemacht. Hastig verschlucken die eleganten Jäger die gefangenen Fische. Aber längst nicht jeder Fischzug ist erfolgreich. Langsam bewegen sie sich dann, wie von einem unsichtbaren Magneten angezogen, bei der Verfolgung ihrer unter Wasser weiterziehenden Beute wieder aus unserem Sichtfeld hinaus.

Kaum merklich ist eine halbe Stunde vergangen, als unsere Möglichkeiten der Vogelbestimmung an ihre Grenze gelangen. Immer wieder zwischen den hohen Wellen verschwindend, ziehen knapp unterhalb des Horizontes zwei langhalsige Vögel mit dunkler Oberseite in südlicher Richtung vorüber. Anhand des tief gehaltenen Kopfes und des im Längsprofil etwas höher liegenden, massigen Körpers, erkennen wir trotz der Kürze des Augenblickes, dass es sich um **Seetaucher** handelt. Aber wir kommen nicht mehr dazu, die genaue Art zu bestimmen, denn im nächsten Moment sind die Taucher wieder verschwunden. Jetzt vermögen wir nicht mehr zu sagen, ob der Rücken wie beim Sterntaucher kleine, weiße Sprenkel hatte oder – was für die etwas größeren Prachttaucher sprechen würde – ganz einfarbig dunkel war.

Ein Trupp Singvögel lockt uns von unserem Standort fort weiter in Richtung Südspitze. Immer wenn wir unser Fernrohr gerade auf den kleinen Schwarm eingestellt haben, fliegen die Tiere wieder auf und landen einige Meter weiter erneut im Spülsaum. Doch dann fliegen sie direkt über unsere Köpfe hinweg, und an den schwarzweißen Flügeln erkennen wir deutlich nordische **Schneeammern**, die sich im Winter gern an unseren Küsten aufhalten und im Angespül nach Nahrung suchen.

Sandregenpfeifer   **Knutt**   Austernfischer

Nahrung
Seeringelwurm
Wattschnecke
Schlickkrebschen

Tellmuschel
Herzmuschel
Strandschnecke

Miesmuschel
Herzmuschel
Pierwurm

Laufspur

Trittsiegel
des rechten
Fußes

Abb. 34: Vögel im Watt

Als wir die Südspitze umrunden, lässt der durch die Dünen abgebremste Wind spürbar nach. In unregelmäßigen Abständen wirft die mittlerweile aufgegangene Sonne gleißendes Licht durch die Lücken zwischen den schnell ziehenden dichten Wolken über das beruhigte Wasser und den weißen Sand. Sanft rollen die Wellen in schneller Folge auf den Strand. Da das Wasser sehr hoch steht, müssen wir scharf am Dünenfuß entlanggehen.

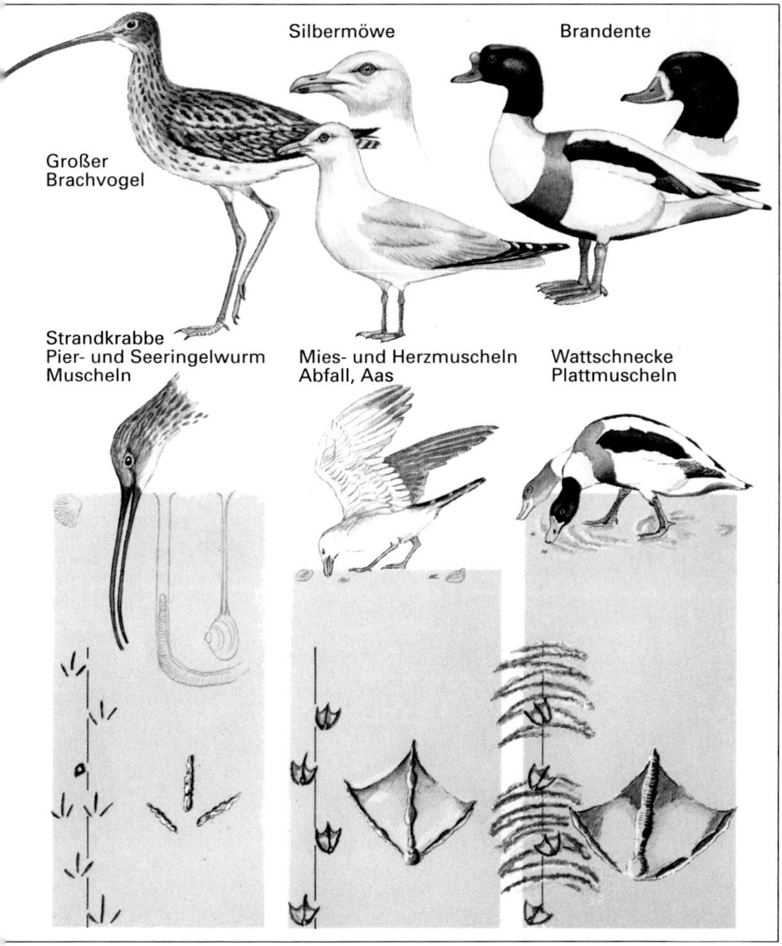

Großer
Brachvogel

Silbermöwe

Brandente

Strandkrabbe
Pier- und Seeringelwurm
Muscheln

Mies- und Herzmuscheln
Abfall, Aas

Wattschnecke
Plattmuscheln

Vorsichtig, ohne die Abbruchkante herunterzutreten, gehen wir
weiter. Zu unseren Füßen finden wir eine tote **Trottellumme**. Ihr
Hals steckt zwischen den Maschen eines dünnen Nylonnetzes,
das ihr wohl beim Tauchen zum Verhängnis geworden ist. Aus
der Nähe betrachtet, erweckt der tote, schwarz weiße Vogel mit
dem stiletförmigen Schnabel und seinen schwarzen Knopfaugen
ein unbestimmtes Gefühl von Hilflosigkeit.

Neben dem ständigen Rauschen von Wind und Meer tönen vom Wasser her leise, tiefe, leicht unheimlich anmutende „uhu-huhu"-Rufe von **Eiderenten**. Für sie beginnt jetzt die Paarungszeit. Durch das Fernrohr sehen wir, dass einzelne der braunen Weibchen jeweils von mehreren scheinbar recht aufgeregten Männchen umgeben sind, die sich bald übereifrig putzen und baden, bald den Hals weit vorstrecken, um dann den Kopf zu drehen und auf den Rücken zu legen. Über 1000 Eiderenten zählen wir, die sich hier auf der Ostseite der **Hörnum-Odde** zur geselligen Balz versammelt haben. Auch lange Zeit später, als wir bereits den Leuchtturm hinter uns gelassen haben und damit am Ende der Exkursion angelangt sind, meinen wir noch immer den klagenden Ton der Eiderenten im Ohr zu haben.

Auf und um Föhr – Eine Radtour

Thilo Christophersen

Exkursionsroute

Goting-Kliff – Godelniederung – Lembecksburg – Süderende –
Watt bei Groß-Dunsum

Dauer: 4–5 Stunden

5h

Rundtour

Fenster zur Eiszeit – Das Goting-Kliff

Wer zu den Sammlern von Versteinerungen zählt, findet sich in
der Regel früher oder später am Föhrer **Goting-Kliff** ein. Die
etwa in der Mitte der Insel an ihrer Südküste gelegene Abbruchkante des eiszeitlichen Geestkerns hat im Verlauf der Jahre
schon so manchen Seeigel aus der Kreidezeit freigegeben und
auf diese Weise zahlreiche Finder glücklich gemacht.

Etwa ein Drittel der Insel wird von einem pleistozänen **Geestkern** gebildet, dessen Untergrund zum größten Teil aus dunklem
Geschiebemergel, einem tonigen Substrat, besteht (vgl. Kap.
Topographie). Die rostrote Färbung in den sandigen Schichten
darüber weist auf den Eisengehalt des Materials hin. Dazwischen
sind hellere und gröbere Partikel an der Abbruchkante zu sehen –
Kies. Den oberen Abschluss bildet fast schwarzer Humus.

Gelegentlich nisten die vielerorts selten gewordenen **Ufer-
schwalben** in der Steilkante. Sie umschwirren im Frühsommer
das Kliff bei schönem Wetter auf der Jagd nach Fluginsekten und
verschwinden plötzlich in ihren selbst gegrabenen Wohnröhren.

Die Ausdehnung der Föhrer Geest hat sich in früheren Jahrhunderten wesentlich weiter nach Süden erstreckt. Darauf weisen noch heute zahlreiche **Findlinge** hin, die weit draußen im
Watt südlich und westlich der Insel liegen. Solche großen Fels-
brocken finden sich auch am Fuß des Goting-Kliffs. Anhand
ihrer Lage lässt sich die Verkleinerung der Insel von Jahr zu Jahr
nachvollziehen. Die Meeresfluten haben den Geestkern beständig abgetragen. Dadurch ist zum einen der natürliche Strand entstanden, zum anderen wurde die Insel immer kleiner. In heutiger Zeit wird diesen Landverlusten mit **Sandvorspülungen**

Abb. 35: Exkursionsrouten 2 Föhr und 3 Amrum (von Föhr)

begegnet. Im Juni 2000 sind zuletzt 410 000 m³ Sand vorgespült worden. Knapp zweieinhalb Kilometer südlich der Insel wurde der Sand aus der bis zu 29 m tiefen Norderaue zwischen Föhr und Langeneß entnommen.

Bei solchen Sandvorspülungen gelangt zusätzlich zu den Versteinerungen aus dem Kliff jede Menge spannendes Material an den Strand. So wurden auf der Insel Föhr im Sommer 2000 hier sonst nur extrem selten oder gar nicht vorkommende **Muscheln** und **Schnecken** wie die Kamm-Muschel, Wendeltreppe und Pelikanfuß gefunden.

Ein erdgeschichtliches Highlight unter den aus tiefliegenden Sedimentschichten wieder ans Tageslicht beförderten Überresten sind die Schalen der **Teppichmuschel** aus der Eem-Zeit. Diese Art besiedelte vor der letzten großen Kälteperiode, der Weichsel-Eiszeit, ein großes Meer in unserer Gegend. Mit der nahenden Eiszeit starb sie jedoch aus. Rund 100 000 Jahre haben die Kalkschalen bis heute unversehrt in den Sedimentschichten des Meeres überdauert.

Absoluter Favorit bei den Strandläufern ist aber der **Bernstein**. Kleine Splitter und bis zu fingernagelgroße Stückchen von ein bis zwei Gramm Gewicht sind nach Sandvorspülungen regelmäßige Funde. Funde von größeren Klumpen, die vielleicht 10 g wiegen, sind nur mit Glück und Erfahrung zu machen. Im Winterhalbjahr wird Bernstein im Watt oder auf dem Amrumer Kniepsand besonders nach anhaltenden Ostwinden und dann plötzlich auftretendem Südweststurm gefunden.

Bernstein ist sehr leicht und wird deshalb an den gleichen Stellen angetrieben, wie der ebenfalls leichte schwarzbraune **Torf**. Was auf den ersten Blick wie eine Verschmutzung durch Öl aussieht, ist in Wirklichkeit Torf und Holz. Es ist bekannt, dass es südlich von Föhr in der Moorlandschaft der mittelalterlichen **Uthlande** (vgl. Kap. Geschichte) noch vor knapp 1000 Jahren neben Erlen und Birken auch Eichen gegeben hat. Ihre Überreste wurden auf dem Meeresgrund größtenteils konserviert. Durch Strömungsveränderungen oder auch Sandentnahme wie bei den Vorspülungen gelangen sie als bizarre, z.T. von Bohrmuscheln durchlöcherte Stücke, wieder ans Tageslicht.

Funde alter Haselnussschalen weisen zudem daraufhin, dass die mittelalterlichen Baumbestände auch Haselsträucher enthalten haben müssen.

Zwischen den Holzresten liegt der Bernstein. Das darf aber nicht über seine ganz andere Entstehungsgeschichte hinwegtäuschen. Denn Bernstein ist ursprünglich Baumharz einer im Bereich der nördlichen Ostsee – während des Tertiärs vor immerhin ca. 40 Mio. Jahren beheimateten Kiefer gewesen. Gemeinsam mit den Ablagerungen aus der Kreidezeit wurde er während der vorletzten Eiszeit, der Saale-Eiszeit, vor etwa 200 000 Jahren von den gewaltigen Gletschern bis vor unsere Haustür geschoben.

Letzte ihrer Art – Die Godelniederung

Wenn bei Flut das auflaufende Wasser die ringsum vom Watt umgebene Insel Föhr wieder einzuschließen beginnt, nähern sich unwillkürlich auch die vor den Flutwellen herlaufenden **Wat- und Wasservögel** der Küste. Tausende von ihnen verbringen im Frühjahr und Herbst die Zeit des höchsten Wasserstandes in der Godelniederung. Westlich vom Goting-Kliff schließen sich die kleinen Flussläufe von **Bruk**, **Sprang** und **Godel** an. Dort, wo die Godel ins Watt mündet und dadurch einen leicht erhöhten Sandhaken gebildet hat, lassen sich besonders viele der langbeinigen und langschnäbligen Watvögel nieder. Hier flitzen dann die kleinen Alpenstrandläufer, Sanderlinge und Sandregenpfeifer zwischen den Beinen der größeren Pfuhlschnepfen und Brachvögel umher.

Am häufigsten zu sehen und besonders leicht zu erkennen ist der schwarz-weiße **Austernfischer** mit seinen leuchtend roten Beinen und dem ebenfalls roten Schnabel. Er ist das ganze Jahr über im Wattenmeer anzutreffen. Fast immer sind kleinere oder größere Trupps dieser Art an der Godelmündung zu beobachten. Während sich im Juni die so genannten Junggesellen im Watt oder am Sandhaken mit der Nahrungssuche oder lautstarken Trillerturnieren die Zeit vertreiben, erkennen wir die jungenführenden Altvögel auf den Flächen der Salzwiesen an einem charakteristischen Pfiff. Er verrät uns die Anwesenheit der kleinen Jungvögel. Eben erst geschlüpft, folgen die Nestflüchter ihren Eltern und verharren bei Gefahr in geduckter Haltung. Dabei verlassen sie sich voll auf die Tarnfarbe ihres Daunengefieders.

Solche Szenen lassen sich an vielen Stellen beobachten – nicht nur an der Küste. Denn Austernfischer sind sehr genügsam, was die Wahl ihrer Brutplätze betrifft. Sie legen ihre Eier sogar auf Dächer. Dabei bevorzugen sie Kies bedeckte Flachdächer, wie z. B. das des Schulzentrums in Wyk (über dem Biologieraum!). Doch sogar auf die Firste einzelner Reetdächer in den Inseldörfern werden die Eier gelegt. Große Freude verursacht hier regelmäßig im Frühling der „Abgang" der Küken. Sie rutschen einfach auf der Dachschräge herunter und landen meist wohlbehalten in diesem oder jenem Vorgarten.

Abb. 36: Austernfischer vor Lahnungen

Das Gebiet der **Godelniederung** stellt eine ganz besondere Kostbarkeit dar. Denn es ist neben einem einzigen weiteren Bach an der dänischen Wattenmeerküste das letzte verbliebene natürliche Ästuar im Wattenmeer. Hier kann das Wasser noch völlig ungehindert und ohne Verbauungen wie Schleusen, Siele, Mauern oder Deiche in die Nordsee und zurückfließen. Dazu kommt die Besonderheit der **Salzwiesenvegetation**. Vor allem im Bereich der nicht landwirtschaftlich genutzten Flächen haben seltene Pflanzenarten wie Strandflieder, Strandaster oder Strandbeifuß noch ein beständiges Vorkommen.

Auch hinsichtlich des Schutzes dieser Landschaft hat die Godelniederung Ungewöhnliches zu bieten. Denn das Gebiet ist weder Teil des angrenzenden Nationalparks noch als Naturschutzgebiet ausgewiesen. Vielmehr haben Landwirte, Gemeindevertreter und Naturschützer vor Ort ein eigenes Schutzkonzept entwickelt. Es sieht eine unterschiedlich intensive landwirtschaftliche Nutzung vor. Dabei bleiben Flächen, die der schleswigholsteinischen Stiftung Naturschutz gehören, der Pflanzen- und Tierwelt vorbehalten. Lediglich in der Frage der Jagd gehen die Meinungen zu dem Konzept auseinander. Gehen doch vom Tontaubenschießstand, der mitten im Gebiet liegt, und der Treibjagd erhebliche Störungen aus.

Lembecksburg 3

Nordwestlich der Ortschaft **Borgsum** liegt die bewachsene Ring-
wallanlage der **Lembecksburg**, die ihren Namen dem Ritter
KLAUS LEMBECK verdankt, der im 14. Jahrhundert als Statthalter
des dänischen Königs waltete, obgleich angezweifelt werden
darf, dass LEMBECK überhaupt jemals auf Föhr weilte. Zum
Schutz vor Wikingerüberfällen wurde die im Durchmesser
knapp 100 m breite Wallanlage bereits im 9. Jahrhundert errichtet.

Lebendige Geschichte – St.-Laurentii-Kirche von Süderende 4

Egal, wo man sich auf Föhr befindet – eine der drei alten
Kirchen aus dem 13. Jahrhundert von **Wyk-Boldixum**, **Nieblum**
und **Süderende** ist fast immer zu sehen. Die außergewöhnliche
Dichte so bedeutender alter Kirchen erklärt sich wohl zum
einen aus der großen Frömmigkeit und der Überzeugung ihrer
Erbauer und zum anderen aus dem ehemals größeren Einzugsgebiet. Das trifft zumindest für **St. Johannis** in Nieblum und
St. Nicolai in Boldixum zu. Hierher kamen bis gegen Ende des
16. Jahrhunderts Kirchgänger auch aus der Gegend der heutigen Hallig Langeneß. Es war zu dieser Zeit noch möglich, die
Strecke zu Fuß oder mit Pferd und Wagen durch die Watt- und
Moorlandschaft der **Uthlande** zurückzulegen (vgl. Kap. Geschichte).

Zum Einzugsgebiet der **St. Laurentii-Kirche** in Süderende
gehörten von Beginn an sieben Dörfer, die etwa halbkreisförmig
um die Kirche lagen: Hedehusum, Utersum, Dunsum, Oldsum,
Toftum, Klintum und Süderende.

Als Bauplatz für eine kleinere Kirche aus Granitquadern war
bereits zwischen 1150 und 1200 die Nähe zu den so genannten
Monklembergen gewählt worden. Wie anderen Ortes auch, sollten die heidnischen Gewohnheiten, die an diese etwa 250 m
östlich gelegene Stätte mit vorchristlicher Tradition geknüpft
waren, auf das christliche Gotteshaus umgeleitet werden.

Die Kirche wurde dann im 13. und auch noch im 14. Jahrhundert mit Backsteinen erweitert. Das Mauerwerk ist von außen
deutlich zu unterscheiden – der ältere Teil aus Granitquadern
und der jüngere Teil aus Backstein. Auch das Querschiff und der
Turm entstanden demnach bei den Erweiterungsarbeiten um
1240. Typisch für die Kirchen aus dieser Zeit ist ein aus Blei her-
gestelltes Dach.

Der **Eingang** befindet sich am westlichen Ende der Nordseite. Ein zweiter, inzwischen zugemauerter Eingang bestand ursprünglich in der Südwand der Apsis. Durch ihn gelangten die Frauen streng getrennt von den Männern in die Kirche.

Um 1500 wurde das **Innere** umgestaltet – die Fenster vergrößert und anstatt der alten Holzdecke ein Gewölbe eingebaut. Die Rippen dieses spätgotischen Gewölbes tragen die Decke des Hauptschiffes. Sie haben eine statische Funktion. Im Unterschied dazu dienen die Rippen des älteren romanischen Gewölbes in der Apsis nur der Untergliederung.

Das älteste Stück in der Kirche ist der schlichte **Taufstein**. Er stammt aus dem 12. Jahrhundert und ist vermutlich in Gotland hergestellt worden. Eine weitere Taufe aus dem 18. Jahrhundert wurde in den Vorraum gestellt. Ihr Rokoko-Stil passt nicht richtig zum Erscheinungsbild der Kirche.

Auf dem **Altartisch** liegt eine Grabplatte aus Sandstein. Vier auf Löwenköpfen ruhende Leuchter stehen darauf. Die beiden innen stehenden sind aus dem Jahr 1680, die äußeren stammen aus der Spät-Gotik, dem 15. Jahrhundert.

Der schlichte **Flügelaltar** von 1480 enthält zwölf Fächer mit Figuren. In der Mitte sind Jesus und Maria, jeweils mit Krone – ein Hinweis auf das Fest der Marienkrönung, das mancherorts noch am 15. August begangen wird. In den anderen Fächern befinden sich Heilige mit einem für sie charakteristischen Gegenstand, so Petrus mit Schlüssel, die heilige Barbara mit Turm und schließlich St. Laurentius mit einem Rost – er wurde in Rom im 3. Jahrhundert auf einem glühenden Rost hingerichtet. Als Siegessymbol der Märtyrer ist ein Palmzweig zu sehen. Vor Ostern und Weihnachten werden die Flügel des Altars geschlossen. Die Augen „fasten". Anschließend wird dann der Blick frei auf den Altar, der den Zugang zum Himmelsreich symbolisieren soll.

Dass der Altar mit den katholischen Heiligen die Zeit der Reformation überdauert hat, lässt sich mit einer konservativen Haltung der Föhrer begründen. Zwar gelangte die Reformation um 1545 nach Föhr, und die Gemeinden traten zum Protestantismus über, aber deswegen wurden trotzdem die alten Kircheneinrichtungen weiter genutzt. So auch der **Logenplatz**, der sich am Ende des Querschiffes befindet. Er wurde früher als Prediger- und Beichtstuhl genutzt. Die Empore im Querschiff wurde nachträglich für die ausschließliche Benutzung durch Männer eingebaut. Auf diese Weise ist die Sitzordnung streng geregelt worden. Noch bis in die 1940er Jahre gab es in der Kirche feste Stammplätze für die einzelnen Familien. Auch die so genannte Konfitentenlade, eine Föhrer Besonderheit im Kirchvorraum, ist aus vorprotestantischer Zeit. Durch Zettel, die nach den sieben zum Kirchspiel gehörenden Dörfern sortiert in die Lade gesteckt wurden, fand eine Anmeldung zur Beichte statt.

In der **Apsis** befinden sich am Boden Grabsteine aus dunklem Namurer Marmor. Es war ein Privileg, innerhalb der Kirche bestattet zu werden. Das wurde auch dem Pastor RICHARDUS PETRI zuteil. Wie seinem Grabstein zu entnehmen ist, starb er im Jahr 1678. Er hatte im Winter den Grönlandfahrern kostenlosen Navigationsunterricht unter der Bedingung gegeben, dass auch sie ihr Wissen kostenfrei an andere weitergeben. Seine Söhne BARTOLOMÄUS RICHARDI und PAULUS haben 1680 die barocke Sakristeitür an der Nordwand gestiftet. Beide Familienwappen sind in der Tür zu sehen.

Über der Tür an der Nordwand hängen drei Tafeln mit den Namen der Pastoren von Süderende. Bis 1805 gab es noch eine zweite Pfarrstelle, die von Diakonen besetzt wurde. Sie sind auf der linken Tafel aufgeführt. An der Südwand befindet sich ein Bild von dem Maler MATTHIESEN aus dem Jahr 1860. Dargestellt ist der Besuch Jesu bei den Schwestern Maria und Martha. Dabei handelt es sich um eine Erklärung der „*Vita contemplativa*" also

Abb. 37: Altar St. Laurentii in Süderende

dem Verweilen in meditativer Ruhe, von der Jesus in der Geschichte sagt, dass sie wichtiger sei als die Arbeit in der Küche.

Die **Kanzel** stammt aus der ersten Hälfte des 17. Jahrhunderts. Der zur Kanzel gehörige Schalldeckel ist 60 Jahre jünger. Genau wie die Sakristeitür ist er reich geschmückt. Die inzwischen durch den Walfang zu Wohlstand gekommenen Familien auf den Nordfriesischen Inseln und Halligen waren bemüht, sich in der möglichst prunkvollen Ausstattung ihrer Kirchen gegenseitig zu überbieten. Abgebildet sind friesische Namen und Engel mit Marterwerkzeugen. Sie symbolisieren die Leiden und das Sterben Jesu, aber auch die Erkenntnis, dass Tod und Leid im christlichen Glauben nicht das letzte Wort behalten.

Selten für Kirchen aus protestantischer Zeit ist die **Deckenbemalung** im Langhaus von 1675. Sie zeigt Jesus im weißen Gewand und roten Überwurf in verschiedenen biblischen Geschichten. Nach ihrer Freilegung 1950 wurden Bilder gemacht, die im Vorraum zu sehen sind.

Unter der Empore hängt ein **Bildnis** einer Beerdigung um 1900 vom Hamburger Maler ECKART. Es zeigt Frauen in Trauertracht mit einem dazugehörigen großen, weißen Trauertaschentuch. Ein alter Brauch, der sich, wie andere Traditionen auch, auf den abgeschiedenen Inseln deutlich länger gehalten hat als auf dem Festland.

Der **Friedhof** von Süderende ist, genau wie der Friedhof von Nebel auf Amrum, berühmt für seine „sprechenden Grabsteine". Wie bei den anderen beiden alten Föhrer Kirchen und auch auf dem Amrumer Friedhof von St. Clemens finden sich hier Jahrhunderte alte Grabsteine. Sie sind häufig mit aufschlussreichen Texten über das Leben der oder des Verstorbenen versehen. Am bekanntesten ist wohl der südöstlich der Kirche gelegene Stein des 1706 verstorbenen „Glücklichen Matthias". MATTHIAS PETERSEN bekam den Beinamen der Glückliche, weil er – was auch seinem Grabstein zu entnehmen ist – in seinem Leben sage und schreibe 373 Wale gefangen hat.

Andere Grabsteine vermitteln in der zurzeit der Grönlandfahrer üblichen Symbolsprache Einblicke in Familiengeschichten. Blütenköpfe von Blumensträußen weisen auf Familienmitglieder hin. Sind sie geknickt, ist die betroffene Person bereits verstorben. Glockenblumen auf der linken Seite weisen auf männliche Verwandte hin, offene Korbblüten auf der rechten auf die weiblichen. Die tiefe Verbundenheit zur Seefahrt wird durch abgebildete Segelschiffe und das berühmte Seefahrersymbol aus Kreuz, Herz und Anker für Glaube, Liebe und Hoffnung deutlich.

Abstecher ins Watt bei Dunsum – Liinsand

An einem Vormittag im September brechen wir auf zu einer Exkursion ins Watt nordwestlich von Föhr. Das Thermometer zeigt gerade einmal 9°C an. Schon seit Tagen herrscht ein mäßiger Ostwind, was ungewöhnlich ist. Die isoliert stehenden Bäume und Knicks der Westküste sprechen eine andere Sprache. Sie müssen zeitlebens gegen die ständigen Winde aus westlicher Richtung wachsen und sind durch diese „Windschur" deutlich nach Osten geneigt. Die aktuelle Situation hingegen lässt auf einen besonders niedrigen Wasserstand hoffen, weil die Wirkung der Ebbe durch den Ostwind verstärkt wird und das Wasser weiter ablaufen kann als gewöhnlich.

Doch die Exkursion ist gefährdet. Watt und Insel sind seit dem frühen Morgen in einen dichten Nebel gehüllt. Wird sich die Dunstglocke rechtzeitig heben? Um 12.44 Uhr ist Niedrigwasser. Gegen 10.30 Uhr blicken wir erwartungsvoll über den Deich bei Groß-Dunsum. Langsam verflüchtigt sich der Nebel, und die Dünen der Nachbarinseln Sylt und Amrum, die eben für das Auge noch nicht existierten, scheinen plötzlich zum Greifen nah. Einer **Wattwanderung** steht nichts mehr im Wege. Ein Kompass oder ein GPS-Gerät in der Tasche und der Funkkontakt (Mobiltelefon) zur Insel bleiben jedoch unsere Lebensversicherung für den Fall, dass wir wider Erwarten in eine Nebelbank geraten, die ohne die entsprechende Ausrüstung leicht zur tödlichen Falle werden kann.

Vorsichtig steigen wir nun die glatten Stufen am Fuße des Deiches hinab direkt ins schlickige Nass. Die bloßen Füße sinken in den weichen Untergrund. Sogleich dringt von unten die herbstliche Kälte durch den ganzen Körper. Schon der nächste Schritt lenkt die Aufmerksamkeit auf eine **Strandschnecke**, deren Gehäuse einen stechenden Schmerz in der weichen Fußsohle hervorruft. Das auf diese Weise alarmierte Auge erblickt sogleich Hunderte, ja Tausende von Strandschnecken, die sich im Bereich um den steinernen Deichfuß aufhalten. Die Mündungen der im Trockenen liegenden etwa 2 cm großen Schneckengehäuse sind von einem kleinen Horndeckel verschlossen, der die Tiere vor Austrocknung schützt. In die Hand genommen und ein wenig geschüttelt, wähnen sich die mit Kiemen atmenden Schnecken von Wellen geschaukelt in ihrem bevorzugten Element und schieben im Zeitlupentempo zuerst die Fühler, dann den ganzen Kopf und schließlich auch den Kriechfuß unter dem Deckel hervor. Auf dem von einem dünnen Wasserfilm bedeckten Wattboden kriechen andere

1 Küstenseeschwalbe mit Sandaal
2 Austernfischer
3 Garnele
4 Scholle
5 Strandschnecke
6 Niesmuscheln mit Seepocken
7 Eikapseln des Rochens
8 Wellhornschneckengehäuse
9 Strandkrabbe
10 Queller
11 Seeringelwurm
12 Wattwurm
13 Schlickkrebs
14 Bäumchenröhrenwurm
15 Herzmuschel
16 Sandklaffmuschel
17 Pfeffermuschel
18 Krabbenkutter

Abb. 38: Querschnitt durch das Watt

Strandschnecken, die dort mikroskopisch kleine Kieselalgen fressen, langsam voran und hinterlassen eine wie von einem Finger gezogene Spur.

Den Kopf hebend erblicken wir mit dem Deich im Rücken vor uns im Westen den knapp 8 km weit entfernten **Hörnumer Leuchtturm**. Weithin sichtbar sind seine beiden breiten roten Bänder, das dazwischenliegende helle weiße Feld und die schwarz bedachte gläserne Turmspitze, die das Leuchtfeuer enthält. Bei dunkler Nacht und klarer Sicht, ist sein Licht fast 40 km weit zu sehen. Das Seezeichen soll heute auch uns den Weg weisen, und die Kälte abschüttelnd schreiten wir in seine Richtung aus.

Nach einigen hundert Metern verweilen wir an einem gut anderthalb Meter hohen **Findling** mitten im Watt. Während der Saale-Eiszeit vor etwa 150 000 Jahren ist er von gewaltigen Gletschern, die bis zu 3 000 m mächtig waren, aus dem skandinavischen Ostseeraum hierher transportiert worden. Mit angehaltenem Atem blicken wir in das klare Wasser, das unterhalb des Steines in einer knietiefen Mulde steht. Unter der Wasseroberfläche besiedeln weiße **Seepocken** das harte Substrat. Aus ihrem Innern schieben sich zwischen beweglichen kleinen Deckplättchen in rhythmischen Bewegungen zarte Fangarme, deren vielzählige Fortsätze kleinste Schwebteilchen als Nahrung aus dem Wasser fischen. Drei **Strandkrabben** haben sich in den Gezeitentümpel zurückgezogen, bis sie sich bei Flut wieder auf die Suche nach leicht zu überwältigender Beute oder Aas machen. Sie sind mit dem „Amt der Gesundheitspolizei" im Watt versehen.

Leicht zittert die Hand, mit der der Gewässergrund abgetastet wird. Zwischen den Fingern entfliehen kribbelnde **Garnelen**, die wohl noch einige Zeit brauchen, um als „Krabben" Verzehrgröße zu erreichen. Dann fällt der Blick auf einen vom Wasser bedeckten Vorsprung am Granitfelsen, der diesem in der rötlich-braunen Farbe mit schwarzen Einsprengseln ähnelt, aber eine viel rauere, zerklüftete Oberfläche aufweist. Schnell wird der steinähnliche kleine Absatz als eine lebende **Auster** bestimmt, die sich hier angeheftet hat. Da aber die Europäische Auster im Nordseebereich schon seit etwa 60 Jahren ausgestorben ist, kann es sich nur um ein Exemplar der vor List auf Sylt gezüchteten Pazifischen Auster handeln, die zudem eine stärker gekrümmte Form aufweist, als ihre europäische Verwandte. Es sieht ganz so aus, als sollte, wie zuletzt Ende der 1970er Jahre mit der Amerikanischen Schwertmuschel, jetzt mit der Pazifischen Auster eine weitere nichteuropäische Weichtierart im Wattenmeer heimisch werden!

Langsam entfernen wir uns immer weiter vom Ausgangspunkt unserer Wanderung, dem **Deich** von Föhr. Rings um uns bietet der Horizont ein Panorama aus Inseldeich, Dünen, Wasser und Watt. Darüber erstreckt sich der Himmel in einer Weite, die im ganzen Körper spürbar wird. Wir durchqueren einen flachen Priel und bemerken gar nicht die sanfte Steigung, die wir auf der anderen Seite nach oben zurücklegen. Kaum vorstellbar ist es, dass hier der Meeresgrund in gut sechs Stunden mehr als zwei Meter unter der Wasseroberfläche liegt.

Wo der **Priel** eine Schlinge bildet, in der bei fallendem Wasser rauschend der Ebbstrom gegen das Ufer prallt, ist die Kante steil und bildet sogar einen kleinen Überhang. Hier wird die Schichtung der Ablagerungen deutlich. Gegenüber dem Prallhang des Steilufers, an dem Abbruch erfolgt, liegt auf der Innenseite der Schlinge der flache Gleithang. Hier setzt sich weicher Schlick ab. Wir sehen an dieser Stelle deutlich eine der Ursachen für die ständige Verlagerung und das Wandern der Priele in seitlicher Richtung und finden eine der Erklärungen dafür, dass gerade im Bereich der Priele oft zäher und weicher Schlick das Fortkommen so beschwerlich macht.

Da taucht vor uns die Wasserkante des nicht passierbaren, über 30 m tiefen **Hörnum-Tiefs** auf. Durch das Fernglas sehen wir südlich von uns in knapp 400 m Entfernung Robben. Zwei **Kegelrobben** lassen sich durch ihre bedeutendere Größe und ihr charakteristisches Kopfprofil von acht **Seehunden** unterscheiden. Vermutlich haben sie uns längst bemerkt, aber durch den großen Abstand fühlen sich die Tiere nicht gestört. Einige Robben befinden sich auch im Wasser vor ihrem Liegeplatz am Steilhang des Tiefs. Schon wollen wir uns wieder abwenden, als plötzlich in kaum 20 m Entfernung eine neugierige Kegelrobbe ihren Kopf aus dem Wasser streckt und uns zu beobachten scheint. Noch einige Meter kommt sie uns entgegengeschwommen, bevor sie abtaucht und das Weite sucht.

Wir nutzen den heute besonders niedrigen Wasserstand und graben mit der Wattforke eine Amerikanische **Schwertmuschel** aus, die häufig in jenen Wattbereichen vorkommt, die bei mittlerem Niedrigwasser nicht trocken fallen. Wo die im Boden lebenden Schwertmuscheln mit der Oberfläche durch ein schmales Rohr, ihren Sipho, verbunden sind, entdecken wir kleine Löcher, in denen Wasser steht. Schnell wird der Wattboden mit der Forke an dieser Stelle ausgehoben. Kaum haben wir eines der schmalen Tiere von etwa 10 cm Länge im Aushub entdeckt, als es sich auch schon wieder einzugraben beginnt. An einer der schmalen Querseiten der Muschel, ihrem Vorderende, erscheint ein weißlicher Grabfuß, der beinahe so lang ist wie die ganze Muschel. In Sekundenschnelle verschwindet er im weichen Sediment. Jetzt richtet sich die Schale wie eine Schranke auf, bis sie senkrecht über dem Boden zu stehen kommt. Noch ein paar Züge und die Muschel ist im Untergrund verschwunden. Wenn wir sie jetzt nicht weiter stören, wird sie auch wieder ihren zuvor eingezogenen Sipho zur Bodenoberfläche ausfahren. Schließlich muss durch das einströmende Wasser Nahrung und Sauerstoff in den Muschelkörper gelangen.

Als wir uns auf den Rückweg machen, entdecken wir einen sterbenden Eidererpel auf einer hoch gelegenen, sandigen Stelle an der Prielkante. Nur kurz hebt er seinen Kopf. Dann lässt er ihn wieder sinken. Sein leuchtendes schwarz-weißes Gefieder glänzt noch ein wenig in der über ihm stehenden vom Dunst verschleierten Sonne. Der Wind, der hier draußen zugenommen zu haben scheint, hat ihn bereits zur Hälfte mit Flugsand bedeckt. Neben uns fliegt ein Trupp eindringlich rufender Austernfischer flach über das Watt und verschwindet.

Trampelkuhlen von etwa 30 cm Durchmesser verraten uns, wo **Eiderenten** ihre Hauptnahrung, die Herzmuscheln, aus dem Boden geholt haben. Immer wieder beobachten wir auch auf der Stelle tretende **Lach-** und **Silbermöwen**, die das gleiche Ziel verfolgen.

Abb. 39: Kegelrobben im Watt

Abb. 40: Silbermöwe

Abb. 41: Watt-Pierwurm

Mitten zwischen den spaghettiförmigen Sandhaufen des Watt-wurmes, Muschelschalen, Fetzen von Blasentang und anderen Überbleibseln aus dem Tier- und Pflanzenreich liegt eine trocken gefallene große **Wurzelmundqualle**. Ihr glockenförmiger Schirm hat den enormen Durchmesser von gut einem halben Meter. Dar-unter erstrecken sich acht wulstig verwachsene Mundarme, die der Qualle ihren Namen eingetragen haben. Ein Blick durch die Öffnungen an der Unterseite des Schirmes ins Innere des Nessel-tieres offenbart uns, dass hier zuckende, gekrümmte Flohkrebse eine Behausung gefunden haben. Da noch Leben in der Qualle zu sein scheint, graben wir so gut es geht ein Loch in den immer wieder nachrutschenden wassergesättigten Sand und legen sie hinein. Dankbar registrieren wir das gleichmäßige Kontrahieren und wieder Ausdehnen des beeindruckenden Medusenschirmes.

Unter unseren Füßen wird der Boden wieder schlickiger. Wir nähern uns dem **Deich**, Ausgangspunkt und Endstation unserer Exkursion. Noch einmal halten wir inne und lauschen. Um uns herum ist die Luft von einem feinen knisternden Geräusch erfüllt. Die Kleinlebewesen des Wattbodens sind es, die zu Mil-lionen durch ihre grabenden und fressenden Aktivitäten ge-meinsam das Wattknistern hervorbringen. Ein platzendes Luft-bläschen allein hätten wir schwerlich wahrgenommen aber die Gesamtheit der Organismen verschafft sich deutlich Gehör.

Von Föhr nach Amrum und zurück

Thilo Christophersen

→ ## Exkursionsroute

Groß-Dunsum – Amrum Odde – Seehospiz – Norddorf – Kniepsand – Norddorfer Vogelkoje – St. Clemens in Nebel – Wittdün

siehe Routenkarte: S. 130/131

1T **Dauer:** 1 Tag

Rundgang

1 ### Groß-Dunsum – Zu Fuß von Insel zu Insel

Zu den beliebtesten Ausflügen an der schleswig-holsteinischen
Westküste zählt zweifellos die **Wattwanderung** zwischen Amrum
und Föhr. An schönen Sommertagen bietet sich am Deichparkplatz von Groß-Dunsum nicht selten ein Bild wie auf einem Volks-
fest. Ganze Busladungen von Menschen, etliche Fußgänger und
Radfahrer sowie die mit dem Auto Angereisten versammeln sich
an dieser Stelle. Denn von hier aus starten die Wanderungen
durch das Wattenmeer von Föhr nach Amrum. Viele der Gäste,
die hierher kommen, wissen schon recht genau, was sie erwartet –
man hat sich erkundigt. Andere irren über den Parkplatz. Sie sind
auf der Suche nach „ihrem" Wattführer. Nach und nach setzt sich
dann Gruppe für Gruppe in Bewegung – auf den Deich zu.

„Wer nach Amrum läuft, muss wissen, dass wir gut zwei Stunden bis dorthin unterwegs sind und dabei an einer Stelle einen
nicht ganz flachen Priel durchwaten müssen", erklärt der Wattführer Kapitän OLUF JENSEN. Doch das Wetter ist gut und der Westwind nicht zu stark. Das ist beruhigend, denn es bedeutet, dass
auch besagter **Priel** heute nicht allzu tief sein dürfte. Spätestens
jetzt orientieren sich die letzten Teilnehmenden um, sofern sie an
der ebenfalls vom Deichparkplatz startenden naturkundlichen
Führung zum **Liinsand** teilnehmen wollen (vgl. Exk. Föhr).

Unterdessen vertieft sich OLUF JENSEN in Erklärungen zum
Ausgangspunkt der Wanderung. Der **Deich** von Dunsum ist der
erste in Nordfriesland gewesen, dessen Fuß auf der Seeseite mit
einer Steinpackung eingefasst wurde. Eine Technik, die sich im
Laufe der Jahrhunderte vielerorts durchgesetzt hat.

Ähnlich wie der Wattenweg zwischen Föhr und dem Festland ist die Strecke zwischen den beiden Inseln eine alte Verbindung, der früher eine wesentliche Bedeutung zugekommen ist. Sein Onkel, erläutert JENSEN, sei noch zu Fuß von Kiel bis nach Hause gelaufen – die letzten 13 km durch das **Watt** zwischen dem Festland und Föhr. Wer weiter nach Amrum wollte, lief die kürzeste Strecke ab Utersum. Hier wurde der Priel im Laufe der Zeit allerdings zu tief, so dass dazu übergegangen wurde, immer weiter nördlich zu starten.

Von nun ab geht es erst einmal weit ausschreitend hinein ins Watt. Nach einer guten dreiviertel Stunde tauchen die hölzernen Überreste eines alten **Wracks** auf. Die ovale Anordnung alter Spantköpfe weist noch deutlich auf die Rumpfform des fast 18 m langen, gestrandeten Schiffes hin. „Das war ein englischer Schoner mit Salpeter, der 1825 an Amrum vorbei hierher ins Watt getrieben ist", weiß OLUF JENSEN.

An dieser Stelle bleibt jedoch nicht viel Zeit, um nach weiteren Einzelheiten oder sonstigen Funden Ausschau zu halten. Wir verlassen den Ort der Strandung und eine Hand voll **Silber-** **möwen** bemächtigt sich wieder des Wracks, um in den Pfützen des zurückgebliebenen Meerwassers nach Nahrung zu suchen.

Amrum Odde

Weiter geht es Richtung **Norddorf**, dem nördlichsten Ort auf Amrum. An der rechten Seite erstreckt sich bereits die Odde, Amrums nördlicher Zipfel. Der Kompass weist mit 220° Süd-Südwest die Richtung. Nach weiteren 45 min erreichen wir den angekündigten Priel. Etwas über einen Meter ist er heute tief.

Nach der Passage ist es nicht mehr weit. Doch mit der Ankunft am Oststrand der **Amrum Odde** ist die Wanderung noch nicht beendet. Von hier aus sind es noch gut 2 km bis nach Norddorf.

Unweit der Stelle, an der der Wattenweg die Insel erreicht, führt ein kleiner Bohlenweg in die Dünen. Hier befindet sich ein Betreuungshäuschen des **Naturschutzvereins Jordsand**. Beim Vogelwart gibt es an regelmäßigen ausgewiesenen Terminen im Sommer Erläuterungen zur Vogelwelt des Wattenmeeres.

Seehospiz

Auf dem Weg durch die **Marsch** nach Norddorf kommen wir an einem mehrstöckigen Holzhaus vorbei, das schon weit draußen im Watt zu sehen war. Türen und Fenster sind verschlossen, so dass es ein wenig unheimlich wirkt. Es ist das erste **Amrumer Seehospiz**. Hier hatte der Pastor und Mitbegründer der Heilstätten für Epileptiker und Geisteskranke von Bethel bei Bielefeld, FRIEDRICH VON BODELSCHWINGH, im Jahr 1890 ein christliches Gästehaus eingerichtet. Es sollte Minderbemittelten die Möglichkeit eines sittsamen Kuraufenthaltes an der Nordsee ermöglichen. Der damalige Amrumer Pastor TAMSEN hatte sich an BODELSCHWINGH mit der Bitte um Hilfe gewandt. Denn was dem Amrumer Geistlichen missfiel, war das Gebaren in Wittdün, wo zu dieser Zeit erste Hotels für den feudalen Fremdenverkehr eingerichtet wurden. Nicht wenige Amrumer standen einer Entwicklung Wittdüns zu einem Kurbad seinerzeit ablehnend gegenüber. Als Negativbeispiele dienten ihnen die Bäder Westerland und Wyk.

„Vater hatte noch niemals den Namen Amrum gehört und wusste nicht, wo es lag. Wir mussten ihm den Atlas herbeibringen und suchen helfen. Da lag denn die geheimnisvolle Insel wie ein einsamer Vorposten im Nordschleswiger Meer". So schreibt GUSTAV VON BODELSCHWINGH, Sohn FRIEDRICHS, in seiner 1922 erschienenen Biographie des Vaters. Er charakterisiert seinen Vater als frommen und gewissenhaften Menschen, der sehr litt unter dem „Strom des Luxus und der Sünde", der seinerzeit

Abb. 42: Erstes Amrumer Seehospiz

durch Fremde auf die ihm besser bekannten Ostfriesischen Inseln gelang. Deshalb sei der Hilferuf TAMSENS bei ihm „auf wohl vorbereiteten Boden" gefallen.

Norddorf

Bis 1911 wurden vier weitere Hospize in **Norddorf** gegründet, die noch heute als **Mutter-Kind-Kurheime** genutzt werden. Die weltliche Entwicklung des Bade- und Ferienbetriebes auf Amrum ließ sich jedoch nicht dauerhaft aufhalten. So eröffnete einer der ersten Gäste im Seehospiz, HEINRICH HÜTTMANN, bereits 1892 das ebenfalls heute noch bestehende **Hotel Hüttmann** im alten Norddorfer Schulhaus, der durch sein „Wirtshaustreiben" zum Gegenspieler BODELSCHWINGHS wurde. Dennoch ist z.B. das gemeinsame Baden von Frauen und Männern auf Amrum erst 1925 gestattet worden. In anderen Seebädern war das schon seit 1906 üblich.

Von Norddorf aus gibt es eine Busverbindung zum Fähranleger nach Wittdün. Es lohnt sich aber nach einer Pause auch, die Insel weiter zu Fuß zu erkunden.

Amrumer Dünenlandschaft und Kniepsand

Über einen vom **Minigolfplatz** an der südlichen Ortsausfahrt direkt nach Westen verlaufenden Bohlenweg gelangen wir in die herrliche **Amrumer Dünenlandschaft**. Mit Strandhafer bewachsene, sandige **Weißdünenhänge** wechseln sich mit in ihrem Windschatten liegenden Heidebereichen ab. In den Tälern liegt den ganzen Sommer über ein würziger, erdiger Geruch in der Luft. Er entströmt dem Boden unter den dunkelgrünen Matten der Krähenbeerenheide. Hier hat sich halb zersetztes pflanz- liches Material angesammelt, so genannter Rohhumus. Er verleiht dem Boden eine dunkle graubraune Farbe, die diesen Bereichen den Namen **Braundüne** eingebracht hat. Wer im August hierher kommt, kann zudem die prachtvolle Blüte der Besenheide bewundern. Ganze Dünentäler sind dann vom Lila der Heideblüten überzogen, und süßlicher Duft vermischt sich mit dem kräftigen Geruch des Untergrundes. Besonders schön blüht die Besenheide in Jahren mit viel Niederschlag. Dann entschädigt sie manchem vom norddeutschen Sommer frustrierten Gast für das „schlechte Wetter" der Vormonate.

Von Norddorf aus erreichen wir zunächst einen von einigen verwachsenen Fichten bestandenen Braundünenbereich. Anschließend führt der Bohlenweg durch ein lang gestrecktes nur spärlich bewachsenes Tal. Es handelt sich um den Übergangsbereich zwischen Braun- und Weißdüne, die **Graudüne**. Hier wachsen neben silbrig-grau-grünen Flechten vor allem die kleinen Horste des Silbergrases. Die Bildung von Rohhumus ist hier noch nicht so weit fortgeschritten wie im Braundünenbereich (vgl. Abb. 6, S. 27).

Dann geht es wieder nach oben. So gelangen wir auf die westlichste, direkt an den Strand angrenzende **Dünenkette**. Mindestens eine frische Brise weht hier oben fast immer und pustet die Sandkörner vor sich her. Vom Bohlenweg ist deshalb nichts mehr zu sehen, und wir stapfen durch tiefen Sand.

Wo der Wind einige **Strandhaferpflanzen** freigelegt hat, offenbart sich uns deren spezielle Funktion. Wir sehen das verworrene Wurzelgeflecht von *Ammophila arenaria*, der „sandigen Sandliebhaberin", so die wörtliche Übersetzung des unzweideutigen wissenschaftlichen Namens aus dem Lateinischen. Wie Messungen ergeben haben, wird die Gesamtwurzel einer einzigen Pflanze dieser spezialisierten Art inklusive aller feinverzweigten Seitenabzweigungen bis zu 40 km (!) lang! Dementsprechend gut wird der lose Sand festgehalten. Da Strandhafer aber sehr trittempfindlich ist, entstehen nur zu schnell jene Trampelpfade, die sich als weiße Bänder durch die Dünen ziehen. So hat der Wind eine neue Angriffsfläche und höhlt oft innerhalb kürzester Zeit ganze Dünenzüge aus. Daher verwundert es nicht, dass auf die ausschließliche Benutzung der gekennzeichneten Wege auf den Düneninseln großer Wert gelegt wird.

Westlich der Dünen erstreckt sich der große Strand von Amrum, der **Kniepsand**. Ursprünglich war er eine südwestlich von Amrum gelegene **Sandbank**, die im Verlauf der letzten Jahrhunderte durch die vorherrschenden westlichen Winde und Strömungen immer weiter nach Osten gewandert ist. Noch in den 1930er Jahren gab es zwischen der Insel und der am südlichen Ende Amrums ansetzenden Sandbank eine Bucht, die als Hafen diente. Dabei hatte sich die Sandbank in Form einer Zange vorgelagert, wodurch es wohl zu dem Namen Kniepsand („Knieper" = Kneifer) gekommen ist. Anders als auf Sylt hat es auf Amrum also auch in jüngster Vergangenheit einen deutlichen Landzuwachs gegeben.

Wie wir heute wissen, lagen im Kniephafen im Mittelalter die Schiffe der Amrumer Heringsfischer. Bis Mitte des 19. Jahrhunderts gab es dort noch Bestände der später infolge von Überfischung in der Nordsee ausgestorbenen Europäischen Auster. Durch die zunehmende Versandung musste der Hafen immer weiter nach Norden verlegt werden. Auch die Norddorfer See-

Abb. 43: Amrumer Dünen- und Heidelandschaft (Besenheide)

brücke, an der seit 1901 die Badegäste anlegten, die von Hamburg über Helgoland und Hörnum kamen, musste in den Jahren 1909 und 1937 jeweils nach Norden verlegt werden, bevor sie schließlich ganz aufgegeben wurde. Die Gäste der mondänen Wittdüner Hotels fuhren damals übrigens von Norddorf mit der Inselbahn weiter bis zum Südende der Insel.

Mitte der 1990er Jahre hat der Kniepsand die Nordspitze von Amrum erreicht. Er hat heute insgesamt eine Länge von etwa 14 km und eine Breite von bis zu 1,5 km. Damit ist er neben den Stränden von Röm und Fanö im dänischen Wattenmeer einer der größten **Strände** in Europa. Hier kann man selbst im Gedränge der Hochsaison weite ungestörte Wanderungen unternehmen. Diese Unbeschränktheit führte dazu, dass sich schon in den 1950er Jahren ein FKK-Bereich etablieren konnte, von dem sich auch die Diakonissen der Hospize nicht stören ließen.

Nahezu 50 verschiedene **Muschel- und Schneckenarten** lassen sich an diesem gewaltigen Strand finden. Ihre Schalen und Gehäuse werden aus der Nordsee sowohl mit der Strömung als auch nach Stürmen in großen Mengen und in bunter Vielfalt angespült. Von den wenige Millimeter großen Wattschnecken bis zu Sandklaffmuscheln, die gut 15 cm groß werden können, ist alles vertreten.

Auf den kleinen Primärdünen am Strand wächst die **Strand-quecke**. Diese Grasart ist eine Verwandte der aus dem Garten als zähes Unkraut mit langen Ausläufern bekannten Kriechquecke. Sie hat damit gerade die richtigen Eigenschaften, um als echte Pionierin den extremen Standort Kniepsand zu besiedeln. Ihr können weder Überflutungen noch Sandstürme oder die pralle Sonne etwas anhaben.

Die Flächen zwischen den Primärdünen sind beliebte Brutplätze der seltenen **Zwergseeschwalbe**. Nur mehr etwa 620 Paare dieser bedrohten Art brüten an den schleswig-holsteinischen Küsten – Tendenz abnehmend. Denn der Hauptkonkurrent der Zwergseeschwalbe um die schönsten Plätze am Strand ist der Mensch, dem sie an fast allen geeigneten Brutplätzen unterliegt. Darum wird auf dem Kniepsand eine Fläche ausgewiesen, die nicht betreten werden soll.

Weiter nach Süden werden die Dünen auf dem Kniepsand immer höher. Es haben sich bereits höhere **Weißdünen** ausgebildet, in denen mit Vorliebe die **Heringsmöwe** brütet. Von der **Silbermöwe** ist sie durch die dunkelgrauen Flügel und die gelbgrünen Beine zu unterscheiden. Heringsmöwen gehören zu den Neubürgern im Schleswig-Holsteinischen Wattenmeer. Seit den 80er Jahren sind sie in Ausbreitung begriffen. Allein von 1991 bis 1994 gab es einen Anstieg von etwa 1 500 auf fast 5 000 Paare an der schleswig-holsteinischen Küste.

Auf der Höhe des **Quermarkenfeuers** gibt es einen Bohlenweg in Richtung der Ortschaft **Nebel**, der sich für den Weiterweg anbietet. Wieder geht es durch die abwechslungsreiche Dünenlandschaft. Wo der Bohlenweg endet, ist der Sand plötzlich merkwürdig grob und mit Steinen durchsetzt. Ein Schild weist auf den Grund dafür hin. An dieser Stelle befand sich eine **mittelalterliche Siedlung**. Reste von mehreren Gebäuden, darunter auch Wohnhäuser, kamen bei Ausgrabungen zu Tage. Die Dünen sind erst nach 1300 auf vorher z. T. landwirtschaftlich genutzten Flächen aufgeweht worden. Der Sage nach wurde auf Amrum seinerzeit ein merkwürdiges Männlein tot aufgefunden. Es wurde begraben, woraufhin sich ein ungeheurer Sturm erhoben haben soll, in dessen Folge die Felder der Amrumer Bauern versandeten und sich die Dünen bildeten. Erst nachdem der inzwischen als Wassermann identifizierte Fremde wieder ausgegraben und dem Meer übergeben wurde, legte sich das Unwetter. Die Dünen waren jedoch entstanden, die Lebensgrundlage zerstört.

Der tatsächliche Verlauf der Dünenentstehung ist bislang nicht vollständig geklärt. Der Sand stammt vermutlich von einst westlich in der Nordsee vorgelagerten **Geestkernen**, die durch

Abb. 44: Schwertmuscheln am Amrumer Strand – Weiße Bohrmuschel auf Rippelmarken bei Niedrigwasser

Verwitterung und den Einfluss des Meeres nach und nach abgetragen wurden. Werden durch den Wind gelegentlich Dünentäler freigeweht, kommen immer wieder Spuren des alten Amrumer Kulturlandes aus dem Mittelalter an die Oberfläche.

Die Norddorfer Vogelkoje – Enten in Dosen 6

Hinter dem nächsten Dünenzug erstreckt sich der Blick auf den **Waldgürtel** der Insel. Amrum ist, bezogen auf die Gesamtfläche, die waldreichste Nordseeinsel. 10 % seiner Fläche sind mit aufgeforstetem Wald bedeckt. So kann man auch bei Wind und Wetter weitgehend geschützt die ganze Insel der Länge nach erwandern oder abradeln. Die Bäume und Büsche der vor uns liegenden **Norddorfer Vogelkoje** gehören zu den ältesten der Insel. Sie wurden 1866 gepflanzt, als die Vogelkoje angelegt wurde. Hier entstand ein Bereich, der **Wildenten** zum Verweilen auf dem Kojenteich anlockte. Dieses einen Hektar große Gewässer befindet sich in der Mitte des Gehölzes. Heute wird es v. a. von **Möwen** aufgesucht. Sie genießen es sichtlich, zur Abwechslung einmal in Süßwasser baden zu können. Von den vier Ecken zweigen die so genannten Pfeifen ab, kleine Kanäle, in die die Enten durch ein spezielles Futterangebot sowie zahme Vögel, die als Köder dienten, gelockt wurden. An ihren Enden befanden sich Reusen, in denen die Enten schließlich gefangen wurden. Dann wurden sie vom Kojenmann durch einen gezielten Genickbruch, das „Ringeln", getötet.

420 000 Enten wurden in der Norddorfer Vogelkoje auf diese Weise bis zum Jahr 1937 gefangen. Ein großer Teil der erbeuteten Enten wurde zeitweilig sogar in einer Konservenfabrik in Norddorf weiterverarbeitet.

Auf Föhr gibt es noch heute sechs Vogelkojen, von denen zwei sogar noch in Betrieb sind. Maximal 800 **Stockenten** dürfen hier pro Jahr gefangen werden, um diese kulturhistorisch besondere Form der Jagd nicht ganz in Vergessenheit geraten zu lassen.

7 St. Clemens in Nebel – Bethaus als Wechselstube

Von der Vogelkoje ist es durch den Wald nicht mehr weit bis nach **Nebel**. Der Kirchturm lädt uns schon von weitem zur Besichtigung der Amrumer **St.-Clemens-Kirche** ein.

Auf eine originelle Idee für seine von Touristen stark frequentierte Kirche verfiel Pastor HENNING KIENE auf Amrum. Im Eingangsbereich der Kirche stand einige Jahre neben dem traditionellen **Opferstock** für Spenden ein Korb mit Geld zur Selbstbedienung. In dem Korb lagen Münzen und Scheine fremder Währungen. Dänische Kronen fanden sich dort neben Schweizer Franken und italienischer Lire. Viele Gäste nahmen das Angebot an und spendeten im Gegenzug in deutscher Währung. So konnte sich Pastor KIENE das aufwendige Wechseln bei der Bank sparen. Münzen wurden dort sowieso nicht getauscht, und auch so manche übrig gebliebene Reichsmark fand sonst keine Verwendung mehr. Dafür, dass die Amrumer Kirche nicht zum Umschlagplatz für Numismatiker wurde, sorgte ein Schild mit der Bitte, den Obolus in der handelsüblichen Währung zu entrichten.

Die Kirche **St. Clemens** stammt aus der Zeit um 1200. ST. CLEMENS war einer der ersten Bischöfe Roms und ist der Schutzheilige für die Küstenbewohner. Die Geschichte von Amrumer Generationen aus 800 Jahren wird in der vielfältigen **Ausstattung** anschaulich. War die Kirche nach ihrem Bau noch eher karg ausgestattet, wurde sie während der folgenden Jahrhun-

Abb. 45: St.Clemens in Nebel

derte mit Einrichtungsgegenständen aus den unterschiedlichen Epochen gefüllt. Ältester Gegenstand ist der **Taufstein**, der durch seine Größe an die frühere Sitte der Taufe durch Eintauchen erinnert.

Die Geschichte der Kirchen in Nordfriesland ist immer auch die Geschichte der **Sturmfluten** (vgl. Exk. Kirchen). Allein während der „Ersten Großen Mandränke" im Jahr 1362 gingen ungefähr 50 Kirchen unter. Den Aufzeichnungen zufolge kamen bei jener Sturmflut 7600 Menschen um. Die Überlebenden mussten sich nicht zuletzt ein neues Gotteshaus bauen, oder aber sich einem bestehenden Kirchspiel anschließen. Eine Katastrophe mit ähnlichem Ausmaß war die „Zweite Große Mandränke" 1634. Zu dieser Zeit stand auf Amrum gerade Pastor FLOR im Dienst der Gemeinde. Die Gemeinde, in der er bis 1629 tätig gewesen war, ging bei der Mandränke unter. Aus Dankbarkeit für seine Rettung sammelte er Geld für einen neuen **Altar**, der noch heute mit der Abendmahlsdarstellung im Mittelbild zu bewundern ist.

Auch die **Apostelgruppe** an der Südwand steht im Zusammenhang mit der Sturmflut von 1634: Sie stammt vermutlich aus einer damals aufgegebenen Kirche. Aus der Zeit des Walfangs sind zwei der drei **Kronleuchter** überliefert, die 1671 von Amrumer Kapitänen gestiftet wurden. Sie hatten übrigens bei RICARDUS PETRI auf Föhr Unterricht in Navigation und Mathematik. Die Apostelbilder an der Westempore und die einer Marmorbrüstung nachempfundene Bemalung stammen aus dem 18. Jahrhundert. Sie dokumentieren den relativen Wohlstand auf Amrum zurzeit der Handelsschifffahrt.

8 Wittdün

Nach dem Besuch der Kirche wird es höchste Zeit, einen Blick auf die Uhr zu werfen, um nicht das letzte Schiff von **Wittdün** zurück nach Föhr oder Richtung Festland zu verpassen. Ist noch Zeit genug vorhanden, empfiehlt sich ein Abstecher zur **Aussichtsplattform** in die Nebeler **Salzwiesen**. Von hier aus eröffnet sich ein besonders schöner Blick über das **Watt** zwischen Amrum, Föhr und den Halligen. Von Nebel nach Wittdün sind es an der Ostküste entlang des eiszeitlichen **Steenodde-Kliffs** und der **Wittdüner Marsch** noch etwa 5 km Fußweg, die in einer guten Stunde zurückgelegt werden können. Anzumerken ist allerdings, dass der Weg südlich der Ortschaft Nebel bei Flut auf einem kurzen Stück nur schwer oder nassen Fußes passierbar ist.

Abb. 46: Wittdün auf Amrum (Blick nach Osten)

Abb. 47: Der Tonnenhafen zwischen Wittdün und Steenodde

Hallig Hooge – Perle der Nordsee

Dirk Lehmann

➜ Exkursionsroute

Fähranleger – Deich bei Backenswarft – Schleuse und Hafen – Kirchwarft – Ockelützwarft – Mitteltritt und Lorenzwarft – Hooger Watt – Hanswarft

3h **Dauer:** ca. 3 h

„Hooge ist ein weiches Land ohne Steine und ohne Quellen. Gemessen an der langsamen Vergänglichkeit eines Gebirgszuges, eines Tales oder eines einzigen Steines, ist Hooge nur ein flüchtiges Schwemmland, das heute in der Brandung liegt und morgen wieder verschwunden ist."

C. RANSMAYR

Abb. 48: Exkursionsroute 4 Hallig Hooge

Abb. 49: Vor dem Sturm

Überblick ◀

Unsere Exkursion über die bekannteste aller Halligen gibt einen Einblick in dieses Relikt vergangener Landschaft, die einst die gesamte Region prägte und heute einmalig in der Welt ist – in das Land aus Torf, Schlick und Sand, aus Resten versunkener Marsch- und Moorlandschaften, das dem Meeresspiegel zu nahe geblieben ist, um den Namen einer Insel zu erfüllen (nach RANSMAYR 1999).

   Kühle Sommer und milde Winter, die für die Nordfriesischen Inseln typisch sind, prägen das Leben auf der Hallig noch viel stärker als auf dem Festland. Der kontinuierliche Seewind, der durch die Temperaturunterschiede zwischen Festland und Meer verursacht wird, ist ein stets gegenwärtiges Element in dieser weiten Gegend: In Stürmen, bei denen das Meer einige Male im Jahr das Land in Besitz nimmt, werden Geschwindigkeiten von 130 km/h und mehr erreicht. Auf den Warften der Halligen und noch bis hinein in die Köge des Festlandes ist die vorherrschende Westwindrichtung an der markanten Windschur der Bäume zu erkennen. Ein raues Klima, an das sich die Menschen jedoch angepasst haben und das sie ausgehalten haben auf diesem Vorposten im Meer. Bevor wir die Exkursion

Abb. 50: Hooge und Japsand – Blick nach Westen

der vertiefenden Einblicke in die Halliglandschaft, ihre Geschichte und ihre Bewohner beginnen, zunächst einige grundsätzliche Informationen zur Halligwelt.

Land und Meer – Landschaftsentwicklung

Vor weniger als 5000 Jahren, als die Ostküste Schleswig-Holsteins weitgehend schon ihre heutige Gestalt hatte, begann die Ablagerung von Schlick vor der **Geestkante** im Westen durch die Gezeiten der steigenden Nordsee. Die Sedimente wuchsen zur **Marsch** auf. Da das Land sehr fruchtbar war, wurden die Marschen besiedelt. Um sich vor den Hochwassern zu schützen, bauten die ersten Marschbewohner ihre Häuser auf Erdhügeln, den **Warften**. Vor etwa 1000 Jahren begann der **Deichbau** (vgl. Kap. Küstenschutz). Während südlich der Eider in Dithmarschen kontinuierlich Land dazu gewonnen wurde, eroberte nördlich der Eider im heutigen Nordfriesland die Nordsee große, ehemals „landfeste" Gebiete zurück. Noch im frühen Mittelalter, als die **Friesen** das Land besiedelten, soll sich eine Nehrung von Sylt bis St. Peter-Ording gezogen haben. Hinter den Geestkernen von Sylt und Amrum lagen Marschen und Moore.

Die durchgängige **Besiedlung** erfolgte aufgrund des sehr jungen geologischen Alters ebenfalls erst in den letzten Jahrtausenden. In vor- und frühgeschichtlicher Zeit war die Geest mit ihren lockeren und leicht zu bearbeitenden Sandböden bevorzugter Siedlungsraum. Der Anstieg der Bevölkerungszahl auf der Geest veranlasste die Menschen, auf den trockenen, höher gelegenen Gebieten der Marsch und den Strandwällen zu siedeln. Um die erste Jahrtausendwende erfolgte die Einwanderung von **Friesen**, die von Südwesten her zunächst die äußeren Seemarschen, die so genannten **Uthlande**, besiedelten (vgl. Kap. Geschichte). Wegen der geringeren Torfmächtigkeit dieses Gebietes konnten die Häuser hier auf Erdhügeln, den Warften, gebaut werden. Bei dem Bau von **Warften** wurden Torf-, Klei- und Mistauflagen in mühseliger Arbeit zu künstlichen Hügeln aufgetragen, welche im Laufe der Zeit kontinuierlich durch immer neue Auftragungen erhöht wurden. Der geplante **Deichbau** setzte seit dem 11. Jahrhundert ein. Da die einfachen und niedrigen Deiche jedoch noch häufig brachen, blieb der Bau von Warften parallel dazu erhalten.

Neben der Landwirtschaft war im Mittelalter die **Salzgewinnung** eine wichtige Einnahmequelle. Das Hochmoor, das über längere Zeit in diesem Gebiet gewachsen war, wurde nach Anstieg des Meeresspiegels mit Salzwasser überspült und von der Marsch überlagert. Dabei reicherten sich die Torfschichten mit Salz an. Um dieses Salz zu gewinnen, wurde die obere Schicht der Marsch entfernt und die darunter liegenden Torflagen abgegraben. Der Torf wurde getrocknet, zerkleinert und verbrannt. Die Asche wurde mit Salzwasser versetzt und die Lauge auf der Salzsiederwarft eingedampft. Dieses graue „**Friesische Salz**" schmeckte durch den Magnesiumanteil etwas bitter, war im Mittelalter jedoch ein wichtiges Handelsgut. Abnehmer waren die nordischen Länder, deren Bedarf an Salz zur Fischkonservierung sehr groß war, und die es gegenüber dem teureren Salinensalz aus dem Lüneburger Raum bevorzugten. Als später billigeres Salz aus Frankreich in den Handel kam, trug dieses zum Untergang des Friesensalzes bei. Die durch den **Torfabbau** bedingten Landerniedrigungen und Gräben, die Folge der Eingriffe in die Landschaft waren, verschärften teilweise die Zerstörungen bei den großen Mandränken. Einbrechende **Sturmfluten** überschwemmten weite Teile des Landes und machten sie für eine weitere Besiedlung unbrauchbar.

Um 1300 begann mit der „Ersten Marcellusflut" eine Reihe historisch überlieferter Sturmfluten, welche in den Jahren 1362 und 1634 („Mandränken") ihren Höhepunkt fanden und die aus den bis dahin locker zusammenhängenden Gebieten eine Inselwelt entstehen ließen (Abb. 15, S. 53). Allein 1362 gingen große Landgebiete von rund 100000 ha verloren.

Durch die winterlichen Überflutungen sind die Böden und die Vegetation der **Salzmarsch** über weite Bereiche kaum differenziert. Die Überflutungen führen auf den Halligen zu einer leichten Aufschlickung und daraus folgend zu einer Erhöhung.

Die **Sturmflut** 1825 war für die Halligen mit großen Verlusten verbunden. Viele Menschen sind heimatlos geworden, ihre Häuser wurden zerstört, das Land mit Schlick, Sand und Muscheln bedeckt. Eine Emigrationswelle auf das Festland und die sicheren Geestinseln waren die Folge. Für größere Schutzbauten fehlten den zurückgebliebenen Bewohnern die finanziellen Mittel.

Der dänische König überzeugte sich an Ort und Stelle von den katastrophalen Verhältnissen, so dass eine Spendenaktion folgte, um die Menschen auf den Halligen zu halten und diese unsichere Heimat wieder aufzubauen – als Wellenbrecher für die Festlandsküste. Seit der Flut von 1825 ist die Erhaltung der **Halligen** staatliche Aufgabe. Obwohl die ersten Pläne für größere Küstenschutzprojekte nur sehr langsam durchgesetzt und Kriege und der Wechsel des Gebietes von Dänemark zu Preußen ebenfalls zu Verzögerungen führten, konnten die **Küstenschutzprojekte** im Wesentlichen verwirklicht werden. Einige Halligen wurden mit **Dämmen** an das Festland gebunden, um Umströmungen bei Flut zu verhindern und Anlandungen zu fördern. Für die Entwässerung des Halliglandes nach Überflutungen wurden **Siele** gebaut durch deren massige Tore das Wasser wie aus einer Badewanne abfließen konnte. Die Einfassung besonders gefährdeter Halligkanten mit Steindeichen schützte vor weiteren Abbrüchen. Hooge erhielt zu Beginn des Jahrhunderts einen Sommerdeich, der die Hallig vor kleineren Sturmfluten schützt.

Die nordöstlich von Hooge gelegene Hallig **Oland** wurde durch einen Damm mit dem Festland verbunden. Dieser ist in den Jahren 1897 bis 1899 um 3,5 km nach **Langeneß** verlängert worden. Die Dämme, die seitlich durch **Lahnungen** gesichert sind, sollen die Aufschlickung und damit die Verlandung zwischen Norder- und Süderaue begünstigen. Seit 1928 kann dieser Damm sogar mit einer Lore befahren werden, die auch bei stärkeren Windverhältnissen die Verbindung zum Festland garantiert.

Ende der 1920er Jahre gab es Überlegungen, einen fast 60 km langen Damm nach dem Vorbild des holländischen Zuiderzeeprojektes von Sylt bis nach Eiderstedt zu bauen. Da die Folgen des gewaltigen Projektes für die Küste nicht absehbar waren, kam es jedoch niemals über das Planungsstadium hinaus. Die

Sturmflut von 1953, die sich besonders in Holland verheerend ausgewirkt hatte, war Anlass, auch die **Hochwasserschutzmaß-nahmen** auf den Halligen neu zu überprüfen: Sämtliche Warften mussten erhöht werden, rund drei Viertel aller Gebäude waren sanierungsbedürftig und entsprachen nicht den Anforderungen.

Diese Ergebnisse riefen den „Halligplan" ins Leben, der später als „Programm Nord" weitergeführt wurde und die Erschließung dieser benachteiligten und ärmeren ländlich geprägten Region Schleswig-Holsteins zur Aufgabe hatte. Die Erhöhung der **Warften** hatte höchste Priorität, das Abflachen der Halligböschungen und der Einbau von sturmflutsicheren Schutzräumen in jedes Haus wurde vorangetrieben, die landwirtschaftliche Nutzung verstärkt subventioniert. Das Sanierungsprogramm begann 1961 und war auf 10 Jahre ausgelegt. Nach der Sturmflut von 1962, die die dringende Notwendigkeit der Hochwasserschutzmaßnahmen unterstrich, wurde das Programm noch intensiver fortgeführt.

Kultur und Fremdenverkehr auf den Halligen

Nach der schweren Flut 1825 rückten die Halligen mehr in das öffentliche Bewusstsein. Sie wurden von Malern und Dichtern entdeckt und bekannt für ihre Weltferne und Einsamkeit. Die heilende Wirkung des Reizklimas machte aus der anfänglich zögerlichen **Tourismusentwicklung** einen Boom, v. a. nachdem die Halligsanierung und die Verbesserung der Infrastruktur durchgeführt worden war.

Noch in den 1950er Jahren waren die Halligbewohner abgeschnitten von Strom und fließendem Wasser, erst 1959 wurde Hooge an die **Stromversorgung** des Festlandes angeschlossen. Die Stromleitung führt von der Insel Pellworm – die schon während des zweiten Weltkrieges eine Stromversorgung bekam – auf die Hallig. Als Brennstoff wurde in früheren Zeiten der Viehdung verwendet. Im Frühjahr waren die Halligleute mit der „**Dittenfabrikation**" beschäftigt. Der während des Winters gesammelte Dung wurde in einer etwa 10 cm dicken Schicht auf der Warft ausgebreitet, festgetreten und gestampft, so dass eine glatte Oberfläche entstand. Zwei bis drei Wochen später wurden aus der festen Masse quadratische Platten ausgestochen. Die trockenen und völlig geruchlosen Ditten dienten zur Hausfeuerung.

Ein weiterer wichtiger Schritt für den Fremdenverkehr war die Versorgung der Hallig mit **Trinkwasser**. Seit 1963 kommt es durch eine Fernwasserleitung vom Festland. Die Wasserversorgung war immer ein besonderes Problem auf den Halligen. Da das Grundwasser salzig ist, musste man auf Oberflächenwasser zurückgreifen. Es wurde vom Dach aus in den Sod geleitet. Vom Sod, der Ähnlichkeit mit einer übergroßen Amphore hat, ragte nur der durch eine Luke abgedeckte Sodhals aus dem Boden heraus. Im Fething wurde das Tränkwasser für das Vieh aufgefangen. Im unteren Teil war ein Abfluss eingebaut, durch den das bei Sturmfluten eingedrungene Salzwasser wieder abgelassen werden konnte. Heute dienen die Fethinge als Feuerlöschteiche.

Der Fremdenverkehr setzte also in größerem Umfang erst nach Abschluss der Sanierungsarbeiten ein. Die Infrastruktur war erheblich aufgewertet worden, Wege wurden gebaut, die Versorgung mit Strom und Wasser sichergestellt, eine regelmäßige **Fährverbindung** mit dem weitgehend tideunabhängigen neuen Hafen Schlüttsiel geschaffen. In den neuen oder renovierten Häusern wurden Fremdenzimmer ausgebaut und vermietet. Auf dem landwirtschaftlich geprägten **Langeneß**, aber auch auf Hooge, ist der **Fremdenverkehr** zum Nebenerwerb vieler Betriebe geworden. Teilweise wurden landwirtschaftliche Gebäude zu Ferienwohnungen umgebaut. Einen großen Anteil der Besucher stellen die Kurz- und Zweiturlauber sowie Exkursionsgruppen und Tagesgäste dar. Hooge ist mit weit über 150 000 Tagestouristen pro Jahr die Hallig mit dem intensivsten Tagesausflugsverkehr. Dies führte zu einer touristischen Infrastruktur mit mehreren Gaststätten, Schnellimbissen und verschiedenen Andenkenläden.

Sowohl mit den steigenden Touristenzahlen, als auch durch von außen in die Halligwelt getragene Ideen und Ansichten verstärkte sich in den letzten Jahrzehnten in der Bevölkerung das allgemeine Bewusstsein für den **Naturschutz**. Nachdem einzelne Gebiete des Wattenmeeres bereits unter Naturschutz gestellt worden waren, wurde 1985 der **Nationalpark Schleswig-Holsteinisches Wattenmeer** ausgewiesen, um die artenreiche Pflanzen- und Tierwelt zu erhalten und den möglichst ungestörten Ablauf der Naturvorgänge zu sichern, kurz – um Natur Natur sein zu lassen. Doch auch das Watt als Lebens- und Wirtschaftsraum des Menschen, die jahrhundertelange Besiedlung, Fischerei und Landwirtschaft und in jüngerer Zeit auch der Tourismus finden im Nationalparkgesetz Berücksichtigung. Nutzungsinteressen der einheimischen Bevölkerung und der Schutzzweck sind gerecht abzuwägen, und führen immer wieder zu Diskussionen um den Erhalt und die Ausweitung des Nationalparks. So beginnt der Nationalpark nicht auf der Hallig selbst, sondern kurz hinter der Außenkante der Hallig.

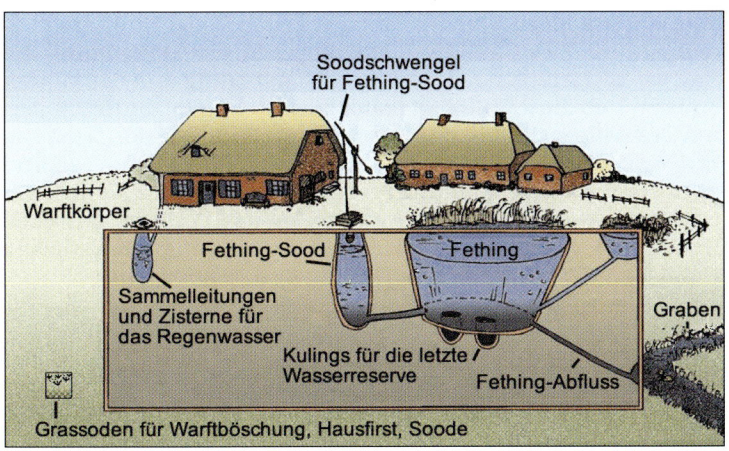

Abb. 51: Querschnitt einer Warft

Rundgang

Fähranleger

1

Wir gelangen mit der **Fähre** entweder über den kleinen Hafen Schlüttsiel vom Festland aus nach Hooge oder stechen von Hörnum auf Sylt oder Wittdün auf Amrum in See.

Schon auf dem Schiff sieht man bei gutem Wetter die „Perlenkette" der Warften, die sich trotz ihrer geringen Höhe weit sichtbar aus dem flachen Meer erheben. Schnell kommen sie näher und man gelangt an den modernsten Hooger **Anleger**, der eine weitgehend tideunabhängige Ankunft garantiert. Bei extremen Niedrigwasserständen kann es schon einmal passieren, dass die Fähre zum Schlickrutscher wird und sich die letzten Meter durch das offen liegende Watt pflügt. Willkommen auf Hooge!

Während sich im Winter nur wenige Menschen am Anleger versammeln und nur die kleinen Schiffe die Hallig anlaufen, um den Bewohnern die Verbindung zum Festland zu ermöglichen und die Versorgung aufrechtzuerhalten, tummeln sich hier im Sommer manchmal Hunderte von Besuchern. Sie werden von den vielen Fähren „ausgespuckt", um sich im „goldenen Dreieck" zwischen Backenswarft, Hanswarft und Kirchwarft ein Bild von der Halligromantik zu machen, vom Leben fern der Großstadt, von einem eigentümlichen Mikrokosmos, dem Leben mit dem und im Meer. Vom Anleger zur ersten Warft ist es ein **Fuß-marsch** von etwa fünf Minuten. Wenn man ein wenig länger am Anleger gewartet hat, wird es hier wieder ruhig und die Möwen erobern sich die Pfähle und Poller zurück. Es gibt auf Hooge drei weitere **Anlegestellen**: den geschützten Hafen in der Nähe der Kirchwarft, den Anleger am Landesende im Osten – benannt nach einem weitgehend untergegangenen Flurstück südlich der Ockenswarft und bis 1965 Anleger für das Postboot zwischen Hooge und Pellworm – sowie eine Anlegestelle am östlichen Halligufer, den so genannten Eiwall.

2 Deich nördlich der Backenswarft

Entlang des **Sommerdeiches** laufen wir direkt am Wasser in Richtung Hooger Hafen. Der Sommerdeich wurde Anfang des 20. Jahrhunderts (1911–1914) zum Schutz gegen die Sommer-fluten gebaut, um ein Landunter in dieser für die Landwirt-schaft, wichtigen Zeit zu verhindern. Mit 11100 m Länge und einer Basis aus Granit und Basalt bietet er einen wirksamen Schutz des Hooger Ufers. Nur im Winter gelangt das Meer ins Halliginnere. Das Wasser dringt jedoch nicht zuerst von der Luvseite im Westen ein, sondern findet seinen Weg zunächst über den niedrigeren Ostdeich, der mit 2,75 m Höhe über NN 50 cm tiefer liegt als der Westdeich. Der Grund dafür ist, dass das Wasser gegen den Sturm aufläuft und somit die Erosions-schäden beim Auflaufen gering gehalten werden. Wenn dann bei weiter ansteigender Flut die Wellen auch aus dem Westen in die Hallig eindringen, fließt dieses Wasser auf die schon ge-füllte Hallig.

Auf dem Deich lassen sich Überreste von Krebsen sowie Speiballen der Möwen finden. Im Halliginneren sind verschie-dene Limikolen, Gänse und Enten zu beobachten. Austern-fischer, Fluss- und Küstenseeschwalben sowie Brandgänse, aber auch seltene Arten wie Grünschenkel und Säbelschnäbler sind in dieser Region heimisch.

Im Frühjahr und Herbst wird es hier und auf den **Fennen** der gesamten Hallig enger. Hooge ist dann Tankstelle und Motel, wird zum Rastgebiet für über 20000 **Ringelgänse**, die auf der Durchreise zwischen Sibirien und Frankreich sind. Rund 20% des Weltbestandes der Ringelgänse rasten in den Monaten April und Mai auf den beiden Halligen Langeneß und Hooge. Seit 1998 wird ihre frühsommerliche Rast mit den **Ringelganstagen** ge-feiert, die ganz den gefiederten Freunden gewidmet sind.

Abb. 52: Ringelgänse auf Hooge

Abb. 53: Ablaufendes Wasser nach einer Sturmflut – Blick auf Backenswarft

3 Schleuse und Hafen

Nach knapp einem Kilometer gelangen wir an die Hooger **Schleuse**, Entwässerungsgarantie bei Landunter und Treffpunkt für ausgelassene Sommerfeste. An drei weiteren Stellen wird Hooge nach einer Sturmflut bei Landunter durch so genannte **Siele** entwässert. Erst Ende des letzten Jahrhunderts ist ein großes **Sieltor** nordöstlich des Anlegers gebaut worden. Das Wasser verbleibt dennoch bis zu zwei Tage im Halliginneren (vgl. Abb. 53, S. 167).

Hier, im **Hafen** der Hallig, legen regelmäßig der letzte Hooger Fischkutter mit seinem Beifang sowie die kleinen Schiffe des Amt für ländliche Räume Husum (ALR) an, die Material für Deichverstärkungen und Warfterhöhungen anlanden. Im Sommer finden auch kleine Yachten und Segelboote ihren Weg in das kleine Hafenbecken – von hier aus starten sie wieder, um das Wattenmeer zu erkunden. Der Hooger Hafen ist tideabhängig, das heißt die Ebbe hindert die Schiffe daran, nach Belieben ein- oder auszulaufen. Wenn er trocken fällt, erobern die **Limikolen** den trocken gefallenen Wattboden, und an der Schleuse gehen **Seeschwalben** auf Nahrungssuche. Der tideunabhängige Anleger ist heute in dieser Hinsicht ein sicherer Hafen für die Hallig geworden. Vom Hafen an der Schleuse sind es nur wenige Meter zur nächstgelegenen Warft, auf der das älteste Haus der Hallig zu finden ist.

4 Kirchwarft

Die vielen Kirchen, die es einst in den Uthlanden gab, sind zum großen Teil den **Sturmfluten** zum Opfer gefallen. Auch die einstige Hooger Kirche ist in der Flut von 1362 untergegangen, im selben Jahr, in dem auch das sagenumwobene Rungholt versank. So mussten die Halligbewohner über lange Jahrzehnte das Pellwormer Gotteshaus nutzen – ein langer Fußweg durch das Wattenmeer. Durch die Verbreiterung des Priels, dem heutigen **Rummelloch**, welches Pellworm und Hooge voneinander trennt, wurde auch diese Verbindung vom Meer aus der Hooger Welt radiert.

Die Hallig erhielt um 1600 einen eigenen Geistlichen. Die Sturmflut des Jahres 1634 zerstörte die Insel **Alt-Nordstrand** und zerbrach sie in zwei Teile (vgl. Abb. 15, S. 53), deren Überreste heute als Pellworm und Nordstrand bekannt und erhalten geblieben sind. Wieder fielen Kirchen den Fluten zum Opfer, so auch die Kirche von Osterwohld, die erst zehn Jahre zuvor auf Alt-Nordstrand neu errichtet worden war. In den Jahren 1634–1642 wurde die heutige Hooger **Kirche** aus dem Baumaterial von **Osterwohld** errichtet. Backsteine, Gestühl, Kanzel und auch das Chorgitter sind nach Hooge transportiert und gerettet worden. So ist das **Inventar** der Kirche heute älter als der Kirchenbau selbst, nachzulesen an der ersten Bankwange, die auf das Jahr 1624 datiert ist. Auch andere Gegenstände in der Kirche zeugen vom Kulturgut der Halligen und bieten Einblick in die wechselhafte Geschichte von diesem Land ohne Boden. Die Kanzel aus der Spätrenaissance ist ein Artefakt aus der Werkstatt des Flensburger Meisters RINGELING und erinnert an die Zeiten, in denen die Seefahrt eine große Bedeutung für die Halligbewohner hatte – als die Hooger auf Walfang gingen und einen gewissen Reichtum und Ruhm in die Halligwelt brachten. Auch die Kanzel des Nieblumer Friesendoms stammt von dort. Eines der Fenster neben dem Altar zeigt Petrus, der in den Fluten zu versinken droht und Hilfe suchend seine Hand zu Jesus ausstreckt, ein Symbol für die Hallig selbst, wo der Glaube der Menschen im Verlauf der Jahrhunderte durch immer wieder einbrechende Sturmfluten auf eine harte Bewährungsprobe gestellt wurde.

An der Decke hinter dem Eingang hängt das Modell der Fregatte, welches die Hooger dem dänischen König FREDERIK VI. schenkten, nachdem dieser die Hallig im Jahre 1825 besucht und umfassende Hilfe gewährt hatte.

Abb. 54: Winterlandschaft auf Hooge – Kirchwarft

Der **Boden** der Kirche liegt tiefer als der umgebende Warftboden, und besteht aus Sand, der bei Sturmflut einen natürlichen Abfluss bietet. Die Kirchwarft ist umgeben von einem kleinen **Schutzdeich**, der bei Landunter ein Volllaufen der Warft verhindern soll.

Bei einigermaßen guter Sicht ist vom Warfthang der Kirchwarft aus die im Südwesten von Hooge gelegene Hallig **Norderoog** zu sehen. Auf ihr befinden sich zwei auf Pfählen gebaute Container, die so vor Hochwasser geschützt sind. Hier verbringt der Vogelwart seinen Sommer. Neben Zehntausenden von Seevögeln leisten ihm für einige Wochen Jugendliche aus verschiedenen Ländern Europas Gesellschaft, um durch den Bau von **Lahnungen** dem Abbruch der Halligkante und damit dem Verschwinden der **Vogelhallig** entgegenzuwirken. Neben der Sandinsel Trischen im Dithmarscher Wattenmeer beherbergt Norderoog die einzige **Brandseeschwalbenkolonie** Schleswig-Holsteins. Nach der großen Sturmflut von 1825 wurde Norderoog von seinen Bewohnern verlassen. Bis dahin hatte es auch dort noch eine bewohnte Warft gegeben.

5 | Ockelützwarft

An befestigten Prielkanten vorbei führt uns der Weg zur **Ockelützwarft**. An deren Südkante steht die **Halligschule**, in der zwei Lehrer heute jeweils die erste bis vierte und die fünfte bis neunte Klassenstufe unterrichten. Wir wenden uns nach Westen, auf den Amrumer Leuchtturm zu, auf die ruhigen Pfade jenseits der Besucherströme.

6 | Mitteltritt und Lorenzwarft

Die aus den ehemaligen Warften Lorenzwarft und Mitteltritt 1966 zusammengelegte Warft ist die einzige **Doppelwarft** auf Hooge. Hier ist einer der beiden letzten **Halligbauernhöfe** zu finden. Im Hofladen der Familie Binge kann man sich mit Halligspezialitäten und anderen nordfriesischen Spezialitäten eindecken. Allein Hartwig Binge auf Mitteltritt und Hauke Ketelsen auf der Hanswarft gehen noch immer der Vollerwerbslandwirtschaft nach, soweit dies auf einer Hallig möglich ist. Denn die Bedingungen lassen als landwirtschaftliche Nutzung auf den Halligen nur die **Weidewirtschaft** zu. Ackerbau ist wegen der häufigen Überschwemmungen mit Salzwasser nicht denkbar.

Das Land war früher Gemeinbesitz. Es wurde zwischen **Fennen**, dem Weideland, und **Meedeland**, welches zur Heugewinnung diente, unterschieden. Bis in die 1930er Jahre hinein galt auf Hooge in modifizierter Form die Wirtschaftsverfassung der **Allmende**, bei der das Land warftenweise aufgeteilt wurde. Die Warften bildeten Interessensgemeinschaften, **Bohl** genannt, die sich das Weideland und die Flächen für die Heugewinnung teilten und die Fennen gemeinsam beweideten. Jedes Bohlmitglied besaß ideelle Anteile am Weideland. Diese Anteile wurden in „Notsgras" gemessen, die Grasmenge, die ein Rind (Not) zum Leben benötigt. Ein Rind entsprach dabei vier Schafen oder sechs Kälbern.

Das **Meedeland** wurde zu Beginn der Heuernte in einzelne **Schifften** (Abschnitte) aufgeteilt, die sich streifenartig über das Meedeland zogen. Durch diesen Wechsel hatten die Bohlmitglieder in den Jahren mal Flächen minderer und mal Flächen höherer Qualität zur Bewirtschaftung. Diese Wirtschaftsform ermöglichte, dass bei Landverlusten der Hallig alle Bohlmitglieder gemeinsam betroffen waren, auch wenn die Warften unterschiedliche Landverluste hatten.

Auf den **Fennen** wurde das Vieh aller Bewohner bis zur Heuernte im Juli und August gehütet. Auf dem Meedeland wurde das Heu als Winterfutter für das Vieh gewonnen, welches jährlich nach einem komplizierten Verteilungsschlüssel neu vergeben wurde. Damit sollte eine gerechte Verteilung der sich durch Landabbrüche verändernden Flächen sowie eine gerechtere Verteilung des qualitativ unterschiedlichen Bodens erreicht werden. Durch die Eindeichung mit dem **Sommerdeich** in den Jahren 1911 bis 1914 wurde der Bestand der Hallig festgelegt, so dass Überschwemmungen seltener wurden. Das Land süßte langsam aus, was ein Vorteil für die **Grünlandwirtschaft** war. Die natürliche Düngung durch Sedimente bei Überflutungen blieb jedoch aus und künstliche Düngung, Unkraut- und Schädlingsbekämpfungsmittel sowie bodenverbessernde Maßnahmen wurden notwendig.

Die Umlegung der **Allmende** musste durchgeführt werden, um dem Einzelnen eine intensivere Bewirtschaftung zu ermöglichen. In den 1930er und 40er Jahren wurde das Halligland privatisiert. Mit Hilfe der Urkunden in den Meedeschifftebüchern und den Bohlsbrüderschaften erhielt jeder Bauer ein eigenes Stück Land, seinen vorherigen Ansprüchen entsprechend. Aus der extensiven Halliglandwirtschaft entwickelte sich immer mehr eine intensive Bewirtschaftung. Der **Viehbestand** verdreifachte sich bei gleichzeitiger Verbesserung der Entwässerung.

Bis Mitte der 1960er Jahre war die Landwirtschaft die Haupteinnahmequelle der Halligbewohner – solange bis der **Fremdenverkehr** immer mehr an Bedeutung gewann. Die Halligbauern verpachteten ihr Land an andere oder betrieben die Landwirtschaft nur noch als Nebenerwerbsbetrieb, etwa in der Betreuung von „Pensionsvieh" vom Festland in den Sommermonaten. Heute fällt die intensive Pferdehaltung für die zahlreichen Kutschen insbesondere im nordöstlichen Bereich der Hallig auf. Von großer Bedeutung für die Landwirtschaft sind die seit 1974 im Rahmen von Programmen der Europäischen Union bewilligten Weideauftriebspläne, die auch den Halligbauern gewährt wurden. Damit sind sie an das „Bergbauernprogramm V" (Almzulage) angeschlossen, das benachteiligte Gebiete finanziell durch Subventionen unterstützen soll. Dies ist ein wesentlicher Grund dafür, dass es überhaupt noch **Landwirtschaft** auf Hooge gibt. Heute sind die meisten ehemaligen Landwirte zum Tourismus übergegangen und betreiben die Landwirtschaft bestenfalls als Nebengewerbe. Die Vorteile liegen auf der Hand: Stallgebäude können effizient als Ferienwohnungen und -zimmer genutzt und allmorgendliche Frühaufstehzeiten weiter in den Tag hineinverlegt werden.

7 | Südwestliches Hooger Watt

Hooge ist klein, sehr klein. Gemessen an der endlosen Weite des Wattenmeeres ist die Hallig nicht mehr als eine Zuflucht auf 54° 34' nördlicher Breite und 8° 33' östlicher Länge, „unter einem Himmel, der manchmal hoch und ungeheuer wird und sich dann wieder jäh herabsenkt und kalt und still und undurchdringlich über dem Land liegt", wie RANSMAYR es treffend formulierte. Um Hooge herum, weit in die Nordsee hinein, liegt das Wattenmeer. Zweimal täglich wird hier der Meeresboden freigegeben – für Momente ist die Hallig dann mit dem Festland verbunden. Seit 1642 hat sie rund 850 ha Fläche verloren (heute hat Hooge eine Größe von 591 ha). Um die Hallig herum liegen dann ehemals besiedelte Landstriche, von den Sturmfluten verschlungene Warften, Fethinge, Torfabbauflächen. Tonscherben und Krüge erinnern an die im Meer untergegangen Siedlungen.

Der Himmel bestimmt die Landschaft. Der Horizont ist die nicht selten mit dem Meer verschmelzende Trennlinie zwischen Luft und Landschaft. Nach Westen und Süden hin ist in der Ferne der goldene Sandschimmer der **Außensände** zu erkennen, die gleichmäßige Linie wird nur unterbrochen vom Amrumer **Leuchtturm** im Westen und von den **Pfahlbauten** der Hallig Norderoog nach Westsüdwest.

Das sich von der Hallig ausbreitende Watt unterteilt sich in den **Salzwiesenbereich** (**Supralitoral**) oberhalb der mittleren Hochwasserlinie, der nur bei Sturmfluten überflutet wird, den Auftauchbereich (**Eulitoral**), zwischen der Uferlinie und der Niedrigwasserlinie, der entsprechend der Gezeiten mit Wasser überdeckt ist oder trocken liegt, und den Unterwasserbereich (**Sublitoral**), unterhalb der Niedrigwasserlinie, der ständig mit Wasser bedeckt ist.

Im Auftauchbereich, den wir nun, so es die Bedingungen zulassen, in sicherer Ufernähe durchschreiten, wird je nach Lage des **Watts** zum Meer und seiner Bodenbeschaffenheit zwischen Sand-, Misch- und Schlickwatt unterschieden. Das **Sandwatt** schließt sich unmittelbar an die Niedrigwasserlinie an. Der Boden hat einen überwiegenden Anteil an Fein- und Mittelsand. Hier hat die Strömung den größten Einfluss auf die Ablagerung, damit wird die Sedimentation von feinem Material unterbunden (vgl. Kap Topographie). Der Sand ist fest gelagert und gut zu begehen. Die Priele sind breit und flach. Das **Mischwatt** liegt im Übergangsbereich zwischen Sand- und Schlickwatt, es kommt auch an Prielmündungen vor. Im Stillwasserbereich der Hochwasserlinie, so auch direkt an den **Lahnungen**, die vom Sommerdeich aus in das Wattenmeer hineinragen, findet man das **Schlickwatt** mit seinem sehr hohen Anteil an Ton und Wasser. Die Transportkraft des Wassers ist hier so gering, dass sich die feinen Schwebstoffe ablagern können und die Oberfläche kaum begehbar machen. Die Priele schneiden sich tief in den Schlick ein. An das Schlickwatt schließen sich der **Verlandungsgürtel** und die **Salzwiesen** im Außendeichsbereich an. Die einzelnen Wattzonen unterscheiden sich hinsichtlich ihrer Trockenliegezeit, der Temperatur, des Sauerstoffgehaltes und der entsprechenden Flora und Fauna.

Um Hooge herum können eine Reihe von Meeressäugern beobachtet werden. So sieht man von Zeit zu Zeit vereinzelte **Kegelrobben**, die ihre Hauptwurfplätze auf Sylt und zwischen Sylt und Amrum auf den Außensänden haben. Weitaus stärker und größer als Seehunde, sind sie von diesen auch durch den langgezogenen Kopf zu unterscheiden. Die regelmäßig anzutreffende Robbenart ist der **Seehund** (*Phoca vitulina*). Sie liegen weit draußen auf den Außensänden und sind nur mit einem starken Fernglas als Punkte am Horizont zu erkennen. In der Zeit von Mitte Juni bis Anfang Juli werden die jungen Seehunde nach einer Tragzeit von 11 Monaten geboren.

Bei der Geburt sind sie ca. 85 cm lang und wiegen um die 8 kg. In der vier Wochen dauernden Säugezeit verdreifacht sich ihr Gewicht, wobei sie eine etwa zentimeterdicke Speckschicht erhalten. In den Sommermonaten ist das nordfriesische Wattenmeer das wichtigste Gebiet für die **Seehundspopulation** der Deutschen Bucht, deren Aufenthalt trotz des **Nationalparks** infolge der Nutzung durch Sportschiffer (wirtschaftliche und touristische Nutzung) mit viel Stress verbunden ist. Nach der Jungenaufzucht von Juni bis August findet die Paarung statt. Während des Aufenthaltes im Wattenmeer verlieren die Tiere einen Großteil ihres Gewichts. Nur eine 15-mm-dicke Speckschicht bleibt, die wichtig zur Erhaltung der Wärmeisolation, als Energiereserve und zur Abwehr von Parasiten und Krankheiten ist. Vom Herbst bis Frühjahr lebt der Seehund in der freien Nordsee. Diese Zeit ist für ihn eine wichtige Fressperiode, von der er den Sommer über zehren muss.

Während seines Aufenthaltes im Wattenmeer sucht der Seehund bei Niedrigwasser in der Regel dieselben Sandbänke auf, so dass man auch von **Seehundsbänken** spricht. Dabei werden bestimmte Anforderungen an die Liegeplätze gestellt. Sie sollten an einem tiefen Priel liegen und ein steiles Ufer haben, so dass den Tieren eine schnelle Flucht möglich ist. Gefahrenquellen für die Aufzucht der Jungen sind vor allem unregelmäßig auftretende Störungen wie Einzelbootfahrer, Tiefflieger oder plötzlich auftretende Wattwanderer. Die Fluchtdistanz der Seehundweibchen und ihrer Jungen ist sehr groß. Durch Störungen werden das Säugen, das nur auf den Sandbänken geschieht, und auch die dringend benötigten Ruhezeiten der Jungen unterbrochen. Können sich die Jungen nicht eine genügend dicke Speckschicht anfressen, werden die Abwehrkräfte herabgesetzt. Dies erhöht die natürliche Säuglingssterblichkeit, die bei 65 % liegt.

Das **Seehundsterben** im Jahre 1988, ausgelöst durch eine Viruserkrankung, verstärkt auf Grund des damals Besorgnis erregenden Zustands der Nordsee und der sensiblen Reaktion der Tiere, raffte in Nordwesteuropa rund 18 000 Tiere dahin. Zuvor kam es zu einer Einwanderung von **Sattelrobben**, die aufgrund von Nahrungsmangel ihren Lebensraum verlassen hatten. Dieses führte zu einer Zuwanderung von Seehunden aus Skandinavien und damit zu einer Überbelegung der Seehundliegeplätze in der Deutschen Bucht. Die Erhöhung der Anzahl der Tiere pro Liegeplatz, Stresserhöhung auf den Liegeplätzen durch die Zuwanderer und der Ausbruch der Infektion verursachten das Massensterben. Inzwischen hat sich die Population wieder auf den Vorseuchenbestand eingependelt. Die zuständige Stelle für Seehundsschutz in Schleswig-Holstein ist die Seehundaufzuchtstation in Friedrichskoog.

Hanswarft

Im Zentrum der größten Hooger Warft scheint die Hallig Festland zu sein. Rund um den zentralen Platz konkurrieren Cafés, Restaurants und die überregional bekannte „T-Stube" um die zahlreichen Touristen. Kein Blick führt von hier auf die Weite des Meeres – vom Wind geformte Bäume, kleine Gärten und Zäune umsäumen einen idyllischen Dorfplatz. Wenn allabendlich der Touristenstrom abgeebbt bzw. der Belagerungszustand aufgehoben ist, kehrt die Ruhe ein, die von Oktober bis April heilsam über der Hallig liegt.

Und nur im Sommer ist eines sicher: Die Flut wird wiederkommen, wenn sich die weiße Flotte der Schiffe aus Schlüttsiel, Amrum, Föhr und Nordstrand am nächsten Tag wieder einfindet und der Kampf um die besten Plätze beginnt. Dann füllt sich auch der Platz auf **Hanswarft** mit Leben, mit den Dialekten tief aus dem Süden, der für die Nordfriesen gleich hinter Hamburg beginnt, aber auch mit jenen aus Dänemark, den Niederlanden und dem europäischen Norden. Die Zahl der Tagestouristen übersteigt die Zahl der Hooger um ein Vielfaches, offiziell bewohnen noch etwa 130 Einwohner die Hallig. Im Sommer steigt diese Zahl durch die häufig nur saisonal Beschäftigten des Gaststättenwesens noch an – eine Flut, die auch der Sommerdeich nicht abhalten kann.

Kommt man von Westen auf die Hanswarft, fällt zunächst das **Wattenmeerhaus** der Schutzstation Wattenmeer mit seiner weißen Bake auf. Hier betreibt die Naturschutzgesellschaft „**Schutzstation Wattenmeer**" ein Seminar- und Fortbildungszentrum, das ganzjährig besetzt ist und überregionale Bedeutung für den Naturschutz hat. Es ist Seminarhaus für Gruppen, beherbergt ein naturkundliches Informationszentrum und seit 1997 eine ökologische Lernwerkstatt. Sein Bestehen geht auf eine Initiative engagierter Naturschützer zurück, die 1962 die Naturschutzgesellschaft mit der Idee gründeten, einen möglichst großräumigen und rechtlich abgesicherten Biotopschutz für das Wattenmeer zu bewirken. Damals wie heute geht es den Mitarbeitern darum, dass der Schutz dieser einzigartigen Landschaft schon im küstenfernen Binnenland beginnen muss. Neben der Ausführung konkreter Schutzaufgaben ist hier ein

Informationszentrum entstanden, welches breite Begeisterung und Engagement für das Ökosystem Wattenmeer erreicht und eine Integrationsfunktion zwischen Halligbewohnern und Außeninteressen innehat. Die Schutzstation hat immer wieder dazu beigetragen, neue Ideen und Kompetenz in die Halligwelt zu bringen und die Öffnung der kleinen Gemeinde am Rande Deutschlands zu fördern. Insgesamt sind 17 Zentren der Schutzstation sowie der Verein „Jordsand" entlang der gesamten nordfriesischen Küste in diesem Bereich tätig und genießen deutschlandweit hohes Ansehen.

Von der Schutzstation aus gelangt man in die **Warft** hinein, rechterhand ein altes reetgedecktes Haus, wo man den Laden von CHRISTA und WERNER BOYENS findet, in dem Aquarelle, Bernsteinschmuck sowie selbst getöpferte Produkte angeboten werden. Das Haus an sich liegt etwas tiefer als der Weg – eine Folge der früheren, regelmäßigen Aufschüttungen, die die Warft vor den immer höher auflaufenden Sturmfluten schützen sollten. Heute wird an den Außenrändern aufgewarftet, Hanswarft hat im Jahr 2001 eine Erhöhung und Erweiterung erfahren.

Weiter im Warftinneren findet man den **Königspesel**, das wohl bekannteste Gebäude der Hallig. Hier übernachtete im Jahre 1825 der dänische König FREDERIK VI., als sein Schiff wegen schlechter Wetterverhältnisse die Hallig nicht rechtzeitig verlassen konnte. Der Pesel ist ganz mit holländischen Kacheln ausgestattet, die neben Schiffsmotiven Szenen biblischer Geschichten darstellen. Im Königspesel kann man auch beide Versionen der friesischen Kachelbilder vorfinden, einmal die einzelne Kachel mit bildlicher oder ornamentaler Verzierung oder das aus vielen Kacheln zusammengesetzte Bild. Die Bemalung ist immer blau auf weiß, wie die berühmten Delfter Kacheln. Das Haus gehörte einst dem Kapitän TADE HANS BANDIX, weshalb die Warft auch Hanswarft heißt. Alles im Hause, vom Mobiliar bis zum gusseisernen Bileggerofen hat man so erhalten, wie es von dem Kapitän und seiner Frau eingerichtet wurde, so dass hier ein hervorragendes Beispiel **friesischer Wohnkultur** zu besichtigen ist.

Auf der Hanswarft endet unsere Halligtour. Mit dem Gefühl, dieses etwas andere Land näher kennen gelernt zu haben, mit der Erkenntnis, dass man hier, weitab des Festlandsrummels, gar nicht so weit von der „modernen" Lebensart entfernt zu sein scheint, und mit der Einsicht, dass die Zeit auf dem Land im Meer doch anders – geruhsamer – verläuft als auf dem Kontinent, verlassen wir Hanswarft in Richtung Anleger und werden bald wieder aufgenommen, um mit der Flut der Menschen zurück ans Festland gespült zu werden.

Husum – Kulturzentrum und Tor zum Wattenmeer

Dirk Lehmann

Exkursionsroute

Marktplatz und Großstraße – Binnenhafen – Kleikuhle – Außenhafen – Ostenfelder Bauernhaus – Neustadt – Schloss vor Husum –
Klosterkirchhof – Englischer Bahnhof

Dauer: ca. 5 h

5 h

Abb. 55: Exkursionsroute 5 Husum

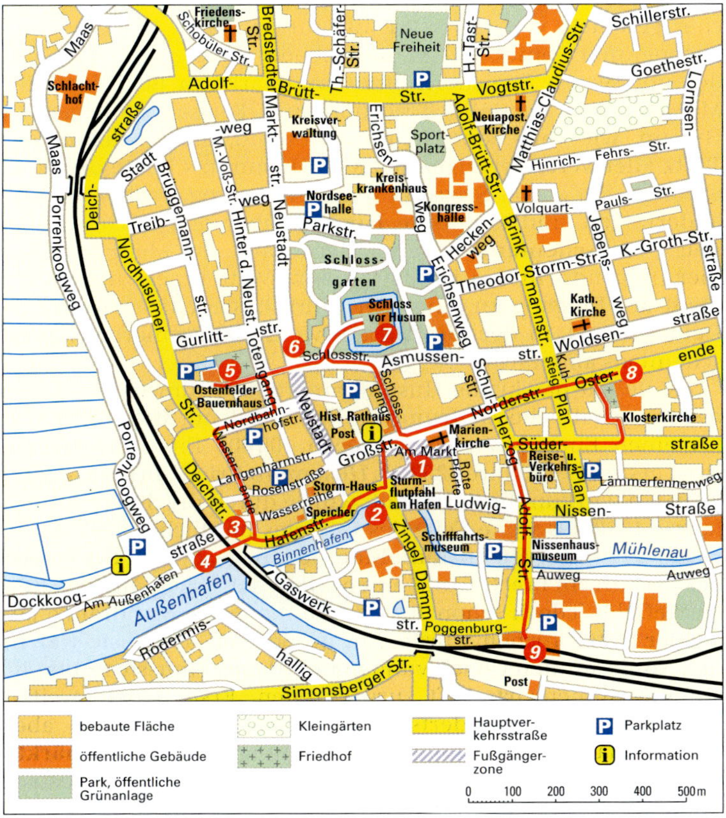

bebaute Fläche	Kleingärten
öffentliche Gebäude	Friedhof
Park, öffentliche Grünanlage	

Hauptver-
kehrsstraße

Fußgänger-
zone

P Parkplatz

i Information

0   100   200   300   400   500 m

▶ Überblick

Ankunft in Husum: Am Bahnhof steigen aus dem Regionalexpress aus Hamburg zur Weiterfahrt nach Westerland nur eine Hand voll Menschen aus. Es regnet, und seitdem wir den **Nord-Ostsee-Kanal** überquerten, nahm dieser Landregen kontinuierlich zu. Die Luft ist jedoch erlösend, sauerstoffschwer, sie gibt dieser kleinen Stadt und dem ganzen Land Energie. Willkommen in der „grauen Stadt am Meer".

Husum, das ist: eine **Altstadt** mit engen Straßen und Gassen, nicht so reich und verwinkelt wie in den großen Hansestädten, vielmehr übersichtlich und idyllisch, mit alten Giebelhäusern; ein **Schloss** in einem kleinen verwunschenen Park, der in jedem Frühjahr einen besonderen Reiz besitzt; ein **Binnenhafen** mit kleinen Kneipen und Eisdielen, in denen der Besucher geschickt versorgt wird mit gutem Essen, Nordseewind, angenehmer Gemütlichkeit und nebenan – ein größerer **Hafen**, der mit seinen Speichern eine Landmarke in der Weite des Marschlandes darstellt. Tradition und Fortschritt liegen in Husum, wie auch sonst in Nordfriesland, dicht beieinander. Trotz aller Veränderungen hat sich Husum bis heute den Reiz erhalten, der schon STORM in seinen Bann zog. Trotz aller Veränderungen sind der weite Himmel über den Dächern, das flache **Marschenland** ringsum, der Strand, das Meer noch immer prägend. Husum ist als Tor zum Wattenmeer die größte Stadt am Eingang zu einer der dünn besiedeltsten Regionen Deutschlands, in der die Zeit ein wenig langsamer zu laufen scheint als anderswo.

Heute hat das kleine Husum rund 20 000 Einwohner. Es ist das wirtschaftliche Zentrum von Nordfriesland, **Mittelzentrum** für einen Einzugsbereich von etwa 100 000 Einwohnern. Husum, erstmals im Jahre 1252 als *Husembro* (fries. „Brücke an den Häusern") urkundlich erwähnt, wurde durch die Sturmflut des Jahres 1362, als weite Teile des Gebietes nördlich der Siedlung wegbrachen, zur **Hafenstadt**. Eine Gunstlage, die der Stadt 1465 das Marktrecht brachte und einen wirtschaftlichen Aufstieg hervorrief, der jedoch schon 1634 durch die große Mandränke jäh wieder unterbrochen wurde. Ein großer Teil der Küste war in den Nordseefluten verschwunden und Husum musste nunmehr auf die Binnenwirtschaft zurückgreifen. Erst in der zweiten Hälfte des 19. Jahrhunderts entwickelte der Getreide-, v.a. aber der Viehhandel, überregionale Bedeutung. Große **Viehmärkte** fanden nördlich des Schlossgartens statt, die gesamte Neustadt bestand fast ausschließlich aus Gasthäusern mit rückwärtigen

Abb. 56: Husum Blick nach Südwesten – im Hintergrund Außenhafen und Windpark

Stallanlagen. Das Wachstum des Viehhandels hatte indirekt auch für den Hafen positive Auswirkungen – er wurde kontinuierlich erweitert.

Ein weiterer Markenstein in diesem neuen Aufschwung war der Anschluss an das **Bahnnetz**, der zunächst 1852 durch die Linie Flensburg – Tönning erfolgte und 1888 durch die Bahn Tondern – Hamburg ergänzt wurde. Husum konnte mit diesen infrastrukturellen Voraussetzungen seine Stellung als eines der wichtigsten Zentren des norddeutschen **Viehhandels** sichern. Die Bevölkerungsentwicklung verlief seit dieser Zeit positiv und als Folge dehnte sich Husum vor allem in nördlicher Richtung aus, da im Westen und Süden natürliche Besiedlungsgrenzen eine Ausdehnung unmöglich machten. 1938 wurde der südlich angrenzende Ort **Rödemis** als gehobenes Wohngebiet eingemeindet.

Nach dem Zweiten Weltkrieg verdoppelte sich die Bevölkerungszahl Husums zunächst durch den Zuzug von Flüchtlingen, um sich dann, auch durch regionale Abwanderung in das unmittelbare Umland, bei rund 20 000 Einwohnern einzupendeln. Husum ist heute **Kreisstadt** des Kreises Nordfriesland, der 1971 aus den Kreisen Eiderstedt, Husum und Südtondern zusammengeschlossen wurde.

Rundgang

1 Marktplatz und Großstraße

Wir beginnen unsere Exkursion auf dem Marktplatz von Husum, dem zentralen Platz der Stadt, um den herum einige der bedeutendsten Gebäude der Stadt zu finden sind.

Der Marktplatz wird von der **Marienkirche** bestimmt, die nach den Plänen des dänischen Staatsbaumeisters CHRISTIAN FREDERIK HANSEN in nur fünf Jahren, zwischen 1829 und 1833, errichtet wurde. Sie gilt als das bedeutendste Bauwerk dieser Art im norddeutschen Raum. Schon die alte Marienkirche, im 15. Jahrhundert erbaut und 1807 wegen Baufälligkeit abgerissen, galt als eine der größten des ganzen Landes. Erst durch deren Abbruch entstand der heutige **Marktplatz**, der Anfang der 1990er Jahre völlig umgestaltet wurde, um die städtebaulich herausragende Stellung der Marienkirche zu unterstreichen.

Vor der Kirche finden wir den 1902 geschaffenen **Marktbrunnen** mit der „Tine", die auf ihrem hohen Sockel mit einem Ruder in der Hand als Symbol für die Eigenständigkeit der Husumer Frauen thront. Diese übernahmen dann, wenn ihre Männer auf See waren, die Verantwortung für die Familie. Die „Tine" ist den berühmten Husumer Philanthropen AUGUST-FREDERIK WOLDSEN und CATHARINA ASMUSSEN (daher „Tine") gewidmet.

Der Markt und die sich nach Westen anschließende **Großstraße** bilden das Husumer Zentrum mit den Kaufhäusern, Banken, Anwälten und Ärzten. Auch das **Alte Rathaus** steht an diesem zentralen Ort. Um diesen Standort fand seit dem Mittelalter der Husumer **Viehmarkt** statt – ein Platz, der in der weiteren Entwicklung immer mehr zugebaut worden ist und der zentrale Bedeutung für den wirtschaftlichen Aufschwung hatte. Im Jahre 1601 wurde hier das Rathaus gebaut, erst zwei Jahre später erhielt Husum das Stadtrecht.

Die im manieristischen Stil gestalteten drei hohen Giebel mit dem Schweifwerk aus Sandstein und das quer gestellte Satteldach unterstrichen die Bedeutung des Gebäudes und hoben es über die nebenstehenden Häuser hinaus. Der Bau des **Rathauses** trug damals Züge einer gewissen Kulissen- oder Theaterarchitektur und war nur unzureichend für die Belastungen durch Wind und Wetter gerüstet. Es wies schon im frühen 19. Jahrhundert Baumängel auf, die zu einem grundlegenden Umbau führten. Nach mehrmaligen radikalen Veränderungen und Fassadenneugestaltungen von überladener Ornamentalisierung bis zur übertriebenen Funktionalität der 1970er Jahre sind Giebel, Dachreiter und Fassade im frühen 21. Jahrhundert wieder ansprechend umgestaltet worden. Ebenso wie das Äußere unterliegt auch das Innere des Rathauses häufigem Wandel und wurde in den vergangenen Jahrhunderten immer wieder pragmatisch den jeweiligen Bedürfnissen angepasst. 1991 wurde die Halle im Untergeschoss mit ihrer eindrucksvollen Holzbalkendecke wiederhergestellt und wird als **Touristeninformation** genutzt. Sie war Zentrum des Handels und Gerichtssaal. Der große Saal im oberen Teil des Gebäudes wird als „Gute Stube" der Stadt, in der sich der Stolz der Bürger auch gegenüber dem fürstlichen Schloss widerspiegelt, restauriert. Weitgehend unver-

Abb. 57: Marienkirche in Husum

ändert hat nur der alte **Ratskeller** den Lauf der Zeit überdauert. Trotz aller Veränderungen spiegelt sich in keinem anderen Gebäude der Stadt die Geschichte Husums so wider wie im Alten Rathaus – ein Buch, dessen Sprache man lesen und verstehen muss. Eine Anmerkung am Rande: Es überrascht, dass es keine große städtebauliche Achse zwischen der Altstadt und dem Schloss gab und gibt, wie wir es sonst von anderen Residenzstädten kennen. Das kann daran liegen, dass Husum nie eine richtige Residenzstadt war, sondern vornehmlich **Handelsort**, der eben auch ein **Schloss** hatte. In Rathaus und Schloss ging man immer auf eine gesunde Distanz, die beiden zugute kam. Das Rathaus war das wichtigste Gebäude der alten Stadt, und nicht nur deshalb, weil dort die Verwaltung untergebracht war. Es war gleichzeitig auch **Gerichtsgebäude** – außerdem fanden in ihm auch die Feste der Bürger statt. Der Ratskeller war unabdingbarer Bestandteil eines solchen Bürgerhauses. Beide, Ratssaal und -keller spielen auch in den Novellen und Werken von THEODOR STORM immer wieder eine Rolle.

An der Nordseite des Marktplatzes steht mit der Hausnummer 9 das Geburtshaus des Dichters THEODOR STORM (1817–1888). Das **Herrenhaus**, so genannt, da es als Wohnhaus des jeweiligen Königs oder Herzogs genutzt wurde, ist neben dem Rathaus das älteste Gebäude der Stadt, dessen Aussehen sich über die Jahrhunderte nur wenig verändert hat. Das Haus wurde im 16. Jh. errichtet. Die Haustür mit ihren geschweiften Sprossen im Oberlicht und dem Türgriff zeigen einen Stil, der sich – für den rauen Norden typisch – nicht in reich verzierten Gesamtbauwerken zeigt wie im Süden Deutschlands, sondern sich vielmehr im Detail der Dekoration von Haustüren und Innenräumen entfaltet.

Die aus dem frühen 17. Jahrhundert stammenden Sandsteinköpfe in den Giebeln stellen der Sage nach Husumer Bürger dar, die im Jahre 1472 hingerichtet wurden. Sie heißen bis heute „**Rebellenköpfe**" und auch wenn diese Geschichte wohl frei erfunden ist, so ist sie doch Symbol für die schwere Bestrafung unwirscher Bürger jener unruhigen Zeit. Bis ins 20. Jahrhundert hinein gehörte zum alten Herrenhaus eine Brauerei, die jedoch Mitte des 20. Jahrhunderts ihren Betrieb einstellen musste. Damit verschwand die traditionsreiche Husumer Braukultur für einige Zeit aus der Stadt. Heute gibt es jedoch wieder ein **Brauhaus** in der Neustadt, welches die Husumer Brautradition mit Bier aus Eigenproduktion aufrechterhält.

Zurück zur alten **Brauerei**: Lange blieb das alte Gebäude im Schlossgang erhalten. Das Industriedenkmal des 19. Jahrhunderts verlieh jedoch dem Straßenzug ein solch düsteres Aussehen, dass 1980 die Entscheidung zum Abriss getroffen wurde – u.a. wegen fehlender Investoren und zugunsten einer neuen **Wohnbebauung**, die die städtebauliche Anbindung des Schlossquartiers an die Altstadt herstellt. Die Wohnbebauung ist der Beweis, dass durch behutsame Vorgehensweise innerhalb der Stadtplanung Neues in eine gewachsene Umgebung eingefügt werden kann, ohne zu einem allzu starken Bruch führen zu müssen. Im Untergrund unter den neuen Häusern am Schlossgang ist ein Relikt aus alter Zeit verborgen, das von außen nicht sichtbar, aber jedem Interessierten zugänglich und dringend zu empfehlen ist: Der alte **Braukeller**, eine riesige gewölbte Kelleranlage, in der früher die Bierfässer kühl lagerten und die heute u.a. eine hervorragende Gaststätte beherbergt, bietet einen Einblick in die alte Bierbrautradition Husums.

Das Tor in den **Schlossgang** ist eine der romantischsten Stellen der Altstadt – die Rückseite des Alten Rathauses und die beiden Gebäude des ehemaligen Herrenhauses mit Resten der spätgotischen Blendgliederung. Wir folgen dem Schlossgang jedoch nicht, da wir ihn auf unserem Rückweg von Norden kommend durchqueren werden.

Wir wenden uns wieder zur **Großstraße** und folgen ihr nach Westen. Einige alte **Kaufmannshäuser** befinden sich entlang der Großstraße. Sie sind in ihrer ursprünglichen Bauweise weitgehend erhalten. Ein herausragendes Beispiel dieser Bautradition ist das **Werner'sche Haus** auf der Südseite. Es gehört zu den ältesten noch erhaltenen Kaufmannshäusern der Stadt und hat eine sehr gut erhaltene Fassade. Am Werner'schen Haus ist noch ein altes Geschäftszeichen zu erkennen, Reklame in ihrer Frühphase, die eine geschnitzte Traube zeigt, Zeichen einer Weinhandlung. Sie bestand noch bis in die Zeit nach dem Zweiten Weltkrieg in diesem Haus. Gotisch sind noch die Treppengiebel und die Blendgliederung, die hier teilweise durch horizontale Bänder unterteilt ist. Historisch liefen diese Blenden durch den ganzen oberen Teil des Giebels. Sie sind auch heute noch in allen typischen norddeutschen Kaufmannshäusern zu finden. Diese Bänder mündeten unter jeder Stufe des Treppengiebels in einem doppeltem Rundbogen, der sich in jedem Geschoss wiederfindet. Das Haus macht so einen breiten und Platz greifenden Eindruck, der noch dadurch hervorgehoben wird, dass es links über einen asymmetrischen Anbau verfügt. Unter den aus Sandstein gearbeiteten Konsolen findet sich jeweils ein kleines Fenster, ursprünglich eine Luke für die vielen übereinander liegenden Böden, die die Waren aufnahmen. Zum ursprünglichen Grundriss des Hauses gehörte im Erdgeschoss eine große, meist über zwei Stockwerke reichende Diele, in der Handel betrieben wurde. Das Kontor des Prinzipals lag daneben, nach hinten und oben fanden sich die Räume der Familie und des Personals.

Bis zum zweiten Drittel des 19. Jahrhunderts säumten mehrere solcher oder ähnlicher Häuser die gesamte Husumer Großstraße. Heute gibt es nur noch dieses Gebäude und die Fassade eines weiteren, alle anderen sind verschwunden. Für die städtebauliche Entwicklung spricht die An- und Einpassung der Neubauten in das alte Stadtbild, bei der jedoch ein Großteil der alten Bausubstanz Neubauten gewichen ist. Dafür finden sich einige Beispiele auch auf der Südseite der Großstraße, wo z.B. ein Textilhaus seinen an das 18. Jahrhundert erinnernden Neubau errichtet hat, oder das Gebäude der Sparkasse schräg gegenüber welches Giebel und der Blendgliederung wieder aufgreift, ebenso wie die „kaiserliche" Post daneben.

Wir folgen der Großstraße in die **Twiete** oder die **Hohle Gasse** im Westen und gelangen vom Markt durch die **Krämerstraße** zum Hafen, dem nächsten Exkursionspunkt. Auf dem Weg dorthin fallen in der Krämerstraße und der Hohlen Gasse mit ihren zahlreichen Einzelhandelsgeschäften die gut gepflegten Fassaden aus den Stilepochen verschiedener Jahrhunderte auf, eine bunte Mischung, in der die gesamte städtebauliche Geschichte Husums repräsentiert ist. Anders erscheint dagegen die **Schiffbrücke**, deren einheitliche Bebauung nach einem Großfeuer im Jahre 1852 entstanden ist, das großflächige Zerstörungen dieses Stadtteils zur Folge hatte.

2 | Binnenhafen

Treten wir auf die Schiffbrücke hinaus, so sehen wir am gegenüberliegenden Ufer ein modernes, nicht unumstrittenes Architekturensemble. In den 1980er Jahren verlies die Schiffswerft ihr altes, zu klein gewordenes Gelände am Hafen und eine neue Kläranlage in der Südermarsch ersetzte die technisch überholte Anlage neben der alten Werft. Der an ihrer Stelle von den Hamburger Architekten PATSCHAN und WINKING errichtete Neubau des Husumer **Rathauses** soll an die frühere Hafenbebauung erinnern. Aus diesem Grunde blieb auch die unter Denkmalschutz stehende **Slipanlage** erhalten. Der Fußgänger, der von Süden kommend in die Altstadt will oder diese nach Süden hin verlässt, durchschreitet diesen Turm als eine Art Tor, welches an ein altes Husumer Stadttor, das Zingeltor, erinnert.

Das neue **Rathaus** ersetzt in seiner Funktion das Alte Rathaus am Markt. Seit dessen Errichtung 1601 hatte sich der Raumbedarf der Stadtverwaltung doch erheblich verändert, so dass nach etwa vier Jahrhunderten ein Neubau unumgänglich erschien. Weiter nach Westen schließt sich an das Rathaus eine moderne – ebenfalls an die Hafennutzung angelehnte – **Wohnbebauung** mit Häusern an. Eine Klappbrücke führt von der Südseite des Hafens auf die Nordseite mit ihrer Altstadtbebauung. Doch zurück zu unserem Standort an der Schiffbrücke: Geprägt von den Gezeiten wird hier die maritime Vergangenheit Husums täglich neu inszeniert. Die Husumer **Au**, die an der Zingelschleuse ins Meer fließt, beweist bei Ebbe, was für ein kleines, verlorenes Rinnsal sie ist, außerhalb des Hafens, draußen vor der Schleuse, wird sie aber zu einem großen Wattstrom, legt ihren offiziellen Namen „**Husumer Mühlenau**" ab und nennt sich nunmehr **Hever**.

Hier, am Zufluss der Au liegt der Standort des 1998 neu eröffneten **Schifffahrtsmuseums Nordfriesland**, welches damals um eine moderne Bootshalle erweitert wurde. In ausgewählten Themenbereichen werden für das Leben an der friesischen Küste typische Vorgänge und Entwicklungen dargestellt: Vom Holzschiffbau, über Walfang, Wattenfischerei, Stahlschiffbau, Nautik und Seezeichen, das berühmte Ülvesbüller Wrack und detailreiche Informationen über den „Schiffsfriedhof Nordseeküste" ergeben sich vielfältige Einblicke in Wirkungszusammenhänge naturräumlicher Voraussetzungen und menschlicher Aktivitäten. Historische Dokumente und Belegstücke ergänzen die Sammlung und machen das Schifffahrtsmuseum zu einem lohnenden Ziel für den Husumbesucher.

Zurück zur **Schiffbrücke**, an der wir noch immer stehen: Sie war der Warenumschlagplatz Husums. Die Nordsee reicht hier fast bis an den Marktplatz. Vor allem bis in das 17. Jahrhundert hinein war Husum eine bedeutende **Hafenstadt**, in der hauptsächlich die niederländischen Händler ihrer Arbeit nachgingen. Sie wählten für ihren Handel den kurzen Landweg zwischen Husum und Flensburg als Verbindung zwischen der Nord- und der Ostsee. Husum war in der damaligen Zeit der einzige geschützte **Naturhafen** an der Westküste, die Alternative – eine Umsegelung Jütlands – war nicht ungefährlich. Mit dem wirtschaftlichen Aufschwung ist die Fläche des Hafens bald zu klein geworden, so dass ein ganzer Straßenzug abgerissen wurde und der heutige Platz entstand. Gegenüber siedelte sich die **Werft** an – heute Standort des Rathauses – die, wie bereits erwähnt, auf ein Gelände weiter außerhalb verlegt wurde, da die Slipanlage am Binnenhafen nicht mehr ausreichte. Im Frühjahr 2000 musste jedoch auch die Schiffswerft ihre Pforten schließen, lediglich ein Reparaturbetrieb für Schiffe blieb erhalten. Der neue Betrieb nutzt die beiden Trockendocks der alten Anlage.

Auch wenn hier heute keine großen Schiffe mehr anlegen bzw. gebaut werden und der **Hafen** nur noch sehr selten von größeren Schiffen angelaufen wird, so ist er doch ein prägender Teil des Husumer Stadtbildes. Heute ist er zum Zentrum des Tourismus in der Stadt geworden. Viele Gaststätten säumen das nördliche Ufer, an der Südseite ist Wohnbebauung anstelle von Lagerhallen und Werkstätten getreten. Besonders augenfällig ist ein modernes Fischrestaurant an der Kaimauer in der Nähe der Brücken, welches von den gleichen Architekten, die auch das neue Rathaus bauten, erdacht wurde. Auch dieses Gebäude hat Aufsehen und Widerspruch in der Öffentlichkeit erregt.

Nächster Haltepunkt ist der Husumer **Speicher**, der die alternative Kulturszene der Stadt in den letzten Jahren erheblich aufgewertet hat. Er verfolgt das Ziel, ein emanzipatorisches und integratives Kulturangebot Sparten übergreifend anzubieten. Neue kulturelle Bedürfnisse und Aktivitäten, die von anderen Kulturinstitutionen nicht (oder nur unzureichend) wahrgenommen wurden und werden, finden besondere Berücksichtigung. Das Programmangebot des Speichers umfasst neben durchschnittlich drei bis vier wöchentlichen Veranstaltungen auch regelmäßig größere Projekte wie Ausstellungen und Aktionen. Es werden neue Formen kultureller Arbeit erprobt, wobei immer wieder die Zusammenarbeit mit anderen Kulturveranstaltern oder sonstigen Gruppen gesucht wird.

Der Speicher entstand, nachdem es Ende der 1970er Jahre erste Bemühungen um ein „alternatives" Kulturzentrum in Husum gegeben hatte. 1982 zog dieses in den alten Getreidespeicher, welcher von der Stadt kostenfrei überlassen wurde. 1986 konnte durch die Renovierung des Speichers mit Mitteln der Städtebauförderung ein ganzjähriger Betrieb ermöglicht werden. 1989/90 kam es zur viermonatigen Schließung des Speichers, da die Arbeit nicht auf rein ehrenamtlicher Basis tragbar war. Nach zähen Verhandlungen mit der Stadt Husum und dem Kreis Nordfriesland erhielt der Speicher ab 1990 einen Zuschuss zur Einstellung eines hauptamtlichen Geschäftsführers. Die Auszeichnung 1994 vom Landeskulturverband Schleswig-Holstein mit dem Preis „kultur aktuell 1993" unterstrich, dass das soziokulturelle Zentrum eines der innovativsten und erfolgreichsten im ganzen Bundesland war. Seit Mitte der 1990er Jahre ist das Gebäude kontinuierlich erweitert und in der Bausubstanz verbessert worden und gilt heute als etablierter Veranstaltungsort an der Westküste.

Abb. 58: Husumer Binnenhafen bei Hochwasser ...

Abb. 59: ... und bei Niedrigwasser

3 Kleikuhle

Wir laufen die Hafenstraße hinunter und gelangen zur **Klei-kuhle** mit dem großen Gebäude des in den 1920er Jahren erbauten Zollamtes. Wir überqueren die **Eisenbahnbrücke**, die den Binnenhafen vom Außenhafen trennt. Sie ist die dritte ihrer Art, erinnert mit ihrer Waagenbalkenkonstruktion an holländische Vorbilder. Die Eisenbahnbrücke ist nicht die einzige geblieben. Eine weitere Brücke wurde zum Jahr 2000 für den Straßenverkehr fertiggestellt, und soll ihn als Enlastungsstraße aus der Innenstadt fernhalten, denn ein großer Teil des Nord-Süd-Verkehrs wälzt sich gerade durch dieses Nadelöhr und erinnert immer wieder daran, dass Husum nicht mehr jenes kleine Städtchen ist, das STORM beschrieben hat.

4 Außenhafen

Über die Eisenbahnschienen gelangen wir in den **Außenhafen**, der meist verschlafen wirkt, jedoch durch die schon weithin sichtbaren Speichersilos den Hafenstandort Husum eindrucksvoll widerspiegelt. Traditionelle Wirtschaftsstrukturen sind an diesem Ort zu erkennen, denn die riesigen Silos dienen dem **Getreidehandel**. Über diesen Hafen verlief der Getreideexport des Umlandes v. a. in den niederländischen Raum. Mehr als vierzig seetaugliche Schiffe waren um 1600 in Husum beheimatet, eine Werft gab es auch damals schon.

Im 19. Jahrhundert profitierte der Hafen durch den Viehexport nach England, obwohl Husum damals nicht den Stellenwert Tönnings erreichen konnte. Später war der Import von Kohle aus England entscheidend – es existierte sogar ein regelmäßiger Linienverkehr zwischen Husum und Hull. Heute werden jährlich etwa 500 000 t umgeschlagen, hauptsächlich Getreide und Futtermittel. Eine gewisse Rolle spielt auch der Holzimport aus den skandinavischen Ländern. Husum ist darüber hinaus Heimathafen einer Flotte von Fischkuttern, die die begehrten Krabben anlanden – auch die Schiffe von Wasserschutzpolizei, Fischereiaufsichtsamt und des ALR (Amt für ländliche Räume) sind hier stationiert.

Ein wechselhaftes Schicksal hatte die ehemalige **Schiffswerft**. Schon im 16. Jahrhundert gab es in Husum eine Werft, wobei jedoch nicht nur der Neubau, sondern auch der Reparaturbetrieb eine wichtige Rolle gespielt haben wird. Ab 1796 übernahm der Schiffszimmermeister HANS BARTEL DETLEF PAASCH die Werft am Binnenhafen, die bald ein mittelgroßes Unternehmen wurde.

Erst zum Ende des 19. Jahrhunderts nahm die Bedeutung des Schiffbaus wieder ab. Bis 1939 konnten bereits wieder zehn Fischkutter in Husum gebaut werden. Nach dem Zweiten Weltkrieg übernahmen die Gebrüder KRÖGER aus Warnemünde die Werft, die bald einen ungeahnten Aufschwung nahm. Schließlich entstanden in Husum Schiffe bis zu einem Wert von jeweils 10 000 Reichsmark für Kunden aus aller Welt, u.a. aus Norwegen, Mauritius und China. Im Jahre 2000 meldete die Werft Konkurs an, weil sie für Neubauten auf dem Weltmarkt nicht mehr konkurrenzfähig war. Eine andere Firma übernahm den **Reparaturbetrieb**, der noch weiter existiert – nicht ohne Tradition, wie wir aus der Geschichte wissen (nach JUDITH 2001).

Aus dem Hafen kommend wenden wir uns wieder nach Osten und laufen in die **Wasserreihe** hinein. Wie an der heutigen Hafenstraße war die Wasserreihe ein wichtiges Zentrum des Husumer Stadtlebens – Handelsplatz und Treffpunkt der Husumer Bevölkerung. Sie wirkt durch ihre sehr viel ältere Bebauung und ihre „versteckte" Lage hinter der belebten Hafenstraße fast wie ein Fremdkörper im sonst so quirligen Hafenviertel. Hier findet sich das **Storm-Haus**, Wasserreihe 31, das der Dichter 1866–1880 bewohnt hat. Es ist ein altes Husumer Kaufmannshaus mit 14 Zimmern und stammt aus der ersten Hälfte des 18. Jahrhunderts. Das Treppenhaus, die Flure, Decken und Türen sind original aus dieser Zeit bzw. aus der Stormzeit erhalten. Heute dient das typische Bürgerhaus als Museum, das dem Dichter und seinem Werk gewidmet ist. Neben dem Inneren des Hauses lädt der Garten zur Besichtigung ein.

Ostenfelder Bauernhaus [5]

Von hier aus bewegen wir uns durch die eine oder andere Straße der westlichen **Altstadt**: Westerende, Kleine Straße, Rosenstraße und Langenharmstraße über Nordbahnhofstraße und den Totengang zum **Asmussen-Woldsen-Stift** und **Ostenfelder Bauernhaus**. Noch heute findet sich hier, mitten in der Stadt, eine kleine dörfliche Idylle: Ein Bauernanwesen, eine alte kleine Scheune und ein größeres Gebäude – beide mit Reetdächern. Bei dem Gebäude handelt es sich im Kern um das alte Wohnhaus der Familie WOLDSEN. Nördlich der heutigen **Nordbahnhofstraße** besaßen sie einen großen Garten mit einem Haus, in das sie sich zurückziehen konnten, ein frühes Beispiel des Wunsches wohlhabender Familien, der Stadt zu entfliehen und sich auf das scheinbar soviel angenehmere Land zu begeben. Der ausgedehnte Garten „vor der

Haustür" lag sehr malerisch am Abhang der **Geest** zur Marsch. Von hier hatten die WOLDSENS einen unverstellten Blick über die **Marsch** und auf das nahe gelegene Meer, doch heute ist nur noch ein kleiner Teil der ausgedehnten Anlage erhalten. Das alte Landhaus selbst wurde im 19. Jahrhundert durch die Stiftung August Frederik Woldsen zu einem **Altenstift** umgebaut und erweitert. Aus dieser Zeit stammt der nach Westen gerichtete Gebäudeteil. Ein weiterer Bereich des Geländes diente der Erweiterung des Neustädter Friedhofs. Das so genannte Ostenfelder Bauernhaus, dass ursprünglich in der etwa 15 km östlich von Husum auf der Geest gelegenen Gemeinde **Ostenfeld** stand, wurde Ende des 19. Jahrhunderts abgetragen und Stück für Stück hier wieder aufgebaut. Das Hauptgebäude stammt noch aus dem 16. Jahrhundert und zeigt die altsächsische Bauart: eine große Diele zwischen offenen Stallungen entlang der Außenwände. Im Innern beider Gebäude werden sowohl alte Gerätschaften gezeigt, als auch die hohe Wohnkultur der Bauern des 17. und 18. Jahrhunderts dargestellt. Das Ensemble gehört somit zu den ältesten **Freilichtmuseen** überhaupt. Vor einiger Zeit kam eine mittelalterliche Scheune, ebenfalls von einem Geestdorf stammend, hinzu.

Direkt an das Gelände des Stiftes schließt sich der **Neustädter Friedhof** an, der größte Husums. Er existiert bereits seit dem 16. Jahrhundert und wurde kontinuierlich erweitert .

6 Neustadt

Die Neustadt, die nach Norden führende **Hauptstraße**, war im 19. Jahrhundert Wirtschaftsmittelpunkt der Husumer. Die Bedeutung Husums als Hafenstandort wurde immer geringer, die des Viehmarktes hingegen wuchs bis an die erste Stelle im europäischen Vergleich an. Auch hiervon ist nichts mehr übrig geblieben, als die in den 1960er Jahren verlassenen Flächen, die heute weitgehend brach liegen. Doch die hohe Dichte an Restaurants, Kneipen und Cafés in diesem Bereich der Neustadt erinnert an die Bedeutung als zwischenzeitlicher Lebens- und Arbeitsmittelpunkt. Auch ein für diese kleine Stadt erstaunliches **Kulturangebot,** hat hier Einzug gehalten: Das weit über Husum hinaus bekannte und beliebte **Kinocenter** mit seinen acht Sälen verleiht der Stadt – neben dem Speicher – einen Hauch von jungem Kulturleben und überregionalem Flair. Nicht nur Hollywoodproduktionen, auch Programmkino wird hier in einem Ambiente geboten, welches mit der vielfältigen Kinokultur großer Städte mithalten, ja diese sogar übertrumpfen kann.

Einen Besuch ist das Kinocenter auch überregionalen Gästen wert, aus Flensburg und gar von den Inseln und Halligen reisen die kinohungrigen Besucher an.

Baudenkmäler sind in der Neustadt nur wenige zu finden, jedoch wird das Stadtbild hier vom **Einzelhandel** geprägt. Um die Autoströme aus der potentiell wichtigen Verbindungsachse zum Hafen und in den Süden zu unterbinden, wurde die süd- liche **Neustadt** zur Fußgängerzone ausgebaut. Für diejenigen, die sich in Husum mit dem Auto bewegen, wird die leidvolle „Er- fahrung" der Stadt in Erinnerung bleiben, da das Einbahn- straßensystem nur eingeweihten Stadtkindern alle Geheimnisse offenbart, während dem nichtsahnenden Besucher eine weit- räumige Umfahrung des Stadtzentrums durch die Peripherie der Stadt vergönnt sein wird.

Schloss vor Husum

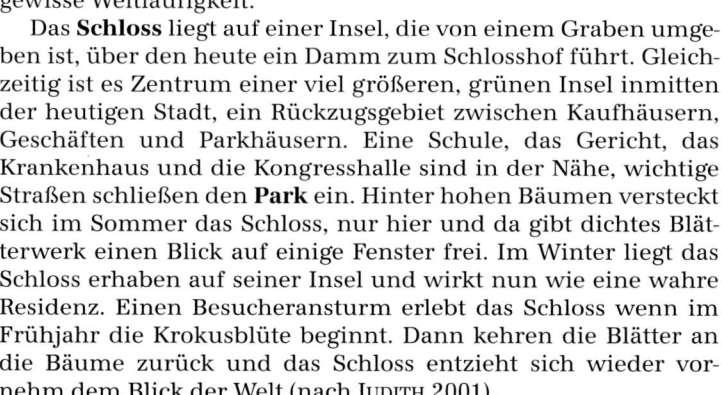

Östlich der Neustadt liegt das **Schlossviertel.** Das „Schloss vor Husum" ist das einzige noch bestehende fürstliche Schloss an der Westküste Schleswig-Holsteins. Errichtet wurde es 1577 bis 1582 von dem ersten Gottorfer Herzog Adolf. Um die Region zu fördern und wirtschaftlich, v. a. aber symbolisch in ihrer Bedeu- tung zu stärken, lag es am nördlichen Rand der Stadt und erhob sich damit weit aus der Landschaft. Die ursprüngliche Architek- tur wies Stilmerkmale niederländischer und französischer Tra- ditionen der damaligen Zeit auf und verlieh dem Gebäude eine gewisse Weltläufigkeit.

Das **Schloss** liegt auf einer Insel, die von einem Graben umge- ben ist, über den heute ein Damm zum Schlosshof führt. Gleich- zeitig ist es Zentrum einer viel größeren, grünen Insel inmitten der heutigen Stadt, ein Rückzugsgebiet zwischen Kaufhäusern, Geschäften und Parkhäusern. Eine Schule, das Gericht, das Krankenhaus und die Kongresshalle sind in der Nähe, wichtige Straßen schließen den **Park** ein. Hinter hohen Bäumen versteckt sich im Sommer das Schloss, nur hier und da gibt dichtes Blät- terwerk einen Blick auf einige Fenster frei. Im Winter liegt das Schloss erhaben auf seiner Insel und wirkt nun wie eine wahre Residenz. Einen Besucheransturm erlebt das Schloss wenn im Frühjahr die Krokusblüte beginnt. Dann kehren die Blätter an die Bäume zurück und das Schloss entzieht sich wieder vor- nehm dem Blick der Welt (nach Judith 2001).

Im 17. Jahrhundert wurde es hauptsächlich als Witwensitz der Gottorfer Herzöge genutzt. Es war eine Zeit großer kultureller

Blüte. Im Schloss hingen, wie wir aus altem Inventar wissen, ungefähr 600 Gemälde. Damit war die **Bildersammlung** so groß wie die der dänischen Könige auf Schloss Frederiksborg bei Kopenhagen. Wenig blieb von diesen Gemälden in Husum, nur noch acht von ihnen zieren heute die Räume, die nach umfassenden Renovierungsarbeiten in jüngster Zeit wieder für die Öffentlichkeit zugänglich gemacht wurden (nach JUDITH 2001). Im 18. Jahrhundert, mit dem Ende der dänischen Kriege 1721, fiel das alte Herzogtum Schleswig wieder an die dänische Krone, doch das Gebäude stand trotz der „königlichen" Bedeutung leer und verfiel langsam. Mitte des 18. Jahrhunderts überlegte man in Kopenhagen sogar, das Husumer Schloss abzureißen. Dies konnte jedoch verhindert werden – es wurde sogar für den dänischen König FREDERIK V. umgebaut und modernisiert. Damals erhielt das Gebäude nach baulichen Veränderungen das heutige Aussehen, mit einem einzigen hohen Turm in der Mitte – dominant wie der König im absolutistischen Staat.

Gegenüber befindet sich das **Kavaliershaus**, welches eine ganz eigene, erzählenswerte Geschichte hat. Husum war seit dem späten Mittelalter der Hauptort im südlichen Nordfriesland. Das hatte wirtschaftliche und verwaltungstechnische Auswirkungen. Bis um das Jahr 1600 gehörte die Stadt zum Amt Gottorf, dann wurde auch Husum eigener Amtssitz. Der erste Amtmann von Husum war eine Frau, Herzogin AUGUSTA, die das Amt Husum als „Leibgedinge" erhielt. Das Husumer Schloss war damit gleichzeitig auch Verwaltungsgebäude. AUGUSTA errichtete das „Neue Gebäude", das als Kavaliershaus, also als **Gästehaus** erbaut wurde. Als sie 1639 starb und ihre Schwiegertochter, die Herzogin MARIE ELISABETH, ihrerseits das Amt sowie das Schloss für ihre Witwenzeit erhielt, wurde ein eigener Amtmann bestellt, der für die Herzogin die Amtsgeschäfte führte. Nach dem Tod ihres Mannes 1659, siedelte die Herzogin nach Husum über. Nachdem sie verstorben war, hörte das Hofleben in Husum auf zu existieren und das Kavaliershaus wurde zum „Sitz der Amtmänner". Städtebaulich bildete es den westlichen Abschluss der Schlossanlage und des äußeren Schlossplatzes (nach JUDITH 2001).

Die umgebende Gartenanlage ist älter als das Schloss. Bereits die Franziskanermönche, die an der Stelle ein **Kloster** gegründet hatten, setzten den Ursprung der noch heute bestehenden Anlage. Der Garten ist wie ein **Englischer Garten** angelegt – mit locker gruppierten Bäumen und weiten Rasenflächen dazwischen. Aus der Vogelperspektive ist noch immer der Kern der alten Anlage zu erkennen, bestehend aus vier Alleen, die sie in den vier Himmelsrichtungen durchziehen.

Klosterkirchhof

Wir verlassen das Schlossviertel und gelangen über den **Schloss-gang** wieder zurück zum Marktplatz, dem Startpunkt der Exkursion. Durch den Rundbogen des Rathauses treten wir hinaus auf den Platz und laufen in östliche Richtung über die Norderstraße zum **Osterende**. Auf seiner Südseite liegt ziemlich am Anfang der **Klosterkirchhof**, auf dem THEODOR STORM 1888 beigesetzt wurde. In der Anlage steht auch die **St.-Jürgen-Kirche**, die 1563 als zweite Husumer Gemeindekirche gebaut wurde und damit eine der ältesten protestantischen Kirchen darstellt.

Von hier aus geht es in die **Süderstraße**, die – wie das gesamte Viertel – im Gegensatz zur westlichen, maritim geprägten Altstadt vorwiegend von Handwerkern bewohnt wurde. In der Bauart der Häuser ist diese traditionelle Wohnbebauung erhalten. Im Haus Nr. 12, das aus dem späten 18. Jahrhundert stammt, wohnte zwei Jahre lang THEODOR STORM, hier besuchte ihn auch sein Freund THEODOR FONTANE.

Wir beenden unseren Rundgang durch Husum am Nissenhaus. Über die **Herzog-Adolf-Straße**, die über die Süderstraße hinweg nach Süden führt, gelangt man zu diesem großartigen Museumsbau. Das **Ludwig-Nissen-Haus** Husum ist das zentrale Museum für den Kreis Nordfriesland und die Stadt Husum, gegründet durch das Vermögen des Auswanderers LUDWIG NISSEN (1855–1924), der seiner Heimat Mittel zum Bau eines Heimatmuseums hinterließ. Das Nissenhaus wurde 1937 für die Besucher eröffnet und vor rund zwanzig Jahren erweitert. Eine ganze Bandbreite von Themen wird hier im heimatkundlichen Ambiente vorgestellt: Von der Geomorphologie der Küste bis hin zur Überseeauswanderung, vom Landschaftwandel und dem Einfluss der See bis hin zur Inwertsetzung des Landes durch den Menschen bietet das Nissenhaus einen umfassenden und kompetenten Einblick in die nordfriesische Natur und Kultur. Hier im Museum sind des weiteren Ausstellungsstücke von z.T. überregionaler Bedeutung zu sehen, beispielsweise umfangreiche Bildersammlungen schleswig-holsteinischer Künstler, aber auch Kunst von ROSA BONHEUR oder EGON SCHIELE. Ein Erweiterungsbau ergänzt diese umfangreiche Dauerausstellung durch themenbezogene, wechselnde Sonderausstellungen.

Das Gebäude bildet einen Teil des städtebaulichen Ensembles an der **Hauptstraße**, das am 1911 eröffneten Bahnhof endet. Dazu gehören das Backsteingebäude des Nissenhauses aus den 1930er Jahren, das ebenfalls in dieser Zeit errichtete Finanzamt und die Bauten der 1950er Jahre auf der anderen Seite der Mühlenau.

9 Englischer Bahnhof

Ein letztes Kleinod auf unserer Rundtour finden wir in der **Poggenburgstraße**. Hier finden wir den ersten Bahnhof Husums, der – wie sollte es anders sein – von den Pionieren der Eisenbahn kofinanziert wurde und deshalb als **Englischer Bahnhof** im Jahre 1854 für die „König Frederik VII. Süd-Schleswig'sche Eisenbahn" seiner Aufgabe übergeben wurde. Wir beenden unsere Tour am Bahnhof und wissen jetzt, das Husum viel mehr zu bieten hat als nur Krabben und Teepunsch und können erahnen, welchen bedeutenden Beitrag dieses kleine Städtchen für die Entwicklung der gesamten Region zu leisten vermochte und vermag.

Erkundungen rund um den Schobüller Berg

Gerret J. Haß

Exkursionsroute

Gedenkstein Albert Lensch – Gedenkstein R.R. Behncke – Aufschluss – Hünengrab Bronzezeit – Hünengrab und Heide – Strand am Schobüller Badesteg – Strand mit Planzenwelt – Schobüller Kirche

Dauer: ca. 2 h

2h

Überblick ◀

Etwa 5 km nördlich der Kreisstadt Husum liegt der Luftkurort Schobüll. Wenn man in diese Ortschaft hineinfährt, registriert man, dass hier etwas anders ist als an der sonstigen Nordseeküste. Doch erst auf den zweiten Blick stellt man fest, was es ist – freie Sicht auf die Nordsee. Kein Deich versperrt hier auf 3 km Länge den Blick auf das Wasser. Diesen einmaligen Zustand verdankt Schobüll der **geologischen Besonderheit**, dass die Geest hier unmittelbar an die Nordsee heranreicht. Der Schobüller Berg ist mit seinen ca. 31 m über NN, wie die **Geestkerne** vieler Inseln, Teil eines saaleeiszeitlichen Geestrückens.

Das ca. 800 Jahre alte Schobüll mit seinen Ortsteilen Lund, Hockensbüll, Schobüll und Halebüll ist ein altes friesisches **Kirchdorf**, dessen Name von dem dänischen *Scoubu* bzw. *Scovby* abgeleitet wird, was **Walddorf** bedeutet. Diese Bezeichnung weist auf eine Bewaldung in früheren Jahrhunderten hin, wie sie im gesamten Schleswig-Holstein zu finden war.

Nach der Abholzung des mittelalterlichen Waldes förderten die geologische Struktur, der Aufbau des Bodens, aber auch die klimatischen Bedingungen die Entstehung einer **Heidelandschaft**. Unklar ist, ob die Heidevegetation in erster Linie aufgrund natürlicher Prozesse entstand, oder ob die anthropogene Degeneration des Waldes die Ansiedlung der Heidevegetation initiierte. Auf den saaleeiszeitlichen Ablagerungen lagert angewehter Dünensand auf Lehmboden mit einer Mächtigkeit von 50 bis 120 cm. Aufgrund der Niederschläge und in Verbindung mit der Heidevegetation kommt es verbreitet zur Bildung von **Ortstein**, auf dem Baumbewuchs so gut wie unmöglich ist. Im

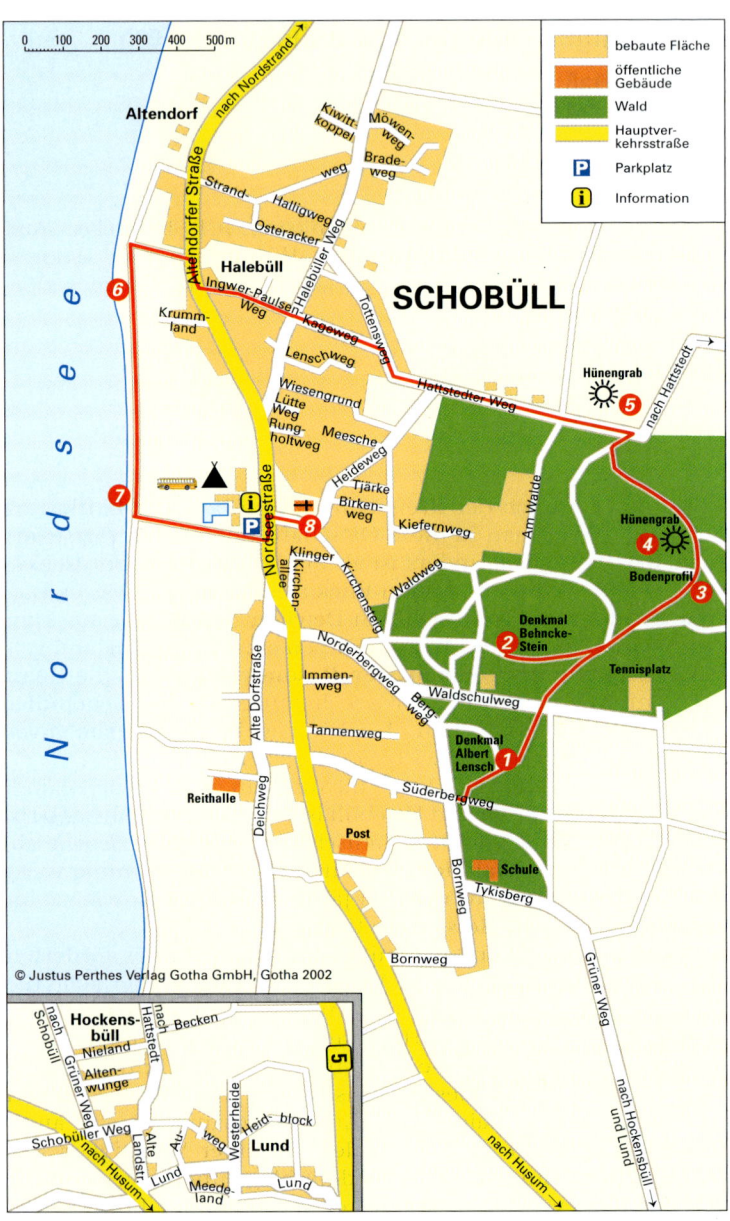

Abb. 60: Exkursionsroute 6 Schobüller Berg

B–Horizont des Bodens werden durch die Auswaschung der oberen Schichten Eisen- und Humusverbindungen angereichert, die die sandigen Partikel zu einer extrem harten, von Wurzeln nicht mehr durchdringbaren, Schicht verkitten. Besonders kritisch ist die Ortsteinbildung für tiefer wurzelnde Pflanzen, da sie oft in Tiefen zwischen 0,3–1 m unter der Oberfläche auftritt.

Heute ist die Heide wegen mangelnder Pflege größtenteils verschwunden, entweder durch Schafgräsung oder Mähen mit der Heidesense, aber auch durch Aufforstungsmaßnahmen. Reste des alten Waldbestandes tauchen im Watt vor Schobüll von Zeit zu Zeit in Form von Baumstubben wieder auf.

Anfang des 20. Jahrhunderts begann man trotz der schlechten Standortbedingungen mit der Anpflanzung eines neuen Waldes. Besonders hervorzuheben sind in diesem Zusammenhang der Lehrer ALBERT LENSCH und der Kaufmann ADOLF CHRISTIAN JÄHDE. Der **Schobüller Wald** wurde deshalb auch **Jähdehain** genannt, ihrem Lehrer LENSCH zu Ehren haben die Schobüller einen Gedenkstein in „seinem" Wald gesetzt. Die Aufforstungen wurden durch den 1871 in Husum gegründeten **Heidekulturverein** durchgeführt, der es sich zur Aufgabe gemacht hatte, Heideflächen wieder aufzuforsten. Damals war Nordfriesland fast waldlos.

Im Kreis Husum nahmen Waldungen nur 1,3 %, im Kreis Tondern sogar nur 0,15 % der Gesamtfläche ein. Der Kaufmann ADOLF CHRISTIAN JÄHDE stiftete dem Heidekulturverein 30 000 Goldmark mit der Auflage, damit einen Wald anzupflanzen. Der Lehrer ALBERT LENSCH brachte den Vorstand des Heidekulturvereins dazu, die Gemeinde Schobüll auszuwählen und in der Nähe von Husum eine Fläche aufzuforsten. Durch kleinere Anpflanzungen hatte auch LENSCH nachgewiesen, dass auf Heideböden wieder Wald entstehen konnte.

1953/54 wurde der Schobüller Wald unter Schutz gestellt und dann ab 1974 als Erholungswald ausgewiesen. Seit 1983 ist er Bestandteil des **Landschaftsschutzgebietes** Schobüller Berg.

Aus dem einstigen Fischer- und Bauerndorf, in dem ursprünglich Porrenfischerei und Landgewinnungsarbeiten als Haupterwerbszweige existierten, ist inzwischen ein **Fremdenverkehrsort** geworden. Aber auch viele **Künstler** zog und zieht es in diesen Ort. Zu nennen wären unter anderem Maler wie ALBERT JOHANNSEN, RICHARD VON HAGEN und INGWER PAULSEN. Letzterem hat die Gemeinde ebenfalls ein Denkmal gesetzt, indem sie eine Straße in Halebüll, dem Ortsteil, in dem PAULSEN sein immer noch im Familienbesitz befindliches Haus hatte, nach ihm benannte.

Rundgang

1 | Gedenkstein Albert Lensch

Dieser kleine Rundgang, der uns zu einigen sehr markanten Punkten Schobülls führt, beginnt am **Süderbergweg**, von dem aus wir uns nach Nordosten zum Wald wenden. Nach einigen Metern kommen wir an unseren ersten Punkt, den **Gedenkstein**, den die Gemeinde 1956 dem Lehrer ALBERT LENSCH (1872–1952) gesetzt hat. Seinem unermüdlichen Einsatz ist es zu verdanken, dass der Heideverein gerade diese Ortschaft für eine Aufforstung ausgewählt hat, an der wir uns noch heute erfreuen können. Den aromatischen Duft sollte man unbedingt einsaugen, denn gerade die Mischung aus Waldluft und würziger Nordseeluft macht den Reiz dieses Waldes aus. Im Forst ist von der Gemeinde in Zusammenarbeit mit dem Forstamt Schleswig und der Schutzgemeinschaft Deutscher Wald ein knapp 2 km langer **Waldlehrpfad** eingerichtet worden, auf dem man sich über die Pflanzen und Tiere sowie die Entstehung des Waldes informieren kann. Einige Punkte des Waldlehrpfades liegen auf unserer Route.

2 | Gedenkstein R. R. Behncke

Wir folgen dem nach rechts führenden Weg, kreuzen den **Waldschulweg** und biegen dann nach links ein. Dieser Weg führt uns zu unserem zweiten Haltepunkt, einem weiteren **Gedenkstein**, der dem königlichen Landrat R. R. BEHNCKE aus Heide gewidmet ist. Unter seinem Vorsitz im Heidekulturverein von 1911 bis 1926 wurde die Neubepflanzung des Schobüller Waldes realisiert. Der **Heidekulturverein** konnte 1910 auf dem Schobüller Berg eine Fläche von 35 ha erwerben, die in den Jahren 1911–1916 bepflanzt wurde. Nach späteren Flächenzukäufen beträgt die Fläche des Waldes heute 41 ha. Der Standort des Steines markiert mit einer Höhenlage von 31 m über NN den höchsten Punkt des **Schobüller Berges**. Nach der Auflösung des Heidekulturvereins 1926 ging der Wald in das Eigentum des Landes Schleswig-Holstein über.

3 | Aufschluss

Wir gehen nun den Pfad wieder ein kurzes Stück zurück, biegen dann nach links ab und folgen dem Weg, bis auf der rechten Seite ein **Aufschluss** zu sehen ist. An dieser Stelle bekommen wir einen guten Einblick in den Untergrund des Schobüller Berges. Wir erkennen bei gründlicher Betrachtung, dass es sich um einen grundwasserfernen, im Oberboden durch Sand geprägten Standort mit geringer Wasserspeicherkapazität und einer geringen Nährstoffausstattung handelt. Die sichtbaren Einlagerungen sind auf eine vor der Aufforstung durchgeführte Bodenbearbeitung mit einem Pflug zurückzuführen, die nötig war, um den negativen Einfluss der an einigen Stellen vorhandenen **Ortsteinschichten** zu mindern. Hier, im nördlichen Bereich des Schobüller Waldes, finden wir unter einer 1–2 m mächtigen **Sanddecke** Geschiebelehm. Nur die wurzelintensiveren Baumarten wie z.B. Eichen können den gut mit Nährstoffen versorgten **Lehm** erreichen. Ursprünglich wurden wegen der Trockenheit des Bodens, des starken Windes und der hohen Salzbelastung durch die Meeresnähe ausschließlich Nadelbäume gepflanzt, doch wird der Anteil von Laubbäumen durch intensive Waldbewirtschaftung immer höher, so dass nach und nach ein vielfältiger **Mischwald** entsteht.

Hünengrab Bronzezeit

Wenige Meter entfernt auf der linken Seite erreichen wir mit dem **Hünengrab** die nächste Station unseres Rundganges. Die im Gebiet um Schobüll gefundenen Werkzeuge, Tonscherben, Grabbeigaben, menschlichen Skelettteile und ein Bronzeschwert deuten auf eine Besiedlung in der Alt- bis Jungsteinzeit (4000–2000 v.Chr.) sowie der Bronzezeit (2000–1000 v.Chr.) hin. Das so genannte Hünengrab, vor dem wir hier stehen, stammt aus der **Bronzezeit**. Der Lehrer ALBERT LENSCH fand 1903 in einem der Gräber – es gibt noch ein zweites, zu dem wir gleich gelangen – ein 80 cm langes Bronzeschwert. Der Zustand, in dem sich der Grabhügel seinerzeit befand, deutete allerdings darauf hin, dass die Kammer bereits früher schon einmal geöffnet worden war. Wie in den vergangenen Jahren treten noch immer archäologisch wertvolle Fundstücke zutage.

Hünengrab und Heide

Wir folgen dem Weg in Richtung Norden bis zum Hattstedter Weg. Hier stehen wir nun vor dem zweiten **Hünengrab**. Außerdem findet man an dieser Stelle noch einige Reste der Heideflächen, die vor der Anlage des Waldes den gesamten Bereich bedeckten. In jüngster Zeit werden diese verbliebenen alten Heideflächen wieder kultiviert – zusätzlich versucht man neue **Heideflächen** anzulegen. Eine dieser Flächen befindet sich nördlich des Hügelgrabes.

6 Strand am Schobüller Badesteg

Wir wenden uns nun nach Westen, gehen durch den Hattstedter Weg, Kageweg, Ingwer-Paulsen-Weg, überqueren die **Hauptstraße** und folgen dem Kiesweg hinunter bis zum Strand.

Vor uns liegt nun ein hölzerner **Badesteg**, ein Relikt des ehemaligen Schobüller Hafens, wenn auch immer wieder erneuert und in etwas anderer Form aufgebaut. Der Ort besaß noch im vorletzten Jahrhundert einen kleinen Hafen, in dem Güter des täglichen Bedarfs umgeschlagen wurden. Jedoch verlandete er nach dem Bau des **Nordstrander Dammes** 1935 zusehends, bis er nicht mehr benutzt werden konnte.

Die Gemeinde Schobüll investiert jedes Jahr viel Geld und Arbeit in den Erhalt des „Schobüller Badestegs", der insbesondere in den Sommermonaten viele Strandspaziergänger anlockt. Dann finden wir entlang des Badestegs einen von der Gemeinde angelegten **Naturlehrpfad**, der über die Besonderheit des Ortes aufklärt. In Richtung Westen, mit Blick auf das Wasser, sehen wir einen breiten **Schilfgürtel**. Schilf ist mit seiner Wuchshöhe von bis zu 3 m das größte der heimischen Gräser. Es stellt sich die Frage, wie Gras, das eigentlich ausschließlich unter Süßwasserbedingungen gedeiht, so dicht am Salzwasser existieren kann, denn der ufernahe Schilfbestand gerät im Zuge besonders hoch auflaufender Flut immer wieder auch unter den Einfluss der See. Des Rätsels Lösung liegt im Untergrund: Die unter der Sanddecke des nach Osten ansteigenden Schobüller Bergs ausgebildete **Geschiebelehmschicht** und **Ortsteinlage** verhindern ein vollständiges Einsickern der Niederschläge, die auf dieser Schicht dem natürlichen Gefälle folgend in Richtung Meer abfließen um unmittelbar am Geestrand auszutreten. Durch diese geologische Besonderheit können trotz des nahen Meeres Pflanzen gedeihen, die auf reichlich Süßwasser angewiesen sind. Der Schilfgürtel wird von vielen, zum Teil seltenen, Tierarten bevölkert. Hingewiesen sei hier besonders auf **Rohrammern** und **Teichrohrsänger**, die im natürlichen Schutz des Schilfbestands ihre Nester bauen und brüten. Es ist zwar verboten, den Schilfbestand zu betreten, doch können die Vögel von den Stegen, die den Schilfgürtel durchschneiden, beobachtet werden.

Strand mit Pflanzenwelt

7

Dem Schilfgürtel folgend gehen wir nun einige hundert Meter in Richtung Süden. An diesem Punkt des Strandes können wir von der Wasserkante bis zu den etwas höher gelegenen Flächen die Entwicklung der Pflanzenwelt von den ersten **Pionierpflanzen** wie dem Queller bis hin zur **Salzwiesenvegetation** mit Andelgras, Stranddreizack, Strandsalzmiere und Strandbeifuß beobachten. Man kann sich kaum noch vorstellen, dass Schobüll noch am Anfang des 20. Jahrhunderts einen wunderschönen Sandstrand besessen hatte, der nach dem Bau des **Nordstrander Damms** und der damit einhergehenden Verschlickung vollständig verschwand.

Schobüller Kirche

8

Am Schwimmbad und dem Campingplatz vorbei erreichen wir wieder die **Hauptstraße**, die wir überqueren, um schließlich zur Schobüller Kirche, sicherlich dem kulturellen Höhepunkt des Rundganges, zu gelangen. Über die genaue Entstehungszeit des Gebäudes kann nur spekuliert werden und auch ein Namenspatron der Kirche ist nicht bekannt. Der Legende nach wurde sie von den drei frommen Jungfrauen Selke, Skovby und Kyri als Missionskirche gestiftet. Die erste urkundliche Erwähnung findet das Kirchlein 1240 als Kapelle. In den Schriften taucht sie immer wieder unter der lateinischen Namensgebung *„ecclesio sub mare"* – *„**Kirchlein am Meer**"* auf. Der Grund für diese Bezeichnung ist nahe liegend, da wohl kaum eine Kirche entlang der Westküste so nahe am Meer liegt wie diese. Den Seefahrern vergangener Jahrhunderte diente der Turm der Kirche als willkommenes Seezeichen.

Man erkennt an der Kirche eine deutliche Dreiteilung. Der älteste Teil ist der im Osten gelegene **Altarraum**. In späteren Jahrhunderten wurde die Kirche nach Westen hin erweitert. Das **Kirchenschiff** stammt aus dem 15. Jahrhundert, das Westwerk mit seinem Turm wurde nach einem Einsturz bei Reparaturarbeiten 1780 in seiner heutigen Form neu errichtet und 1785 vollendet. Früher soll der **Turm** eine höhere Bauform gehabt haben. Aber gerade die jetzige geduckte Erscheinung prägt den unverwechselbaren Charakter dieser Kirche. Sie ist eine der ältesten Kirchen Schleswig-Holsteins und blieb trotz Plünderungen durch die Schweden im Dreißigjährigen Krieg vor gänzlicher Zerstörung bewahrt. Die letzte bauliche Veränderung fand 1896 statt, als man das Nord- und Südportal vermauerte und das heutige Eingangsportal mit dem Kirchenvorraum schuf. Das älteste schmückende Ausstattungsstück ist das imposante **Triumphkreuz**, das heute den Chorbogen ziert. Es entstand um das Jahr 1260 und stammt aus der Übergangszeit von der Romanik zur Gotik. Aus dem 15. Jahrhundert stammt der aus Belgien importierte, spätgotische **Taufstein** aus Marmor. Ende des 15. Jahrhunderts wurde der feste, mit gotischem Maßwerk verzierte **Altartisch** aufgestellt und mit dem **Schreinaltar** geschmückt. Wahrscheinlich gehören die 14 geschnitzten Figuren, die heute die Nordwand zieren, zu der ursprünglichen Bestückung des Altars, denn sie stammen genau wie dieser aus dem Jahre 1470, während das **Wandfach**, in dem sie heute aufgestellt sind, auf das 17. Jahrhundert datiert. Aus der gleichen Zeit stammt eine Besonderheit, der **Handtuchhalter**, der neben dem Taufstein an der Nordwand des Altarraumes befestigt ist. Im 18. Jahrhundert sind noch einige imposante Gegenstände hinzugekommen, so dass man davon ausgehen kann, dass die Geschäfte der Gemeinde eine Blütezeit erlebten. Der 12-armige **Kronleuchter** wurde im Jahre 1701 von dem Deichgrafen zu Hockensbüll, MATZ FREDIES, gestiftet. Auffällig ist, dass dieser Messingleuchter, der in einer christlichen Kirche hängt, mit einer Figur des griechischen Göttervaters Zeus auf dem Rücken eines fliegenden Adlers bekrönt ist. 1703 wurde die Kirche umgebaut, die **Westempore**, die mit Szenen des Alten und Neuen Testaments geschmückt ist, wurde eingezogen. Auch hier findet man den Namen MATZ FREDIES unter den Stiftern. Im gleichen Jahr bekam die Kirche den geschnitzten **Taufdeckel** von einer Gutsherrin gestiftet, die so ihre Dankbarkeit für die Errettung vor einem Raubüberfall ausdrückte. Als letztes Element sei ihr Augenmerk auf die barocke **Kanzel** gelenkt, die 1735 eingebaut wurde und von dem Langenhorner Künstler JENS SÜNCKSEN geschnitzt worden ist.

Unter der Schirmherrschaft des bekannten Trompeters LUDWIG GÜTTLER bemüht sich ein Orgelbau-Förderverein um Spenden für den Bau einer neuen Orgel, damit auch weiterhin die beliebten Kirchenkonzerte mit namhaften Künstlern aus aller Welt in der „*ecclesio sub mare*" stattfinden und das Kulturleben bereichern können.

Westliche Halbinsel Eiderstedt – Mit dem Fahrrad
Klaus Körth

Exkursionsroute

St. Peter-Ording – Tümlauer Koog – Westerheversand – Warft von Stufhusen – Ortszentrum Westerhever – Westerhever Kirche – Garding

Dauer: Diese Exkursion ist als Fahrradtour konzipiert und an einem Tag zu bewältigen, je nach eigener Routenfindung bis zu 50 km. Allerdings ist gerade eine Küstentour stark wind- und wetterabhängig, so dass verschiedene Möglichkeiten beschrieben werden und es der persönlichen Selbsteinschätzung überlassen bleibt, ob eher eine gemütliche Rundtour von St. Peter nach Westerhever oder eine sportliche Rundfahrt über Westeiderstedt anzustreben ist.

Überblick

Nördlich der Mündung der **Eider** in die Nordsee erstreckt sich die Halbinsel Eiderstedt auf 30 km Länge und 15 km Breite, was etwa eine Gesamtfläche von 339 km^2 bedeutet. Bis 1970 war Eiderstedt ein eigenständiger Kreis mit Sitz in Tönning, heute gehört die Halbinsel zum Landkreis Nordfriesland und wird in **Husum** verwaltet. Die Halbinsel hat rund 20 000 Einwohner in 55 Kögen. Dies ist genau ein Drittel aller 165 schleswig-holsteinischen Köge und zeigt die Prägung der Landschaft und der Bewohner durch den Kampf gegen den „blanken Hans".

Mittel- und Südeiderstedt sind seit ca. 100 n. Chr. besiedelt. Dies konnte an der Wurt von Tofting im Kirchspiel Oldenswort bewiesen werden, die von 1949 bis 1952 ausgegraben wurde. Aus früheren Epochen gibt es nur sporadische Funde, so aus der Jungsteinzeit und Bronzezeit. Siedlungsschwerpunkte waren die Strandwälle, die sich von West nach Ost erstrecken, etwa dort wo sich heute die Eisenbahnlinie von St. Peter nach Tönning entlang zieht. Diese Strandwälle sind Teil eines Nehrungs- und Hakensystems, das sich aus Sedimenten mehrerer ursprünglich im Westen vorgelagerter saaleeiszeitlicher und durch den nacheiszeitlichen Meeresspiegelanstieg erodierter **Geestkerne** gebildet hat.

Abb. 61: Exkursionsroute 7 Eiderstedt

Auf dieser **Nehrung** liegen die Orte mit „-ing"-Endung wie Ording, Garding, Tating, Esing sowie Tönning als alter Hafenort. Siedlungsgeschichtlich und historisch sind diese Orte Mittelpunkte der Landschaften **Utholm** und **Evershop**.

Diese Namensendungen auf -ing bzw. -ingen sind sonst besonders häufig in Süddeutschland (beispielsweise Reutlingen, Tübingen usw.) und deuten auf eine Besiedlung durch **Sueben** hin. **Friesische Siedlungen** enden auf -büll. Sie wurden zurzeit Karl des Großen um 800 gegründet und liegen von den Siedlungskernen ausgehend in der nahe gelegenen Marsch (z. B. Poppenbüll, Tetenbüll, Kotzenbüll). Die bodenständigen Heiligen deuten allerdings auch auf eine **holländische Besiedlung** hin oder zumindest auf einen regen Austausch zwischen Nordfriesland und Holland, v. a. bei Deichbau und Walfang, der über Jahrhunderte anhielt.

Der erste Deichbau auf Eiderstedt ist für 987 n. Chr. nachgewiesen. Es ist der **Ringdeich** um den Johanniskoog bei **Poppenbüll**. Durch die große Sturmflut von 1362 wurde Eiderstedt zur Insel, da durch katastrophale Deichbrüche eine Verbindung zwischen **Hever** und **Eider** entstand. Husum wurde über Nacht zur Seestadt. Und erst 1489 konnte mit dem **Dammkoog** wieder eine dauerhafte Verbindung zwischen Eiderstedt und dem Festland eingedeicht werden.

Aber erst 1613 wuchsen mit der Eindeichung des **Dreilandenkoogs** die drei Inseln Eiderstedt, Evershop und Utholm zu einer einheitlichen Halbinsel zusammen. Diese drei Inseln werden nach den dänischen Verwaltungseinheiten als **Harden** bezeichnet und spiegeln sich noch heute in den drei Schiffen auf dem Eiderstedter Wappen wider. Westerhever war eine zur Harde Eiderstedt gehörige eigene Insel.

In seiner Biographie schrieb der 1843 in Lunden geborene Jurist Johann Christian Kinder: „Im Winter waren die Marschenwege oft so tief und schlecht, dass die Anwohner sie nur auf Pferden reitend passieren konnten und zuweilen wochenlang durch Wasser auf ihren Höfen abgeschlossen von der übrigen Welt verbleiben mussten. Jetzt, da Kunststraßen, Klinkerchausseen, Eisenbahn den Verkehr vermitteln, vermag keiner eine richtige Vorstellung von jenen Zuständen zu gewinnen."

Viele Siedlungen wurden an den Prielen und Flüssen gegründet, da die Landwege häufig nicht nutzbar waren. Die kleihaltigen Böden weichten im Regen auf und wurden für Pferdegespanne unpassierbar. Um die Versorgung und den Transport von Waren auf dem Wasserwege zu ermöglichen, wurden Anfang des 17. Jahrhunderts zwei Kanäle, die **Süder**- und **Norderbootfahrt** gegraben.

Am 2. Januar 1611 beauftragte der Gottorfer Herzog JOHANN ADOLF den Generaldeichgrafen J.C. ROLLWAGEN in Tönning einen Hafen bauen zu lassen. Dieser sollte als **Exporthafen** der auf Eiderstedt erzeugten Produkte dienen (Käse, Vieh und Getreide). Durch die **Norder-** und **Süderbootfahrt** wurde der Transport der Waren von Eiderstedt gewährleistet, da die Kanäle wesentlich zuverlässiger waren als die Landwege auf den schweren Böden. Die Schifffahrt auf diesen für Eiderstedt wichtigen Kanälen mit dem Endhafen in **Garding** wurde erst durch die 1849 fertiggestellte Chaussee nach Tönning und v. a. die 1892 in Betrieb genommene Eisenbahn überflüssig.

Die Unwegsamkeit des Geländes zeigen auch die 18 historischen Kirchen, die im 12. Jahrhundert zumeist auf eigener **Warft** gegründet wurden und zugleich Wegmarken sind. Auch heute noch sind von jedem Kirchturm aus drei oder vier andere Kirchen zusehen. Die **Hauptkirchen** sind in Tönning (1186), Garding (1109) und Tating (älteste Kirche Eiderstedts von 1103). Die zwei katholischen Kirchen in Tönning und St. Peter sind erst 1973 und 1958 geweiht worden. Die wertvollen Einrichtungen der romanischen Kirchen zeugen von reicher Produktivität der Eiderstedter Landwirtschaft.

Rundtour

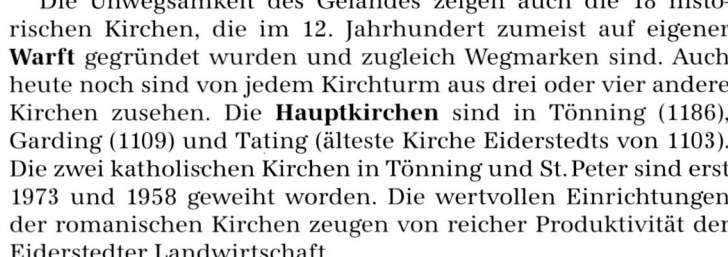

[1] St. Peter-Ording

Start ist an der vorletzten Bahnstation: St. Peter Dorf. Die Stichlinie von Husum nach **St. Peter-Ording** ist eine privatisierte, mit neuen modernen Zügen ausgestattete Bahn. Von hier geht es in südlicher Richtung zum Strandübergang St. Peter Böhl und dann weiter auf dem Deich entlang mit Blick auf die vorgelagerten Dünen und Sandbänke und den Siedlungsbereich Richtung Nordwesten.

St. Peter wurde erstmals 1373 als Ulstrop mit der Kirche **St. Petri** erwähnt, welche nach 1445 dem Ort den Namen gab. 1877 fand die offizielle Gründung des Nordseebades **Ording** statt, nachdem schon ab 1837 erste Zelte für Badegäste und Übernachtungsmöglichkeiten geschaffen worden waren. Die beiden Orte St. Peter und das Nordseeheilbad Ording wurden erst 1967 zu einer Gemeinde zusammengeschlossen. Vor dem Aufblühen durch den Tourismus waren die beiden Dörfer in den Dünen gelegene Fischerdörfer, die nicht von den ertragreichen Marschböden profitieren konnten und somit eher arm waren. Noch bis kurz nach 1945 lagen Fischerboote zwischen der Badebrücke und der Sandbank. **St. Peter** ist ein vergleichsweise junges Bad, es wurde 1875 gegründet, der Anschluss an das Schienennetz erfolgte erst 1932.

Wesentliche Attraktionen dieses Badeortes sind die sehr großen, gut zugänglichen **Sandbänke** und **Dünen**, die einzigen im Festlandsbereich der Westküste. Diese Dünen (max. 15 m ü. NN) bilden auch heute noch auf einer kurzen Strecke zwischen Bad St. Peter und Ording den alleinigen Küstenschutz. Sie brechen bei Sturmfluten z. T. mehrere Meter ab. 1825 wurde der Dünengürtel sogar schon einmal durchbrochen. Aber der Sand bietet nicht nur Schutz, sondern war auch eine Gefahr für den Ort. So musste die Vorgängerin der heutigen Kirche von Ording im 18. Jahrhundert wegen Sandverwehungen um 750 m nach Osten verlegt werden. Mit Aufforstungen wird seit 1864 versucht, die Sandverwehungen zu stoppen, so dass hier die für die Westküste ungewöhnliche Möglichkeit einer Waldwanderung, zumeist durch **Kiefernforst**, besteht. Heute sind die Dünen von wichtiger Bedeutung für den Küsten- und Naturschutz und ihre Bildung und Festigung wird durch den Bau von Sandfangzäunen und die Anpflanzung von **Strandhafer** unterstützt. Dünenschutz ist ein Beispiel dafür, wie Küsten- und Naturschutz Hand in Hand arbeiten können. Hier zeigt sich die Wichtigkeit einer Besucherlenkung durch Überzeugung, denn das Betreten der Dünen zerstört die empfindliche Pflanzendecke.

Der **Leuchtturm** am Deich in **Böhl** ist ein Quermarkenfeuer für die Einfahrt in die **Eider**. 1890 ersetzte der runde Ziegelturm eine hölzerne Peilmarke, erst 1914 wurde er mit einer Laterne versehen.

Vom **Teerdeich** besteht ein schöner Ausblick auf die Vorländereien. Breite Schilfzonen bieten der Natur einen Rückzugsraum. Hier finden sich auch Laichbiotope für die **Kreuzkröte**, einer typischen Amphibienart der Dünenküsten. Sie ist angewiesen auf flache, spärlich bewachsene Gewässer, deren schnelles Austrocknen durch eine kurze Larvenentwicklungszeit kompensiert wird. Dadurch entkommt diese kleine Krötenart aber dem Konkurrenzdruck durch Fische und andere Amphibien. Tagsüber vergraben sich Kreuzkröten im Dünensand in durchschnittlich 20 cm Tiefe. Im Winter graben sie sich sogar bis zu 2 m tief ein. Hierfür sind relativ leichte, gut bewegliche Sandböden notwendig.

Die großen vorgelagerten Sandflächen sind Brutplatz von seltenen, auf der Roten Liste als stark gefährdet geführten, **Seeregenpfeifern** und **Zwergseeschwalben**. Beide sind Brutarten der

Abb. 62: Strandüberfahrt St. Peter-Ording – Nationalparkschild im Schilderwald

Primärdünen, einem Lebensraum der durch den touristischen Druck nur noch selten ungestört ist. Deshalb ist es notwendig, Teile der Sandflächen während der Brutsaison flexibel zu sperren.

Während der Fahrt auf dem Deich Richtung Westen fallen die **Deichüberfahrten** auf. Obwohl Dünen und Strände besonders schützenswerte Biotope nach dem Landesnaturschutzgesetz sind, wurde die **Strandbefahrung** im Nationalpark weiterhin gestattet. Für die Gemeinde war es schwierig, ausreichend Ausweichparkplätze binnendeichs zur Verfügung zu stellen.

Einmalig an der deutschen Nordseeküste ist die touristische Nutzung der weitläufigen Außensände durch **Pfahlbauten**. Um vor den Sturmfluten geschützt zu sein, wurden Restaurants und die weitere notwendige touristische Infrastruktur (Toiletten, Deutsche Lebensrettungsgesellschaft, Kioske usw.) auf Plattformen aufgebaut.

Eine weitere einmalige Strandnutzung ist das **Strandsegeln** mit dreirädrigen Leichtbaufahrzeugen, die nur mit Hilfe eines Segels Geschwindigkeiten von bis zu über 100 km/h erreichen. Für diese Sportart werden Strandabschnitte benötigt, entlang derer eine starke Brandung den Sand zu einer betonharten Piste verdichtet.

Tümlauer Koog

Weiter geht die Fahrt immer am Deich entlang, einmal auf dem Deich, ein anderes Mal binnen des Deichs. Im **Tümlauer Koog**, in der Nähe des Hafens, wechselt man auf die Außendeichseite und fährt weiter bis ein schmaler Klinkerweg zum **Leuchtturm** abzweigt. Hier muss das Fahrrad geschoben werden oder ein Umweg über den Fahrweg zum Leuchtturm in Kauf genommen werden.

Der **Tümlauer Koog** wurde zwischen 1933 und 1935 als Hermann-Göring-Koog eingedeicht und nach 1945 umbenannt. Es handelt sich um eine ländliche Streusiedlung ohne eigentlichen Mittelpunkt. Neben der Landwirtschaft spielt auch hier der Tourismus als „Urlaub auf dem Bauernhof" eine wesentliche Rolle. Der **Sportboothafen** in der Tümlauer Bucht ist nur bei Flut durch einen sehr engen Priel zu erreichen und bietet maximal 30 Sportbooten einen Liegeplatz. Gelegentlich landet hier einer der Fischkutter, die bis 1962 in Ording beheimatet waren, seinen Fang an. Die **Tümlauer Bucht** ist als Zone 1 des Nationalparks geschützt. Sie war bis zur Eindeichung noch wesentlich größer. Durch intensive Vorlandgewinnung, die vom Deich aus gut zu sehen ist, konnte schon wieder ein breiter Salzmarschbereich aufgelandet werden. Sie ist die letzte große Bucht mit breiten **Salzwiesen** in Schleswig-Holstein.

Auf einer gemächlichen Fahrradtour bei schönem Wetter ist es schwer vorstellbar, welche Gewalten hier bei einer Sturmflut auf den Deich einwirken. Während der Februar-Sturmflut von 1962 musste der gesamte Tümlauer Koog geräumt werden, da der Deich zu brechen drohte. Hier ging es gut, aber an 128 Stellen zumeist in Hamburg, Niedersachsen und den Niederlanden brachen die Deiche – in Hamburg starben über 300 Menschen. In St. Peter-Ording wurden Teile der Dünen weggespült – noch zwei Tage später stand das Wasser im Ort. Wegen weiterer Deichbrüche wurde die gesamte Halbinsel Eiderstedt zum Notstandsgebiet erklärt. Das **Siel** am Nordostende der Tümlauer Bucht dient der Hinterlandentwässerung des Süderheverkooges und der dahinter liegenden Köge. Hier gibt es Probleme aufgrund des geringen Gefälles hinter dem Deich und dem Zuschlicken der Tümlauer Bucht.

Ein weiteres Schöpfwerk wird ein paar hundert Meter weiter durch ein Windrad markiert. Über dieses **Schöpfwerk Adamssiel** werden Westerhever und die angeschlossenen Augustenköge entwässert. Das Marschland von Westerhever liegt zumeist nur 40 cm über dem Meeresspiegel. Dies zeigt die Notwendigkeit einer gut gesteuerten Entwässerung, da sonst große Teile Westerhevers wie früher lange unter Wasser stehen würden.

Linkerhand zweigt ein schmaler **Klinkerweg** ab, der durch das Westerhever Vorland zum Leuchtturm führt. Dieser Weg wurde unter Denkmalschutz gestellt, denn im letzten Jahrhundert sicherten Wege dieser Art das erste Mal die Zugänglichkeit weiter Teile Eiderstedts auch in den feuchteren Jahreszeiten.

Der Weg führt durch beweidete und unbeweidete **Salzwiesen** und war in den 1990er Jahren lange nicht begehbar, da zwei Brücken durch Sturmfluten beschädigt waren. Gemeinde, Land und Nationalparkamt konnten sich nicht über die Finanzierung der notwendigen Reparaturen einigen. Dem Naturschutz kam das nicht ungelegen, da sich dadurch alle Besucher auf nur einen Weg konzentrierten und sich so die Störungen verringerten. Jetzt gibt es die Möglichkeit, einen **Rundweg** zu gehen, was die touristische Nutzung attraktiver macht. Allerdings ist der Klinkerweg mit der Breite von zwei Ziegelsteinen sehr schmal, so dass es zu erheblichen Trittschäden in den Randbereichen kommt.

3 Westerheversand

Der Westerheversand ist erst seit 1870 an das Festland herangewachsen. Vordem war er eine **Hallig**, die durch einen breiten **Priel** vom Festland getrennt war. 1887 wurde der Sand durch einen Damm an das Festland angebunden. Seine heutige touristische Nutzung ist eingeschränkt, da eine rund 2 km lange Wanderung vom Parkplatz zur Wasserkante führt. Dies ist vielen Besuchern zu weit, zumal in St. Peter-Ording möglich ist, direkt auf den Sand zu fahren. Einmal nach draußen auf den Westerheversand gelangt, hat man dann selbst in der Hochsaison viel Platz und kann die Wattenmeernatur in ihrer herrlichen Weite genießen. Der Fußweg ist selbst bei normalem Hochwasser mit Gummistiefeln begehbar. Allerdings sollte man sich sicherheitshalber nach den Hochwasserzeiten und den Wasserständen erkundigen, da es sonst durchaus möglich ist, dass man auf der **Sandbank** eingeschlossen wird. Hierfür wurde ein Sicherheitsturm gebaut, allerdings wird im Winter die Leiter abgebaut, damit Wind und Wellen sie nicht weggeschwemmen. Im Winter ist die Gefahr der Überflutung der Sandbank besonders groß.

Der Westerhever **Leuchtturm** ist baugleich mit denen in Hörnum auf Sylt und auf Pellworm. Das Besondere machen seine Lage weit vor dem Deich in den Salzwiesen und die beiden Leuchtturmwärterhäuschen aus. Sie bilden gemeinsam mit dem Leuchtturm das einmalige Ensemble.

Abb. 63: Weg am Leuchtturm bei 1 m ü. NN

Für den Leuchtturm musste erst eine **Warft** weit im Vorland gebaut werden. Marschboden wurde aufgeschüttet, durch Pferde festgetreten und verdichtet, sowie ein sturmsicheres Fundament aus 127 Eichenpfählen gerammt. Insgesamt wurden für den Turm 608 vorgefertigte Gussplatten (fast 150t) zusammengeschraubt. Der Probebetrieb begann am 26.5.1908. Der Anschluss an das öffentliche Stromnetz erfolgte 1950. Seit 1978 funktioniert das Leuchtfeuer vollautomatisch und wird vom Wasser- und Schifffahrtsamt in Tönning überwacht. Damit wurden auch die beiden Leuchtturmwärter überflüssig, die in den beiden Häusern mit ihren Familien wohnten. Dieses Leben war ähnlich wie das auf einer Hallig, denn besonders im Winterhalbjahr war die Leuchtturmwarft nur bei Niedrigwasser zugänglich. Bei Hochwasser und Sturmfluten konnten die Schulkinder ihren langen Fußweg bis zum Unterricht am Fuße der Kirche nicht antreten oder kamen nur nach langer Wartepause zurück.

Nachdem sogar überlegt wurde, die **Leuchtturmwärterhäuschen** aus Kostengründen abzureißen, wurden sie unter Denkmalschutz gestellt und 1981/82 mit hohem Aufwand modernisiert. Erst hierfür wurde der Fahrweg zum Turm gebaut. Vordem war die Zugänglichkeit nur über den Klinkerweg gegeben, so dass über Jahre das Fahrrad das einzige Transportmittel darstellte.

Heute werden beide Häuser von der Naturschutzgesellschaft Schutzstation Wattenmeer betreut, eines dient als Seminarhaus, das andere als Unterkunft für Zivildienstleistende und Praktikanten, die vor Ort vogelkundliche Führungen und Wattexkursionen anbieten. Seit 2001 finden einmal pro Woche Trauungen im Leuchtturm statt.

Jeder Leuchtturm hat seine eigene **Kennung**. Die Tageskennung ist deutlich anhand der jeweils einzigartigen Farbgebung und Form zu identifizieren. Die typische Lichtkennung bei Nacht wird unterschieden nach Zahl, Frequenz, Dauer der Lichtimpulse sowie der Farbe. Alle Angaben sind in den Seekarten verzeichnet. Wenn ein Leuchtturm zur Kennzeichnung eines Fahrwassers dient, heißt er **Leitfeuer**. Untergeordnet sind **Sektorenfeuer**, die allgemeine Informationen über den Seebereich anzeigen, z.T. auch mit Leit- und Warnsektoren zur Markierung des Fahrwassers. In den Seekarten werden weiterhin Tragweite (die Entfernung, in der das Feuer gerade noch sichtbar ist) und die Feuerhöhe (Höhe der Lichtquelle über dem mittleren Hochwasser) angegeben. Die Tragweite des Westerhever Leuchtfeuers für das weiße Licht beträgt 21 Seemeilen. Der Turm hat eine Höhe von 40 m, die Feuerhöhe liegt allerdings bei 41 m, da die Höhe der Warft noch hinzukommt.

4 | Warft von Stufhusen

Über den Fahrweg geht es zurück zum **Deich**. Zwei Stichwege laden ein, sich die Abbruchkante zwischen Salzwiese und Sandbank anzuschauen. Am **Deich** gibt es die Möglichkeit, den kurzen Weg zur Westerhever Kirche direkt über den Deich zu nehmen oder erst noch am Außendeich Richtung Norden weiter zu radeln und später über die Ortsteile Stufhusen oder Schanze den „Ortskern" zu erreichen.

Es lohnt sich, einen der Stichwege zur **Abbruchkante** entweder am Leuchtturm oder an der Abzweigung zur Sandbank zu nehmen und den Blick über das Sandwatt zur Sandbank schweifen zu lassen. Die Abbruchkante markiert den Übergang vom Watt zur Salzwiese oder vom Meer zum Land. Viele Ausbuchtungen, Auskolkungen und Sandaufwehungen zeigen das für diesen Übergang typische Wechselspiel zwischen Erosion und Sedimentation, das aufgrund des Küstenschutzes nur noch sehr selten zu sehen ist.

Bei Trockenheit und Wind ist zu spüren, was das Besondere der Westerhever **Salzwiese** ausmacht. Durch Sandablagerungen sind die westlichen Randbereiche der Salzwiese höher als die am

Deich gelegenen. Die klassische Zonierung der Salzwiesen ist hier also genau umgekehrt. Die Tide kommt durch die Tümlauer Bucht über einen Priel zwischen Deich und Leuchtturm, wobei der Weg zum Turm noch vor der am Wasser gelegenen Kante überflutet wird. Dies kann bei Unwissenheit zu Problemen führen, denn überflutete Marschwege sind sehr schwer zu gehen. Es kam sogar schon soweit, dass Spaziergänger bei Sturmflut von den höher gelegenen Brücken per Hubschrauber geborgen werden mussten.

Beim kurzen Weg zur Kirche kommt man beim Deichübergang an einer **Schäferei** vorbei, von wo aus die Deiche und Vorländereien im Bereich Westerhever beweidet werden. Die deutlich sichtbare Diversifizierung des Betriebes (z.B. Selbstvermarktung, Urlaubsangebote) ist durch die Probleme der Schafhaltung an der Küste bedingt. Die Wollvermarktung bringt aufgrund der Konkurrenz aus Australien und Neuseeland nicht einmal den Scherlohn. Da es aus Naturschutzsicht sinnvoll ist, die Vorländereien aus der Beweidung herauszunehmen, wird die Beweidungsdichte reduziert oder die Nutzung zum Teil ganz aufgegeben. Dies geschieht sozialverträglich, indem Pachtflächen von Schäfern, die ihren Betrieb aufgeben, umverteilt werden. Außerdem wird vom Land ein finanzieller Ausgleich für die

Abb. 64: Konflikt Salzwiesen – Naturschutz versus Küstenschutz

Aufgabe der **Salzwiesenbeweidung** im Nationalpark gezahlt. So konnte der Anteil unbeweideter Salzwiesen vor den Deichen an der Westküste von 2 % 1991 auf 49 % im Jahre 1998 erhöht werden.

Hinter der Schäferei ist ein großer Parkplatz für die Tagestouristen angelegt worden. Der **Fremdenverkehr** hat seinen Schwerpunkt hier, eine „Inwertsetzung" wird aber erst in den letzten Jahren durchgeführt. Imbiss, Parkplatzwächter und eine Ausstellung bieten neben dem Infopavillon des Nationalparkamtes den bescheidenen touristischen Rahmen.

Bei der Tour am Deich Richtung Nordosten wird der Vorlandstreifen immer schmaler, bis der Deich direkt im Watt steht. Hinter dem Deich zeigen schilfbestandene Teiche, so genannte **Wehlen**, frühere Deichbruchstellen an. Durch die starke Strömung bei einem Deichbruch wurden hinter der Deichlinie tiefe Löcher ausgespült. Bei der Deichreparatur wurden diese nicht wieder verfüllt, da der Materialtransport allein für den Deich mehr als schwierig war. Zuletzt brachen hier die Deiche bei der Weihnachtsflut von 1717 und Westerhever wurde überschwemmt. Aber auch 1976 drohte er zu brechen. Hier zeigt sich, welcher Schutz durch ein breites Vorland gewährleistet wird. Denn der so genannte **Schardeich** muss der ungebremsten Kraft der Wellen standhalten. Die Wehlen sind ausgesüßt und auch nach der Flurbereinigung als Feuchtbiotop und Brutgebiet erhalten geblieben. Im Winter wird hier gelegentlich noch das **Reet** für den örtlichen Bedarf geschnitten. Für das wiederentdeckte Reetdach als typische Bedachung Norddeutschlands wird das Reet allerdings zumeist aus Ungarn importiert.

Ein kurzes Stückchen weiter liegt die **Warft von Stufhusen**. Dieser Ortsteil von Westerhever ist eine der am besten erhaltenen Halligwarften auf Eiderstedt. Die geschlossene, kleinteilige Bebauung auf der Warft erinnert stark an ähnliche Warften auf den Halligen. So ist auch die Entstehung zu begreifen. Siedlungskern war die Warft, die im Laufe der Zeit immer weiter erhöht wurde. Selbst nach dem ersten Deichbau, der in Westerhever wahrscheinlich um 1200 erfolgte, wurde nur auf den sicheren Warften gesiedelt.

Auch ein halligtypischer **Fething** ist noch vorhanden. Dieser diente als Süßwasser-Reservoir, denn in der Westerhever **Marsch** gibt es keine nutzbaren Quellen, aber das Trinkwasser für Mensch und Vieh musste vor Überschwemmungen gesichert werden (vgl. Abb. 51, S. 165). Im Gegensatz zu den Halligen gab es auf Stufhusen allerdings keine getrennten Zisternen für das Trinkwasser der Bewohner. Noch bis 1967 wurde dieses Wasser für Mensch und Tier genutzt, denn erst in dem Jahr erfolgte der Bau einer Wasserleitung bis in diesen Winkel Eiderstedts.

Auf der Warft Stufhusen stehen die wichtigsten **Haustypen**
Eiderstedts eng beieinander. Die kleinen Häuser, so genannte
Katen, waren die Unterkünfte für die Landarbeiter und Tage-
löhner. Ohne Landbesitz mussten sie ihre wenigen Schafe im
Vorland weiden lassen. An der Straße steht ein mehrfach ver-
längertes friesisches **Langhaus**. An den Wohntrakt schließt sich
der Stallteil für das Milchvieh an. Heuvorräte wurden auf dem
Dachboden gelagert. Das größte Gebäude der Warft ist ein 1855
gebauter **Haubarg**. Haubarge sind die regional typischen Bau-
ernhäuser für Eiderstedt und die größten historischen Gehöfte.
Dies zeigt den Reichtum der Landschaft, aber auch die hohen
Kosten für den Transport des Baumaterials. Der Name „Haubarg" wird abgeleitet vom „Heu bergen", da die gesamte Heuernte im zentralen Vierkant eingelagert wurde. Dieser Vierkant
wurde aus 4 bis 10 Ständern gebildet, Holzbalken aus Kiefer oder
Eiche mit einem Durchmesser um 30 cm. Die Innenfläche des
Vierkants kann bis zu 100 m^2 betragen, die Ständer haben eine
Höhe von bis zu 12 m. Die Firsthöhe des Reetdaches kann 16 m
betragen. Den Vierkant umgeben die Viehställe, Lagerräume für
das Winterfutter, Stellplätze für die Fuhrwerke, Diele und Wohn-
räume. Mit dieser Bauweise war es möglich, mit relativ wenig
Holz ein riesiges Raumvolumen zu umbauen.

Anfang des 19. Jahrhunderts gab es ca. 400 **Haubarge**, von
denen heute nur noch 60 erhalten sind. Der Wandel der Landwirtschaft und die große Gefährdung des Reetdaches durch
Feuer sind für den Schwund der einmaligen Häuser verantwortlich. Der prächtige Haubarg in Stufhusen hat drei **Spitzgiebel**.
Sie wurden jeweils über den Einfahrten zum Materialtransport
und den Eingängen zum Offenhalten des Fluchtweges im Brandfall hochgezogen. Im Brandfall wird der Fluchtweg nicht durch
das herunterrutschende brennende Reet versperrt.

Sehr schön zu besichtigen ist der „**Rote Haubarg**" bei **Simonsberg**. Das 1720 aus roten Backstein errichtete Gebäude wurde
ursprünglich rot belassen und erst später weiß gestrichen, nachdem sich der Name schon eingebürgert hatte. Im 750 m^2 großen
Gebäude ist im Wirtschaftsteil ein sehr schönes Museum zur
Geschichte der Landschaft und der Haubarge eingerichtet. Im
ehemaligen Wohnbereich dient ein Cafe und Restaurant der Ver-
köstigung regionaler Spezialitäten.

Wieder zurück auf dem **Deich** hat man einen schönen Blick
auf die nordfriesische Insel- und Halligwelt. Wenn die Sicht einigermaßen gut ist, beginnt das Panorama im Westen mit dem
Süderoogsand. Auf ihm steht eine weithin sichtbare Bake mit
Leuchtfeuer und Rettungsraum für Schiffbrüchige. Diese **Baken**

gab es früher zahlreich im Wattenmeer, so dass sie von der Naturschutzgesellschaft Schutzstation Wattenmeer zum Vereinswappen erkoren wurden. Heute sind fast alle abgebaut. Der Süderoogsand ist der südlichste einer Kette von **Außensänden**, die die Grenze zwischen Nordsee und Wattenmeer in Nordfriesland markieren. Mit 15 km² ist er allerdings der Größte, ein berüchtigtes Hindernis zu Zeiten der Segelschifffahrt, an dem viele Schiffe strandeten. Nicht weit entfernt östlich liegt die kleine Hallig **Süderoog**, die nur von einer Familie in einem Haus bewohnt wird. In den zwanziger und dreißiger Jahren des letzten Jahrhunderts war hier eine berühmte internationale Jugendbegegnungsstätte. Der große rot-weiße Leuchtturm steht auf der großen Marscheninsel **Pellworm**. Diese Insel ist ein Rest der bis 1634 weitaus größeren Insel **Strand**. Weitere Reste bilden die von hier aus nicht sichtbare Hallig **Nordstrandischmoor** und **Nordstrand**, welche im Nordosten am Horizont zu erkennen ist. Dazwischen ist noch der **Damm** zum neuen Fähranleger Pellworms und die Hallig **Südfall** zu sehen. Bei Südfall soll der sagenumwobene Ort **Rungholt** gelegen haben, der 1362 bei einer katastrophalen Sturmflut, der „Groten Mandränke" unterging. Zwischen Pellworm und Nordstrand fließt seit 1634 der **Norderheverstrom**, der sich über 25 m tief in die ehemalige Marschinsel hineingegraben hat.

Am nördlichsten Punkt Westerhevers, dem Deichknick von Nordost auf Ost, liegt ein **Teich**. Dieser markiert keinen ehemaligen Deichbruch sondern diente zwischen 1864 und 1979 als Rückhaltebecken. In dieser Zeit wurde Westerhever hier durch ein Siel nach Norden entwässert. Durch ein Schott ist das Wasser solange aufgehalten worden, bis ein größeres Gefälle vorhanden war, um das Verschlicken des flachen Priels vor dem Deich zu verhindern. In der Ferne können bei guter Sicht an Nordstrand vorbei der Geesthang von Schobüll und die Getreidespeicher von Husum entdeckt werden.

Die nächste Abfahrt vom Deich Richtung Ortszentrum ist die Halligwarft **Schanze**. Der Name hat sich seit dem Dreißigjährigen Krieg (1618–1648) gehalten. Damals haben hier kaiserliche Truppen eine Befestigung für drei Jahre errichtet. Die Feinde auf der anderen Seite des **Heverstroms** waren aufgrund einer wesentlich geringeren Wasserführung nicht so weit weg wie heute. Von der ehemaligen dichten Bebauung sind heute nur noch drei Häuser übrig geblieben, von denen zwei als Ferien-

Abb. 65: Roter Haubarg Stufhusen

häuser genutzt werden. Das dritte große Bauernhaus wurde mit einigen Ferienwohnungen ausgebaut. Kaum vorstellbar, das es hier ehedem ein zweites Ortszentrum mit Schule, Krug und Laden gegeben hat. Die Straße in das Binnenland verläuft am ehemaligen Deich entlang, der als **Osterdeich** die ehemalige Insel Westerhever schützte. Die Andeichung an das übrige Eiderstedt erfolgte 1437. Auf dem Deich stehen einige ehemalige Landarbeiterhäuschen, die so auch bei einem Deichbruch noch geschützt waren. Die meisten Katen der armen Bevölkerung waren allerdings kaum geschützt, so dass bei der Weihnachtsflut 1717 viele dieser Häuser zerstört wurden und über dreißig Menschen den Tod fanden. Der Weg ins Landesinnere heißt **Heerstraße** und hat seinen Ursprung ebenfalls im Dreißigjährigen Krieg.

5 | Ortszentrum Westerhever

Um zum Ortszentrum **Westerhevers** zu gelangen, geht es an der ersten Kreuzung rechts ab. Auf den Fennen fällt auf, dass fast nur Weidewirtschaft betrieben wird und jede **Fenne** ihren eigenen Teich zur Trinkwasserversorgung des Viehs hat, wodurch die wichtigen Entwässerungsgräben vom Vertritt freigehalten werden.

Kurz vor Erreichen der Hauptstraße führt der Weg noch an zwei **Warften** vorbei. Auf der ersten, dem **Siekhof**, ist einer der verbliebenen elf Vollerwerbslandwirte tätig. In den 1950er Jahren stand noch in über 60 der 85 vorhandenen Häuser bzw. Höfe Milchvieh. Diese alle als landwirtschaftliche Betriebe geführten Hofstellen verfügten häufig nur über ein bis fünf Hektar Land. Auch Westerhever machte und macht den allgemeinen Strukturwandel der Landwirtschaft mit.

Die nächste Warft ist das ehemalige Pastorat auf der **Wogemannenburg**. Diese Warft hat ihren Namen von einer Gruppe von Seeräubern, die nach der „Groten Mandränke" von 1362 hier ihre Fluchtburg schufen. Die „Wogemannen" plünderten einige Jahre lang Schiffe und Ortschaften Eiderstedts bis sie 1370 besiegt und vor Ort geköpft wurden. Das **Pastorat** stammt aus einer Zeit als jeder Pastor noch selbst Landwirtschaft zur Ernährung betreiben musste. An das ältere Wohnhaus wurde 1653/54 eine Haubargscheune angebaut. Bis 1930 lebte hier der Pastor, dann wurde die Gemeinde mit Osterhever und Poppenbüll zusammengelegt.

Das **Ortszentrum** von Westerhever ist bei der ersten Durchfahrt enttäuschend. Nach dem Ortsschild folgt die alte Schule, Kirche, Gaststätte, noch drei, vier weitere Gebäude und dann kommt schon das Ortsausgangsschild. Dieses Erscheinungsbild ähnelt eher dem einer **Hallig**: Siedlungskerne zum Teil auf Warften und von viel Grünland umgeben. Das Erscheinungsbild entspricht genau der Entstehung. Die Besiedlung Westerhevers begann auf Warften, sie wurden 1262 eingedeicht. Bis 1437 war Westerhever noch eine **Marscheninsel**, die durch das **Knauel-Tief** vom restlichen Eiderstedt getrennt war. Diese Lücke wurde 1437 durch den neuen Heverkoog nach Poppenbüll geschlossen.

Für Westerhever gilt ein interessanter Widerspruch. Einerseits ist der **Leuchtturm** einer der bekanntesten touristischen Orte Schleswig-Holsteins – bekannt aus Werbefilmen und immer wieder fotografiert, andererseits galt und gilt der Ort als Inbegriff der Abgeschiedenheit. Erst in den 1960er Jahren kamen die ersten Touristen, und gleichzeitig wurden die letzten entlegenen Häuser an die Strom- und Wasserversorgung angeschlossen. Infolge der Flurbereinigung Anfang der 1970er Jahre ist das moderne Wegenetz geschaffen worden.

Mitte des 19. Jahrhunderts hatte Westerhever etwa 700 Einwohner in 114 Häusern, aber schon während der Industrialisierung kam es zur **Landflucht**. Vor dem Ersten Weltkrieg sank die Bevölkerungszahl auf unter 400, heute sind es gerade noch 135 Menschen. Schulkinder gibt es nur eine Handvoll und über 25 % der Menschen sind im Rentenalter. Einerseits ist das dörfliche Erscheinungsbild als ländliche Streusiedlung sehr schön erhalten geblieben, andererseits wurden viele Häuser an Auswärtige verkauft, da es keine Arbeitsplätze vor Ort mehr gibt und die Erhaltung historischer Bauten sehr teuer ist. Die auswärtigen Grundbesitzer sind aber zum größten Teil nur während der Saison anwesend und haben kaum einen Anteil am Dorfleben. Bereits die Hälfte der Häuser liegt in den Händen externer Besitzer.

Die **Westerhever Kirche** ist auf einer besonders hohen Warft (5 m) gebaut worden. Baubeginn war 1370 nach dem Sieg über die **Wogemannen**. Der vorhergehende Kirchenbau ist wahrscheinlich in der Sturmflut von 1362 untergegangen. Das Kirchenschiff wurde 1804 abgebrochen und durch ein kleineres Gebäude ersetzt. Der imposante **Turm** ist hingegen erhalten geblieben. Er diente über Jahrhunderte der Schifffahrt als Landmarke zur Orientierung. Die mächtigen Stützpfeiler wurden erst später angebaut.

Neben der Kirche steht der **Kirchspielkrug**. Er ist heute die einzige Gastwirtschaft, Mitte des 19. Jahrhunderts gab es noch eine zweite auf der Warft **Schanze**. Im Kirchspielkrug tagt auch heute noch der Gemeinderat. Allerdings wird er ansonsten von der Dorfbevölkerung kaum noch frequentiert. Als Hotel mit 12 Betten, Restaurant und Café ist der Krug rein auf den Tourismus ausgerichtet. Insgesamt gibt es in Westerhever etwa 250 Übernachtungsmöglichkeiten.

Bis 1973 befand sich in dem Gebäude des Kruges noch ein Kaufmannsladen für den alltäglichen Bedarf. Heute müssen alle Einkäufe in den umliegenden Kleinstädten wie **Tating** und **Garding** erledigt werden. Somit sind alle Bewohner auf ein eigenes Auto oder den nur sehr selten fahrenden Bus angewiesen.

Es folgt auf der linken Seite ein **Haubarg**, der nach einigen notwendigen Modernisierungen im Inneren als einer der ganz wenigen Haubarge immer noch landwirtschaftlich genutzt wird. Kurz hinter dem Ortsschild an der nächsten Kreuzung endete bis 1961 die befestigte Straße. Alle weiteren Wege waren Klinkerpfade wie der zum Leuchtturm und „Kleiwege", die zeitweise kaum zu befahren waren.

Die ehemalige **Schule** liegt östlich neben der Kirche. Das Gebäude wurde 1879 im „Schweizerhaus-Stil" errichtet. Das flache, überstehende Dach wurde mit Schiefer gedeckt. Das alte Schulgebäude war baufällig und die 80 Schulpflichtigen sollten in einer Schule zusammen unterrichtet werden. Um 1850 gab es sogar 179 Schüler in Westerhever, so dass zwei Schulen vorhanden waren. Die andere Schule war auf der Warft Schanze. Der Unterricht wurde durch den Neubau zusammengelegt. Für zwei Lehrerfamilien waren Wohnungen, Gartenfläche und ein Stallgebäude vorhanden. Hierdurch konnten die Lehrer als Nebenerwerbslandwirte ihr Gehalt aufbessern.

Nach einer Zunahme der Schülerzahlen auf 139 durch die Flüchtlingsunterbringungen von 1947 gingen diese in den letzten Jahrzehnten allerdings massiv zurück. 1971 gab es noch 22 Schulkinder im Ort, die in einer Klasse unterrichtet wurden. Es war die letzte selbständige Dorfschule auf Eiderstedt bis zu ihrer Schließung. Seitdem müssen alle Kinder per Bus nach **Garding** fahren, auch im Vorschulalter. Es sind weniger als ein halbes Dutzend, 1993 waren nur noch vier Kinder „Fahrschüler". Ein deutliches Beispiel für die Überalterung dieser Landgemeinde.

Das Schulgebäude wurde von der Gemeinde verkauft. Es dient heute als privates **Kinderferien**- und **Schullandheim**, dessen Besuchern auf dem großen Freigelände viel Platz geboten wird. Gegenüber der Schule liegt ein kleines Haus in dem bis in die 1970er Jahre zwei Zollbeamte wohnten. Sie sollten den Schmuggel von der zollfreien Insel Helgoland unterbinden.

Der Weg zur nächsten Bahnstation in Garding führt von Westerhever nach Osten und zweigt durch den **Süderheverkoog** zum **St. Johanneskoog** ab. Von dort geht es weiter Richtung Süden bis nach Garding. Zur Bahnstation führt schließlich die Hauptstraße ein Stück nach Osten.

Auf dem Weg durch den Süderheverkoog durchfährt man eine Deichstöpe bei Neukrug. Hier wurde die zweite Deichlinie für den Straßenbau durchschnitten. Im Falle eines Deichbruches im Süderheverkoog wird mit bereit liegenden Balken und Sandsäcken der Deich geschlossen.

Im **St. Johannis Koog** lässt sich noch heute die Struktur der mittelalterlichen Kulturlandschaft Eiderstedts nachvollziehen. Der ringförmig verlaufende Deich dieses Kooges hatte als Sommerdeich im 12. Jahrhundert nur eine Höhe von 1,5 m über NN und wurde im späten Mittelalter erhöht. Diese älteste Eindeichung Eiderstedts grenzte im Westen an das erst Mitte des 15. Jahrhunderts abgedämmte Fallstief. Der **Ringdeich** diente als Baugrundlage für Straßen und lässt die historische Erscheinungsform auch in den Straßenkarten von heute fortbestehen.

Garding 6

Mitten auf Eiderstedt, auf einem schmalen Strandwallrücken, liegt die Kleinstadt **Garding** mit ihren rund 2 000 Einwohnern. Die **St. Christianskirche** wurde 1109 im gotischen Stil als Hauptkirche der Landschaft **Evershop** erbaut und ist die einzige zweischiffige Hallenkirche in Norddeutschland. Sie wurde auf dem höchsten Punkt der alten Nehrung gebaut. Garding erhielt genauso wie Tönning 1590 Stadtrecht und lebte weitgehend vom Handel.

Bevor man zum Bahnhof weiterradelt, sollte noch ein Abstecher in den **historischen Ortskern** des Städtchens unternommen werden. Rund um den Marktplatz sind neben der Kirche noch eine Reihe weiterer historischer Bauwerke erhalten, die die Geschichte des Ortes dokumentieren. Kleine Hinweistafeln liefern erläuternde Informationen zur einstigen Bedeutung der Häuser. Die **Bahnstation** liegt auf der Grenze zwischen Geestkern, altem Strandwall und der Marsch.

Per Auto durch Dithmarschen –
Vom Eidersperrwerk nach Brunsbüttel

Klaus Körth

➜ ## Exkursionsroute

Lunden – Eider, Eiderkanal und Sperrwerk – Wesselburen – Büsum – Insel Trischen – Heide – Hemmingstedt – Meldorf – Friedrichskoog – Dieksanderkoog – Kaiser-Wilhelm-Koog – St. Michaelisdonn – Burg – Brunsbüttel – Nord-Ostsee-Kanal

▶ ## Überblick

Die Region liegt zwischen Nordsee, Elbmarschen und den sumpfigen Niederungen von **Eider** und **Gieselau** sowie im Verlauf des heutigen **Nord-Ostsee-Kanals**. Diese naturräumlichen Begebenheiten boten der Region einen natürlichen Schutz, denn Dithmarschen war immer schwierig zu erreichen. Daher lag es auch eher am Rand der großen Völkerwanderungen.

Dithmarschen gehört zu den altbesiedelten Landschaften Schleswig-Holsteins. Funde der Jungsteinzeit deuten bereits auf ein geschlossenes Siedlungsgebiet hin. Der Schwerpunkt der Besiedlung lag im Bereich der höher gelegenen Geest, aber auch die Marsch war nicht völlig unbesiedelt. Ein Höhepunkt der Besiedlung fällt in die vorchristliche **Eisenzeit**. Danach kommt es bis zur Mitte des ersten nachchristlichen Jahrtausends zu einem Rückgang der Siedlungstätigkeit.

Dithmarschen wird erstmals im 9. Jahrhundert als „*Thiatmaresgaho*" – eines der drei sächsischen Gaue nördlich der **Elbe** erwähnt. Dann beginnt die Ansiedlung in der Marsch mit dem Bau der ersten **Wurten**. Um das Jahr 1000 wurden die ersten Deiche und Reihensiedlungen gebaut und etwa ab 1200 Ausbausiedlungen. Der erste großangelegte überregionale **Deichbau** erfolgte um 1100, etwa entlang der heutigen Bundesstraße 5, zwischen **Marne** und **Meldorf**. Hierdurch wurden Ortschaften mit der Namensendung „-wurth" miteinander verbunden (Daren-, Trenne–, Busenwurth). Auch in Dithmarschen war das Ringen mit dem Meer durch Eindeichungen und katastrophale Landverluste in Folge der Sturmfluten geprägt. So wurden durch die große Flut von 1532 allein auf der Insel **Büsum** zwei

Abb. 66: Exkursionsroute 8 Dithmarschen

Drittel der Deiche zerstört. Zahlreiche **Wehlen**, Bruchstellen im Deich, die aufgrund der hohen Strömung tief ausgespült und anschließend umdeicht wurden, blieben als Folge zurück.

Für die **Marschkolonisierung** verantwortlich waren die Dithmarscher Geschlechterverbände, die aus großen, reichen Bauernfamilien hervorgegangen sind. Aus diesen Familien bildete sich auch der Rat der 48 Regenten, der über Jahrhunderte bis 1559 das Schicksal der unabhängigen Bauernrepublik lenkte und sich wöchentlich zuerst in Meldorf und ab 1434 in Heide traf.

Für die Verwaltung der Gemeinden waren die **Kirchspiele** verantwortlich. Hier waren kirchliche und weltliche Belange weitgehend miteinander verwoben. Die Kirchspiele waren konstitutiver Bestandteil der Bauernrepublik bis 1559, aber erst mit Einführung der preußischen Verwaltung nach 1866 erfolgte die endgültige Trennung von Kirche und Staat. Die Amtsbezirke heißen in Dithmarschen noch heute Kirchspielslandgemeinden.

Der Kreis Dithmarschen hat eine Gesamtfläche von 1 429,22 km^2 und etwa 138 000 Bewohner. Die Bevölkerungsdichte liegt bei 96 Einwohner je km^2, nur die nördlich gelegenen Landkreise Nordfriesland (80 Ew./km^2) und Schleswig-Flensburg (95 Ew./km^2) haben eine noch geringere Siedlungsdichte, während der Landesdurchschnitt in Schleswig-Holstein 176 Ew./km^2 beträgt. Eine Landflucht ist für den gesamten Landkreis für die letzten Jahrzehnte nicht festzustellen. Abnehmende Arbeitsplätze in der Landwirtschaft werden durch Pendlerbewegungen bis nach Hamburg ausgeglichen.

Das landschaftliche Erscheinungsbild Dithmarschens ist von der **Landwirtschaft** geprägt. 2 451 landwirtschaftliche Betriebe (1998), davon 1 700 Haupterwerbsbetriebe, zeigen die Produktivität besonders in den Marschflächen – Dithmarschen beteht zu 41 % aus Marsch.

Die landwirtschaftlichen **Nutzungsformen** können der Genese nach unterschieden werden. Auf den älteren Böden der **Geest** aus der Saaleeiszeit werden Zucker- und Futterrüben, Futtermais für das Milchvieh, Kartoffeln, Roggen, Gerste und Hafer angebaut. Das die Geest umgebende **Moorland** in den Flussauen wird als Grünland genutzt. Die **Altmarsch** ist häufig zu schwer für den Ackerbau, weshalb sie eher als Grünfläche für Mastvieh sowie Pferdezucht benutzt wird. Auf den Böden der **Jungmarsch** in den neuen Kögen der letzten Jahrhunderte liegt eine gute bis sehr gute Bodenqualität vor. Weizen, Raps, Gerste, Kohl und Zuckerrüben werden angebaut – hier ist das größte geschlossene **Kohlanbaugebiet** Europas zu finden. Der erste Anbauversuch

Abb. 67: Eidersperrwerk: Vier offene und ein geschlossenes Sperrtor

wurde 1889 unternommen. Seit 1891 erfolgte der feldmäßige Anbau zuerst für die Glückstädter Gemüsefabrik. Mittlerweile werden auf über 3 000 ha 120 Mio. Kohlköpfe pro Jahr geerntet. Dies sind fast 40% der deutschen Kopfkohlproduktion. Noch größer war die Anbaufläche während des Ersten Weltkrieges, wo auf rund 10 000 ha, also rund zwei Dritteln der Landfläche Dithmarschens, Kohl angebaut wurde.

Rundfahrt

Lunden

1

Lunden wurde erstmals 1140 in einer Urkunde erwähnt und zwar mit dem Versprechen, keine Hamburger Kaufleute mehr zu überfallen. Jahrhundertelang war hier der nördlichste Siedlungspunkt des „Heiligen Römischen Reiches Deutscher Nation". Die **St. Laurentius-Kirche**, in deren Mauern rheinisches Tuffgestein verbaut wurde, ist durch den **Geschlechterfriedhof** sehenswert, denn hier ließen sich die einflussreichen und reichen Dithmarscher Familienverbände mit aufwendig hergestellten Gräber und Grabplatten beerdigen.

2 Eider, Eiderkanal und Sperrwerk

Mit der **Eider**, dem mit 180 km (davon 110 km schiffbar) längsten Fluss Schleswig-Holsteins, überschreitet man die Grenze zwischen **Nordfriesland** und **Dithmarschen**. Dieser heute recht schmale Flusslauf lässt kaum ahnen, das hier schon seit der Zeit KARL DES GROßEN eine Grenze verlief. Hier endete über Jahrhunderte hinweg das Heilige Römische Reich Deutscher Nation. Nicht nur die Eider an sich, sondern auch die auf beiden Seiten gelegenen großen Moore machten das Reisen auf dem Landweg und erst recht das Kriegführen zu einem sehr schwierigen Unterfangen. So wundert es nicht, dass in Dithmarschen genauso wie in Nordfriesland ein Großteil des Handels auf dem Wasserwege betrieben wurde.

Die **Eider** entspringt südlich von Kiel in der Moränenlandschaft der Weichseleiszeit, schwenkt kurz vor Kiel von der Nordrichtung nach Westen ab, durchfließt den sandigen Mittelrücken Schleswig-Holsteins, unterhalb Rendsburgs die Marschen und Moore der Eiderniederung, nimmt dann von Norden **Sorge** und **Treene**, von Süden **Brocklands-Au** und **Tielen-Au** auf und mündet in einem ursprünglich 5 km breiten Trichter ins Wattenmeer. Die Zeit als Grenzfluss endete erst 1866 nach dem Krieg zwischen Dänemark und Preußen/Österreich, als beide Landesteile in die preußische Provinz Schleswig-Holstein aufgingen. Die Eider hat ein Einzugsgebiet von 2 000 km², der Flusslauf ist allerdings streckenweise im Bett des **Nord-Ostsee-Kanals** aufgegangen.

Durch den weit ins Landesinnere reichenden Flusslauf der Eider war es nahe liegend, mit dem Kanal eine Abkürzung für den gefährlichen Seeweg durch das **Skagerrak** zu finden. Zum Beispiel gingen allein im Jahr 1857 über 100 Schiffe auf dieser Route verloren. Bereits im 7. und 8. Jahrhundert unserer Zeitrechnung war die Eider ein viel befahrener Fluss, da es – trotz mehrmaligen Umladens – einfacher und sicherer war, Waren aus dem Handelszentrum **Haithabu** über Land und die verbindenden Wasserwege **Schlei**, **Treene** und **Eider** zu transportieren.

Schon seit dem 16. Jahrhundert gab es Planungen unterschiedlichster Art, eine Abkürzung zwischen Nord- und Ostsee zu graben. Nach sieben Jahren Bauzeit wurde schließlich am 17. Oktober 1784 der **Eiderkanal** eröffnet. Es soll die bis dahin größte zivile Baustelle des europäischen Kontinents gewesen sein. Der Kanal verband die **Obereider** unter Ausnutzung einiger Seen mit der **Kieler Förde** bei Holtenau unter Zuhilfenahme

Abb. 68: Katinger Watt

von sechs Schleusen und war zu seiner Zeit die längste künstliche Wasserstraße Europas – die eigentliche Kanallänge betrug 36 km. Beim Bau kam es zu etlichen Schwierigkeiten. So litten in den regenreichen Sommern 1782 und 1783 fast die Hälfte der 2 644 Bauarbeiter an **Sumpffieber**, einer Form der Malaria. Allerdings handelte es sich um die weniger bedrohliche Form der *Malaria tertiana*. Diese heute eher den Tropen zugeschriebene Erkrankung war bis ins letzte Jahrhundert eine häufige Epidemie in warmen Sommern. So erkrankten z. B. 1826 von den ca. 24 300 Einwohnern Norddithmarschens 5 050 an der Fieberkrankheit. 301 Menschen erlagen der Krankheit. 1872 erkrankten in Schleswig 9,1 % und in Holstein 10,2 % der Bevölkerung an Malaria. Das letzte epidemische Auftreten von Malaria in Schleswig-Holstein ist zwischen 1945 und 1948 verzeichnet worden.

Der **Eiderkanal** war für den Treidelverkehr mit beidseitigen Pfaden ausgelegt, auf denen die Schiffe bei ungünstigem Wind durch Pferde oder vom Menschen gezogen wurden. Er hatte insgesamt sechs Kammerschleusen. Nach Ende der napoleonischen Kontinentalsperre 1815 wurde ein Feuer- und Lotsenschiff in der Eidermündung durch die dänische Kanalverwaltung ausgelegt. Es war das erste **Feuerschiff** im deutsch-dänischen Küstengebiet.

Die Niederungen der Eider bestanden aus weiten sumpfigen Flächen mit über 50 Seen und bildeten ein natürliches Auffangbecken für **Sturmfluten**. Bereits im 16. und 17. Jahrhundert wurden die Nebenflüsse Sorge und Treene, später auch die Obereider selbst, abgeriegelt und der Flutspeicherraum durch **Deichbauten** eingeschränkt. Das hatte allerdings ein höheres Auflaufen der Fluten zur Folge. Der Tidenhub betrug 1935 bei Friedrichstadt 2,40 m und bei Rendsburg immerhin noch 1,5 m.

Da die Eiderniederung als Moor ein schlechter Standort für schwere Deiche war, kam es Anfang des 20. Jahrhunderts zu erheblichen Sturmflutschäden. 1926 wurden nach einer solchen Flut 38 Deichbrüche gezählt, 1929 war der Tielenhemmer Koog ernsthaft bedroht, 1922 sogar die Stadt Rendsburg. Diese Schäden lagen z. T. 100 km stromaufwärts von der Nordseeküste entfernt!

Neben der Sturmflutgefahr war die Hinterlandentwässerung aufgrund der großen Fläche und des geringen Gefälles nur bei günstigen Tiden möglich, außerdem ist der Schöpfwerkbetrieb mit hohen Kosten verbunden gewesen. So wurde die Eider in den 1930er Jahren bei Nordfeld, 5 km oberhalb von Friedrichstadt, abgedämmt. Hierdurch waren die Flächen oberhalb des Sperrwerkes gegen Sturmfluten geschützt, aber unterhalb trat eine starke Versandung des Flussbettes ein, so dass Schifffahrt und Vorflut (Entwässerung) beeinträchtigt wurden. Diese Probleme und die besonders schweren Sturmfluten von 1953 und 1962 führten im Rahmen des Generalplans vom 30.12.1963 zum Küstenschutz des Landes Schleswig-Holstein schließlich zum Bau eines **Eiderdammes** mit Sperrwerk und Schleuse. Der Bau, 35 km stromabwärts von der ersten Abdämmung bei Nordfeld, verkürzte die Deichlinie noch einmal von 60 auf 5 km.

Die Eiderabdämmung gilt als eines der wichtigsten Küstenschutzwerke in Europa. Sie wurde 1967 bis 1973 für 170 Mio. DM gebaut. Sie hat insgesamt eine Länge von 4,8 km und eine Höhe von 8,8 m über NN. Der Eiderdamm zweigt im Norden bei **Vollerwiek** von der Halbinsel Eiderstedt ab und verläuft in einem großen Bogen über das **Katinger Watt**, kreuzt den **Purrenstrom** und geht am Hundeknöll in den Landesschutzdeich Dithmarschens über. Für den Bau des Sperrwerkes mit Schleuse wurde 1967 eine künstliche Insel mit einem zwei Kilometer langen Ringdeich geschaffen und eine Transportbrücke zum Festland errichtet. Das **Siel** besteht aus fünf je 40 m breiten Durchflussöffnungen, die von 6 m dicken Pfeilern begrenzt werden. An den Durchflussöffnungen sind beidseitig **Sieltore** als Verschlusselemente gelagert. Diese je 250 t schweren und 400 m² großen Tore sind im Normalfall geöffnet und werden bei aufkommender Sturmflut geschlossen. Des weiteren können für den Spülbetrieb die Tore eine Zeit lang geschlossen bleiben, um anschließend eine höhere Strömungsgeschwindigkeit zu erhalten. Hierfür war eine besonders starke Sohlenbefestigung des Bauwerkes notwendig.

Im Frühjahr 1971 wurde das Sperrwerk fertig gestellt. Dann musste der Ringdeich wieder abgetragen und der Eiderdamm zu beiden Seiten an das Sperrwerk angeschlossen werden. Hierbei war der Verbau des bis zu 10 m tiefen Purrenstroms der schwierigste Abschnitt. Die letzte 450 m breite Dammlücke wurde am 29.6.1972 geschlossen.

Die Eidermündung war von jeher starken morphologischen Veränderungen unterworfen. Seit 1784 verlagerten sich die Stromrinnen über die ganze Breite des Mündungstrichters. Im Bereich des Katinger Watts verschob sich die Nordrinne in den 1960er Jahren jährlich um 100 m nach Nordosten. Dies entspricht einer Sandbewegung von 1 Mio. m³ pro Jahr, oder zur Verdeutlichung – der jährlichen Verschiebung des Nord-Ostsee-Kanals um seine Spiegelbreite. Eng mit der morphologischen Veränderung ist das Strömungsbild der **Außen-** und **Tideeider** verknüpft. Vor dem Sperrwerkbau flossen bei jeder Tide 50 Mio. m³ Wasser mit der Flut landeinwärts und bei Ebbe wieder seewärts. Hohe Strömungsgeschwindigkeiten bis zu 3 m pro Sekunde waren keine Seltenheit.

Neben dem Sperrwerk und dem Schutzdeich wurde noch ein 6 km langer Leitdamm zur Abgrenzung des Katinger Watts zur Eider hin gebaut. Die so geschaffenen 1600 ha Eindeichungsfläche wurden in den siebziger Jahren auch aufgrund der guten Verkehrsanbindung als idealer Standort für ein Erholungs- und Freizeitzentrum angesehen. Ein Drittel der Fläche wird landwirtschaftlich genutzt, ein weiteres Drittel nicht gerade standortgerecht aufgeforstet. Erst Ende der 1980er Jahre wurden die Pläne des für den Tourismus verbleibenden Drittels endgültig aufgegeben und die Flächen dem Naturschutz zur Verfügung gestellt. Betreut wird das **Schutzgebiet** durch den Naturschutzbund Deutschland (NABU), der ein **Besucherzentrum** mit Ausstellung und Beobachtungshütten für störungsfreie Vogelbeobachtung geschaffen hat.

Die Straße von Eiderstedt nach Dithmarschen führt über eine **Klappbrücke** über die Eiderschleuse mit einem 14 m breiten und 75 m langen Becken. Es schließt sich ein 273 m langer **Tunnel** durch das Sperrwerk an.

3 Wesselburen

Als Wahrzeichen der Stadt fällt die weithin sichtbare **St. Bartho-
lomäus-Kirche** durch den ungewöhnlichen Zwiebelturm auf,
die 1738 geweiht wurde. Ein barocker Kirchensaal und eine
romanische Taufe machen die Kirche besonders sehenswert.

Wesselburen wurde 1281 auf einer **Doppelwurt** gegründet,
hat seit 1899 Stadtrecht und heute rund 3 300 Einwohner.
Geprägt ist die Stadt durch die ertragreiche Landwirtschaft in
der umliegenden **Nordermarsch**. Überregional bekannt geworden ist sie als Geburtsstadt des Dichters Friedrich Hebbel
(1813 – 1863), des bedeutendsten deutschen Dramatikers des
19. Jahrhunderts.

4 Büsum – Krabbenfang

Im Jahr 1140 wurde Büsum zum ersten Mal urkundlich erwähnt.
Damals handelte es sich noch um eine **Wurtsiedlung** auf der
Düneninsel **Busen** (=Büsum). Durch die großen Sturmfluten
von 1362 und 1436 gingen Teile der Insel verloren. Es kam aber
auch zu Ablagerungen im Norden der Insel, so dass 1585 ein
Damm zum Festland gebaut werden konnte und 1609 die **Andeichung** ans Festland erfolgte. Heute hat Büsum ca. 5 000 Einwohner, die größtenteils vom Tourismus leben. Sein Hafen beherbergt eine große **Krabbenfangflotte**. Daneben dient er vor allem
als **Ausflugshafen**.

Da sich die **Priele** durch Sturmfluten, Deichbau und dem
damit verbundenen Wandel von einer Insel zur Halbinsel im
Laufe der Jahrhunderte häufig verlagerten, hat der Büsumer
Hafen keine kontinuierliche Geschichte. Der heutige **Hafen**
wurde Mitte des 19. Jahrhunderts geschaffen und diente dem
Stückgutverkehr mit Hamburg und Bremen. Nachdem bereits
1934 116 Kutter in Büsum beheimatet waren, wurde aufgrund
der günstigen, frostfreien Lage beschlossen, den Hafen zum größten Kutterhafen an der Westküste auszubauen. Diese Erweiterung fand in den 1950er Jahren statt. Heute sind allerdings nur
noch weniger als 50 Kutter in Büsum gemeldet.

Büsum ist der Pionierort des **Fremdenverkehrs** an der schleswig-holsteinischen Westküste. 1818 konnten die ersten Gäste mit
Badekarren vom Hotel in das Wasser geschoben werden. 1837
wurde Büsum **Seebad** mit Badeanstalt. 1883 war es das erste
Nordseebad mit Bahnanschluss. **Wattwanderungen** mit Musik
finden seit über 100 Jahren statt.

Aufgrund des vorgelagerten Wattenmeeres hat Büsum keinen Strand im eigentlichen Sinne, außer 100 000 m² die aufgespült werden. Des weiteren wird in den Tourismusprospekten von 3,5 km „Grünstrand" gesprochen. So wird aus einem Deich ein Strand ...

Seit 1913 steht am Hafen der **Leuchtturm**. Er wurde aus Gusseisenelementen gefertigt. Vor seiner Fertigstellung sicherte seit 1878 eine Öllampe die Hafeneinfahrt. 1900 erfolgte der Aufbau einer 25 m hohen Kombination aus Leuchtturm und Windkraftanlage zur Stromerzeugung und Bleibatterien zur Stromspeicherung durch den Ingenieur GEHRE aus Rath bei Düsseldorf. Diese Anlage lief aber nur unzuverlässig und es dauerte noch einhundert Jahre bis sich die Nutzung der Windkraft flächendeckend durchgesetzt hatte. Allerdings existierten auch schon in den zwanziger und dreißiger Jahren des zwanzigsten Jahrhunderts viele **Windkraftanlagen** in Dithmarschen. Es handelte sich um so genannte Langsamläufer, die auf den einzeln liegenden Bauernhöfen für die Stromversorgung sorgten, bevor die flächendeckende Elektrifizierung erfolgte. Eine weitere Idee von GEHRE war eine der Zeit weit vorauseilende Konstruktion einer durch Wellenenergie betriebenen Leuchttonne, die 1900 in der See verankert wurde.

Die besten Monate für den **Krabbenfang** sind März/April und August bis Dezember. Denn im Frühsommer verlassen die Eier tragenden Weibchen die küstennahen Gewässer, um in tieferen Regionen zu laichen und im salzreicheren und wärmeren Wasser zu überwintern. Dazwischen aber nutzen sie die reichen Nahrungsgründe des Wattenmeeres während der Flut. Wenn aber die Tiere in den Prielen in der Ebbphase konzentriert sind, lohnt sich der Fang mit der Gliep, einer Art Kescher, auch Schiebehamen, Krabbensell oder (in Dithmarschen) Krautalle genannt. Eine historische Nutzungsmethode, die bereits im 17. Jahrhundert bekannt war, wobei zumeist Frauen und Kinder sich mit diesem Schiebenetz dem ablaufenden Wasser entgegenstellten. Diese Nutzung diente allerdings immer nur der Anreicherung des örtlichen Speiseplans. Nach 1880 entwickelte sich dann die Krabbenfischerei im größeren Stil, da erst mit dem Anschluss der Küstenorte an das Eisenbahnnetz ein schneller Verkauf der leicht verderblichen Krabben an eine größere Kundenzahl möglich war.

In Büsum liefen die ersten drei Segelkutter ab 1886 regelmäßig zum Krabbenfang aus, da zu diesem Zeitpunkt der Anschluss an die **Marschenbahn** erfolgt war. Allerdings war das notwendige Kochen der lebendigen Garnelen während der

Fahrt in der Mannschaftslogis noch sehr umständlich – aber lohnend. 1890 gab es bereits 12 und 1906 sogar 55 Krabbenkutter.

Bis in die 1970er Jahre hinein wurde ein Großteil des Gesamtfanges an der deutschen Küste zu Futterkrabben verarbeitet, 1936 wurden z. B. mehr als 50 000 t Futterkrabben, aber nur 7 000 t Speisekrabben angelandet. Die **Futterkrabben** wurden zumeist vor Ort in offenen, so genannten Darren getrocknet und werden auch heute noch dem Viehfutter, überwiegend für Hühner, beigemengt. Allerdings sind heute die Darren aufgrund der erheblichen Geruchsbelästigung stillgelegt.

Noch in den achtziger Jahren wurden die **Speisekrabben** im Umfeld der Hafenorte gepult und stellten einen für die Region durchaus bedeutenden Wirtschaftsfaktor dar, so zahlten z.B. 1983 Friedrichskooger Abnehmer rund 1,5 Mio. DM Pullohn. Diese nach Leistung bezahlten Arbeitsplätze, wurden ausschließlich von Frauen besetzt. Eine Pulerin schaffte z. T. über 5 kg pro Stunde. Aufgrund der Verschärfung der Hygienerichtlinien der EU mussten diese Heimarbeitsplätze abgeschafft werden, da die Räume jetzt halbhoch gefliest, mit wasserfester Farbe gestrichen und gekühlt sein müssen. Da der durchschnittliche Stundenlohn nur bei 4 bis 5 DM lag, lohnten sich diese Investitionen nicht. Stattdessen werden die Krabben gekühlt im LKW nach Polen oder auch bis nach Marokko gefahren, um dort per Hand geschält und dann wieder zurückgefahren zu werden.

Die Gründung des Krabbenschälzentrums Dithmarschen in Büsum mit 15 Krabbenschälmaschinen scheiterte 1999. Heute leben an der gesamten Westküste ca. 2 000 Menschen vom Krabbenfang und der Verarbeitung, wobei es insgesamt noch etwa 100 Kutter gibt.

5 | Insel Trischen

Vor 400 Jahren wuchsen drei Sandbänke im **Dithmarscher Watt** zusammen. In der Folgezeit bildete sich hier ein erster Dünengürtel. Die Landbildung mit Ablagerungen im Wind- und Strömungsschatten vergrößerten sich soweit, dass 1925 ein Koog von 70 ha Größe eingedeicht werden konnte. Auch heute noch wandert die Insel im langjährigen Mittel 30 bis 35 m pro Jahr in Richtung Osten. Allerdings durchbrach bereits 20 Jahre später eine Sturmflut den Dünengürtel und machte die Landwirtschaft unmöglich. Seitdem gehört die wandernde Insel nur noch den Vögeln und wird im Sommer von einem **Vogelwart** bewacht, der das absolute **Betretungsverbot** durchsetzt. Die Insel hat gegenwärtig bei Mitteltidehochwasser eine Größe von ca. 180 ha. Gegen die Störungen (Lärm, Licht) durch die benachbarte **Öl-bohrinsel** auf der Mittelplate ist der Vogelwart allerdings macht-los. Im Spätsommer mausern hier hunderttausende flugun-fähige **Brandgänse**, über 80 % des Weltbestandes dieser Art, die im Falle eines Ölunfalls akut bedroht wären.

Die Bohrinsel wurde von einer Betreibergesellschaft der Öl-firmen RWE-DEA und Wintershall zeitgleich mit der Planung des Nationalparks Schleswig-Holsteinisches Wattenmeer Mitte der 1980er Jahre gebaut. Es handelt sich um eine durch Spund-wände gesicherte Aufspülung, also keine Ölbohrinsel im klassi-schen Sinne. Hier befindet sich das größte **Erdölvorkommen** Deutschlands, rund zwei Drittel der nachgewiesenen deutschen Ölreserven lagern hier. Bis Ende 2001 wurden 7,4 Mio. t der erwarteten abbaubaren rund 35 Mio. t gefördert. Zur weiteren Ausbeutung gibt es seit Anfang 2000 eine 8 km lange **Schräg-bohrung** vom Festland aus, die eine technisch anspruchsvolle Leistung darstellt, da sich die Bohrung bereits auf den ersten 1500 m um 82° neigt und dann fast horizontal bis zur Mittelplate geführt wird. Allerdings führt dies nicht zum Abbau der Förder-plattform, die trotz bisherigen Betriebes ohne Ölaustritt einen Störfaktor mitten im **Nationalpark** darstellt und der inter-nationalen Anerkennung des Nationalparks im Wege steht.

Heide und sein Markt   6

Vielleicht sollte dieser Abschnitt eher „Der Markt auf der Heide" heißen, da dieser Ort auf diese Weise entstanden ist. Der größte unbebaute **Marktplatz** Deutschlands (4,7 ha) ist Ursprung und Zentrum dieser Stadt, wobei Heide erst 1870 Stadtrecht bekam. Nach wie vor findet hier jeden Samstag Vormittag der Wochen-markt statt.

Die politisch selbständigen Kirchspiele der Bauernrepublik Dithmarschen lagen in den dreißiger Jahren des 15. Jahrhun-derts im Streit, so dass die nördlichen Kirchspiele ihre Vertreter am 28. September 1434 nicht in den bisherigen Hauptort Mel-dorf, sondern in den neuen Versammlungsort „uppe de Heide" bei Rüsdorf zu einem Treffen mit einer Delegation der Hanse-stadt Hamburg schickten. Der neue Versammlungsort lag an einem Schnittpunkt wichtiger **Verkehrswege**: Der Geestrand-weg von Süden nach Norden kreuzt eine Ost-West-Achse aus der Nordermarsch. Von da an war der 4,7 ha große Platz zentraler Markt, Versammlungs- und Gerichtsort, denn Dithmarschen lebte von den Überschüssen der **Landwirtschaft**. Getreide und Vieh wurden exportiert. Ab 1447 ist die Landesversammlung der Bauern nach Heide einberufen worden. Der Aufbau von Bahnstrecken führte 1877 zu einem Bahnkreuz in Heide, welches für die wirtschaftliche Entwicklung sehr förderlich war.

Die Zusammenlegung von Norder- und Süderdithmarschen 1970 zu einem Landkreis machte Heide zur gemeinsamen Kreisstadt mit 21000 Einwohnern und zum Verwaltungszentrum. 1990 erfolgte der Anschluss an das Bundesautobahnnetz. Das könnte die Anzahl der Auspendler Richtung Hamburg erhöht

haben. Seit 1994 ist eine **Fachhochschule** für Wirtschaft und Technik in der größten Stadt Dithmarschens angesiedelt.

7 Hemmingstedt – Raffinerie

1856 kam es in Hemmingstedt zu eine Weltpremiere – der Beginn des Erdölzeitalters durch eine erste aber nicht sehr erfolgreiche **Ölbohrung** des Wissenschaftlers Ludwig Meyn. Allerdings erfolgte ein oberflächiger Abbau in einer Asphaltgrube. Erst

1935 wurden in 400m Tiefe förderungswürdige Erdölmengen gefunden. Dies gab den Anstoß zum Bau der einzigen **Erdöl-**

Abb. 69: Raffinerie Hemmingstedt

raffinerie in Schleswig-Holstein. Durch einen Bombenangriff wurde sie 1944/45 zerstört. Nach dem erfolgten Wiederaufbau fließt heute die Rohölversorgung über eine **Pipeline** von Brunsbüttel, die teilweise parallel zur Bahnstrecke liegt und bei einer Bahnfahrt gut zu sehen ist. Ein Teil des benötigten Rohstoffes wird mit einem doppelwandigen Schubschiff, einem so genannten Leichter, vom Förderfeld **Mittelplate** nach **Brunsbüttel** transportiert.

Meldorf 8

Am Ende eines in die Marsch ragenden Geestrückens liegt Meldorf. Früher bot die namensgebende **Miele** eine schiffbare Verbindung zur Nordsee. Um 785 n. Chr. entstand hier eine der ältesten Kirchen Nordelbiens, die noch bis ins 11. Jahrhundert die einzige Taufkirche Dithmarschens war. Der mächtige „**Dom der Dithmarscher**" liegt erhöht auf dem Geestrand. Die dreischiffige Backsteinbasilika ist eindrucksvolles Beispiel niederdeutscher Backsteingotik und gilt als bedeutendster Kirchenbau an der Westküste (vgl. Exk. Kirchen).

Meldorf erhielt Mitte des 13. Jahrhunderts Stadtrecht, verlor es 1559 und erhielt es 1870 erneut. Hier war der erste Versammlungsort der Regenten in der Bauernrepublik bis Meldorf 1434 durch Heide abgelöst wurde. Aber auch heute noch ist es das kulturelle Zentrum Dithmarschens. Drei Museen, u. a. das Dithmarscher **Landesmuseum**, sind ausgesprochen sehenswert. Das Landesmuseum ist das älteste und größte Museum in Dithmarschen, wobei die bäuerliche Geschichte und Alltagskultur u. a. auch aus der Industriezeit Sammlungsschwerpunkte sind.

Die 1939 erbaute **Konservenfabrik** beschäftigte zeitweilig 500 Arbeitnehmer mit einem Schwerpunkt in der Sauerkrautproduktion. Jährlich werden 120 Mio. Kohlköpfe geerntet. Die Bauarbeiten am Meldorfer **Speicherkoog** wurden 1978 abgeschlossen. Durch diese Eindeichung ist die Deichlinie um 14 km verkürzt und dem Fluss Miele ein großes Speicherbecken zur Verfügung gestellt worden, so dass die Hinterlandentwässerung besonders zu Sturmflutzeiten besser funktioniert. Große Teile des Speicherkooges gehören zum **Naturschutzgebiet** und bieten Zug- und Brutvögeln einen großen Rückzugsraum.

Allerdings dient die Meldorfer Bucht auch der Bundeswehr zur Erprobung von Flugkörpern, die von Land aus in die Wattgebiete geschossen werden. Die weitere empfindliche Störung im Nationalpark erfolgt durch die anschließende aufwendige Suche

nach dem Flugkörper per Hubschrauber. Proteste durch Naturschutzverbände und Eingaben der Landesregierung beim Bundesverteidigungsministerium hatten in den vergangenen Jahren
wenig Erfolg, da die weichen Wattflächen einen möglichst zer-
störungsfreien Aufschlag des Flugkörpers ermöglichen.

9 Friedrichskoog – Fischerei und Tourismus

Dieser Koog wurde 1854 nach dem dänischen König Friedrich VI. benannt. Nach dem Deichschluss entstand ein kleiner
Hafen vor der Entwässerungsschleuse, der der Frachtschifffahrt
zum Umschlag landwirtschaftlicher Produkte diente. Da dieser
Hafen nahe an ergiebigen Krabbenfanggründen liegt, ließ sich
hier 1883 der erste Krabbenfischer nieder. Heute ist Friedrichskoog größter Heimathafen der **Krabbenkutterflotte** an der
Westküste. Durch den Bau des damaligen Adolf-Hitler-Kooges
(heute: Dieksanderkoog) 1934 lag dieser Hafen Binnendeichs
und wurde durch eine Schleuse gesichert. Seit 1985 sichert ein
modernes Sperrwerk die Hafeneinfahrt. Die Ortschaft Friedrichskoog wird aus drei Kögen gebildet und als **Kurort** immer
beliebter. Landwirtschaft, Fischerei und Tourismus bilden die
wirtschaftliche Grundlage.

Eine Attraktion ist die Aufzucht- und Forschungsstation für
Seehunde. Sie wurde 1985 von der Gemeinde und dem Landes-
jagdverband gegründet und ist die einzige Anlaufstation für in
Schleswig-Holstein gefundene verlassene junge Seehunde, so genannte Heuler. Priorität hat allerdings die Heulervermeidung,
da viele junge Seehunde aus Unwissen erst zu solchen gemacht
werden. Hier liegt der Schwerpunkt der Öffentlichkeitsarbeit
neben der Vorführung von Seehunden in Schaubecken sowie
der Auswilderung echter Heuler nach drei bis vier Monaten Aufzucht.

An der Westspitze des Kooges läuft der **Trischendamm** 2,4 km
ins Meer. Dieser wurde 1935/36 gebaut und sollte ursprünglich
die damals noch bewohnte Insel Trischen erreichen. Der Damm
hat den Altfelder Priel durchzogen und von der Halbinsel ab-
gelenkt, so dass die Strömung nicht mehr den Deichsockel
bedroht. Dieser hatte sich in den 1920er Jahren auf 300 m unmittelbar an den Seedeich herangegraben und bedrohte den Deichsockel direkt. Der Damm wird durch zwei parallele, 8 m voneinander entfernte Spundwände gebildet, die mit Klei gefüllt und
zum Schutz gegen Auswaschungen mit schweren Basaltsäulen
abgedeckt wurden.

Dieksanderkoog

Die Eindeichung der **Dieksander Bucht** erfolgte 1934 unmittelbar nach der Machtübertragung an die Nationalsozialisten. Landgewinnung, Arbeitsplatzschaffung und die Ansiedlung „neuen Bauerntums" ließen sich mit großem propagandistischen Erfolg umsetzen. Anstelle einer Kirche wurde dann auch im Koog die „**Neulandhalle**" gebaut, die mit monumentalen Fresken den ideologischen Vorstellungen des Nationalsozialismus entsprach. HITLER legte 1935 persönlich den Grundstein.

Noch 1960 wurde in einer Broschüre zum 25-jährigem Jubiläum recht distanzlos von den „hohen charakterlichen und beruflichen Anforderungen" an die **Neusiedler** geschrieben. Für den notwendigen Neubauernschein musste ein Auswahlverfahren mit „Rassegutachtern", dem Amtsarzt für die „Erbtüchtigkeit", der NSDAP-Kreisleitung, dem Kreisbauernführer und der Ortspolizei für die „rechte" Gesinnung durchlaufen werden.

Da erstaunt es fast, dass im Hermann-Göring-Koog (**Tümlauer Koog**) sieben der 34 Siedler nicht Parteimitglieder waren. Allerdings war im Mustergau Schleswig-Holstein schon Ende der 1920er Jahre die Mitgliedschaft in der NSDAP häufig, da sie als

Abb. 70: Die Neulandhalle im Diecksanderkoog

Rettungsanker für die existenzielle Bedrohung vieler Landwirte angesehen wurde. So hatte die NSDAP in den Landkreisen Dithmarschens 1932/33 oft mehr als 60% der Stimmen erhalten.

11 Kaiser-Wilhelm-Koog – Versuchsfeld für Windkraftanlagen

1978 begann hier die **Windkraftnutzung** in Dithmarschen. In der kleinen Gemeinde Kaiser-Wilhelm-Koog mit etwa 340 Einwohnern ist als Sehenswürdigkeit das **Testfeld** der Windenergiepark Westküste GmbH zu betrachten. Ein Besucherzentrum informiert über die Geschichte und die aktuelle Nutzung der Windkraft als wichtigste regenerative Energie in Norddeutschland. Die Fläche könnte als Spielwiese für die deutsche Windenergie bezeichnet werden. Hier stand Anfang der 1980er Jahre die erste **Großwindanlage** (Growian). Auf eine Leistung von 3 MW ausgelegt, produzierte sie allerdings nur wenige Stunden Strom. Die Anlage war zur damaligen Zeit viel zu groß dimensioniert und diente eher als Beweis für die Unbrauchbarkeit der Windnutzung. Serienreife Anlagen hatten damals eine Leistung von einigen Dutzend Kilowatt. Growian wurde nach langen Reparaturzeiten Mitte der achtziger Jahre abgerissen.

Der technische Fortschritt ließ die Anlagen aber allmählich wachsen, besonders dänische Firmen waren lange Zeit führend in der Produktion. Der Durchbruch kam Anfang der 1990er Jahre. Anlagen mit 250 kW Leistung waren technisch ausgereift und durch staatliche Förderung ökonomisch konkurrenzfähig. Auch deutsche Firmen konnten sich am Markt etablieren. Mittlerweile werden Anlagen mit 1,5 MW in Serie produziert. Für Offshore-Windparks sollen 3 MW-Anlagen ab dem Jahr 2003 produziert werden.

Im Jahr 2010 sollen 25% des Strombedarfs in Schleswig-Holstein mit **Windenergie** gedeckt werden. Bereits Mitte 2001 stehen nach Angaben des Deutschen Windenergie-Instituts (DEWI) allein im nördlichsten Bundesland 2183 Anlagen mit einer Gesamtleistung von 1342 MW. Die ertragreichsten Standorte liegen an der Küste. Demzufolge ist es kein Wunder, dass die Landkreise Dithmarschen und Nordfriesland sehr dicht mit **Windkraftanlagen** bebaut sind. So kommt es zu einer gravierenden Veränderung des **Landschaftsbildes**. Kritiker sprechen von einer „Verspargelung", da besonders in den flachen **Marschgebieten** teilweise hundert und mehr Anlagen zu sehen sind.

Über den Einfluss auf den Tourismus wird mittels unterschiedlicher Gutachten gestritten, bisher ist aber kaum ein Rückgang der Übernachtungszahlen zu beobachten. Für die Landwirte bieten die Anlagen ein weiteres Einkommen, entweder als eigener Betreiber oder als Verpächter der Standorte. Die Konflikte in der Region eines projektierten Windparks ließen sich verringern, wenn Anwohner sich im Rahmen eines Bürgerwindparks an dem Gewinn versprechenden Bauprojekt beteiligen könnten.

Geesthang bei St. Michaelisdonn

Bei St. Michaelisdonn wird der **Geestrand** von einem fossilen Kliff der Nordsee, dem **Klev(e)**, gebildet. Während der flandrischen Meerestransgression vor 5000 Jahren mit dem Meeresspiegelanstieg von 25 m auf 2 m unter NN lag hier die Küste und schuf ein heute noch bis zu 40 m hohes Steilufer. Das Material wurde erodiert, welches zur weiträumigen **Nehrungsbildung** in Dithmarschen beitrug. Auch die Aufhöhung der weiten Marschlandschaften Dithmarschens erfolgte u. a. durch die Ablagerung des am Steilufer erodierten Materials, denn die Basis des Holozäns sinkt hier bis auf –30 m NN ab – unmittelbar am Klev bis auf –10 m NN. Das **Naturschutzgebiet Klev** beim Flugplatz St. Michaelisdonn schützt die Trockenrasen und Eichenkrattwälder des Steilhanges.

Der Ortsname Donn bezeichnet in Dithmarschen schmale **Sandzungen** in der Marsch, bei denen es sich um fossile Nehrungen durch küstenparallelen Sandtransport handelt. Die auf den Nehrungen aufsitzenden Dünensande bilden in der alten Marsch den einzigen festen Baugrund für Gebäude und Verkehrswege.

St. Michaelisdonn liegt auf einer alten **Düne**, die vor 5000 bis 6000 Jahren der alten Steilküste als **Nehrung** vorgelagert war. Durch den Bau der Eisenbahn zwischen Itzehoe und Husum entstand hier ein neuer Verkehrsknotenpunkt. Das hatte 1880 den Bau einer Rübenzuckerfabrik zur Folge. Die Nähe zu den Industriebetrieben in Brunsbüttel und der landschaftliche Reiz zwischen Geest und Marsch macht St. Michaelisdonn und die Umgebung zu einem beliebten Wohnort.

Burg

Der **Luftkurort** Burg liegt als typische Siedlung am **Geestrand** mit Blick auf die **Marsch**. Ein mächtiger, direkt am alten Steilufer gelegener Burgwall von 100 m Durchmesser aus der Zeit der Karolinger umschließt den heutigen **Friedhof** und diente als Schutz- und Fluchtburg gegen die **Wikinger**. Von hier ist auch die

⌇ **Eisenbahnbrücke** über den **Nord-Ostsee-Kanal** bei Hochdonn zu sehen. Wie alle Kanalbrücken ist sie 42 m hoch, 2 200 m lang und wurde zwischen 1915 und 1920 aus 14 900 t Stahl genietet.

🏛 Ein für das waldarme Dithmarschen ungewöhnliches Museum ist das **Waldmuseum** im Burger Erholungswald in der Altmoränenlandschaft. Ein 21 m hoher **Aussichtsturm** bietet einen lohnenswerten Ausblick über weite Teile Dithmarschens bis zur Elbmündung.

14 Brunsbüttel

Das Kirchspiel **Brunsbüttel** wurde 1286 erstmals erwähnt. Wie viele andere Orte auch (z. B. Büsum) ist Brunsbüttel wiederholt mit Strandräuberei in Verbindung gebracht worden, weswegen 1434 sogar Krieg mit Hamburg geführt wurde. Während einer Sturmflut hat die **Elbe** 1674 den Ort fortgespült, so dass er landeinwärts planmäßig wieder aufgebaut werden musste. Heute führt die Fahrrinne über den ehemaligen Siedlungsplatz. Stadtrecht erhielt die Ortschaft Brunsbüttelkoog 1949. Im Jahre 1970 wurden umliegende Dörfer unter den ursprünglichen Namen Brunsbüttel eingemeindet. Der neue **Hafen** ist 1897 unmittelbar östlich der Schleuse des **Nord-Ostsee-Kanals** fertig gestellt worden.

In den 1970er Jahren versuchte Schleswig-Holstein im Rahmen der **Unterelbeindustrialisierung** in einem Dreieck zwischen Kanal und Elbe mit 2 000 ha das größte Industriegelände des Landes entstehen zulassen. Hierfür wurden vom Land niedrig gelegene Marschflächen aufgespült und erschlossen. Zwar gelang die Ansiedlung eines Atomkraftwerkes und bedeutender Grundstoff verarbeitender Chemieindustrie durch Bayer, Schelde-Chemie u. a., die Zahl der geschaffenen Arbeitsplätze blieb mit 2 000 jedoch weit unter den Erwartungen von 11 000 bis 20 000. Die Planungen waren also ähnlich utopisch, wie die von 1895, als bei Eröffnung des Kanals ein Bebauungsplan für 100 000 Einwohner aufgelegt wurde.

15 Nord-Ostsee-Kanal

Der nur 34 km lange **Eiderkanal** verlor im Laufe des 19. Jahrhunderts seine Bedeutung, da er nur für Schiffe unter 300 t zugängig war. Mit Gründung des Deutschen Reiches 1871 begannen die Diskussionen um den Bau einer wirtschaftlich und militärisch-strategisch wichtigen Verbindung zwischen Nord-

und Ostsee. Ausschlaggebend war der Hamburger Reeder HER-MANN DAHLMANN mit seiner Denkschrift „Die Ertragsfähigkeit eines schleswig-holsteinischen Schiffahrtskanals" von 1878. Aus militärischen Gründen wurde aber der Ostseehafen von Eckernförde zum Kriegshafen Kiel verlegt.

Der **Nord-Ostsee-Kanal** ist in acht Jahren zwischen 1887 und 1895 von bis zu 8900 Arbeitern aus Deutschland, Polen, Italien, Österreich und Russland als Kaiser-Wilhelm-Kanal gebaut worden. International ist er als **Kiel-Canal** bekannt. Die Baukosten betrugen 156 Mio. Goldmark. Bereits zwischen 1907 und 1914 musste der Kanal erweitert werden, da der Technische Fortschritt die Schiffe ganz erheblich vergrößert hatte.

Der Wasserspiegel wurde von 66,7 m auf 102,5 bis 162 m verbreitert, so dass er heute für Schiffe mit einer maximalen Länge von 235 m, 32,5 m Breite und 9,5 m Tiefgang geeignet ist. Die Wassertiefe beträgt 11 m. Insgesamt neun Schleusen haben eine Nutzlänge von bis zu 310 m. Die Größenbegrenzung für Schiffe wird also nicht durch die Schleusengröße vorgegeben, sondern durch das Kanalprofil bestimmt, besonders durch enge Kurvenradien auf dem Streckenabschnitt zwischen Rendsburg und Kiel.

Der Kanal ist 99 km lang und verkürzt den Weg von der Nord-zur Ostsee um ungefähr 250 Seemeilen je nach Ausgangs- und Zielhafen. Da die Schiffssicherheit heute bei der Wahl der Route aufgrund zuverlässiger Motorisierung, moderner Navigationsmittel und wesentlich sicherer gewordener Schiffe kaum noch eine Rolle spielt, ist die Zeit- und **Wegersparnis** der einzige Grund für die Nutzung des Kanals. Wobei die **Zeitersparnis** je nach Motorisierungsgrad des Schiffes nur noch 10 bis 15 Stunden beträgt. Diese kann aber für Feederschiffe im Containerzulieferverkehr von Skandinavien zu den Umschlagplätzen in Hamburg oder Bremen wesentlich sein, da hier mit Fahrplänen gearbeitet wird, deren Zeiten eng bemessen sind.

Bezüglich der Schiffsbewegungen handelt es sich um den meistbefahrenen Seekanal der Welt (167 Schiffe pro Tag; 1993: 61000, Panamakanal 12000, Suezkanal 17000). Hinsichtlich der Tonnage liegen die beiden anderen großen Seekanäle allerdings vorn, da sie von weitaus größeren Schiffen befahren werden können.

Die Einnahmen aus den Kanalgebühren haben zu keinem Zeitpunkt die Kosten für den Betrieb und die Investitionen in diese Bundeswasserstraße gedeckt. Die Zuständigkeit liegt beim Bundesministerium für Verkehr. 1995 musste der Steuerzahler jede Schiffspassage mit rund 1000 DM subventionieren. Allerdings hat der Kanal eine große volkswirtschaftliche Bedeutung für das strukturschwache Schleswig-Holstein. Rund 2000 Arbeitsplätze, davon 1500 direkt Angestellte sowie 340 Lotsen und 100 Kanalsteuerer, machen den Kanal zu einem der größten Arbeitgeber des Bundeslandes. In Zeiten, in denen jede staatliche Subventionierung hinterfragt werden muss, wird sich nichts am Status des Nord-Ostsee-Kanals ändern, da eine Schließung oder auch nur eine Reduzierung dem Ansehen Deutschlands enorm schaden würde. Der Kanal hat außerdem eine wichtige Bedeutung als **Vorfluter**, da er eine Fläche von 1580 km² entwässert, u.a. aus dem Oberlauf der Eider. Etwa 250 km² sind Niederungsgebiete, die durch 19 Schöpfwerke künstlich entwässert werden und erst durch den Bau des Kanals der landwirtschaftlichen Nutzung zugeführt werden konnten.

Die nördlich der Schleusenanlagen in Brunsbüttel bestehende **Aussichtsplattform** bietet einen guten Überblick auf den Kanal und die Schleusenanlage. Weiterhin gibt es einen **Ausstellungspavillon** zur Geschichte, Technik und Bedeutung des Kanals.

Kirchen am Wege
Werner Radatz

Exkursionsroute

Tondern – Süderlügum – Breklum – Olderup – Husum – Mildstedt – Friedrichstadt – Tönning – Heide – Meldorf – Wilster

Dauer: 1-2 Tage 1T

Überblick

Kirchtürme zählen zu den auffälligen, passiven Reisebegleitern,
die oft als Orientierungspunkte dienen. Sie stehen wie Ausrufezei-
chen in der Landschaftund. Immer waren sie schon vor uns da. Sie
nehmen das Auge bis zum Horizont gefangen, scharen andere Gebäude um sich und helfen bei der Orientierung. Sie sind uns aus
vielen Gegenden geläufig und setzen dennoch Akzente. Manchmal
werden sie zum Fragezeichen und stellen die alte Gretchenfrage
aus GOETHES Faust: „Nun sag', wie hältst Du's mit der Religion?" Als
die Pädagogik noch ungeniert den erhobenen Zeigefinger hand-
habe, nannte man Kirchtürme sogar „Zeigefinger Gottes".

Wir kommen aus Richtung Dänemark und fahren nicht über
die schnelle Autobahn zurück nach Deutschland, sondern über
die „Bundesstraße 5", parallel zur Westküste Schleswig-Holsteins.
Nördlich der Grenze heißt die gleiche Straße „motortrafikvej 11".
Dabei haben wir oft an Kirchen gehalten oder uns umgesehen.
Natürlich muss man nicht an jeder Kirche anhalten. Aber vielleicht weckt diese Exkursion die Neugierde. Eigentlich begeistert
schon der Dom in Ribe, der ältesten dänischen Stadt. Doch wir
sind begrenzt – das gilt nicht nur für Staatsgrenzen, sondern
auch für die Zahl der Druckseiten.

Rundfahrt

Tondern

Vielleicht kennen Sie DETLEV VON LILIENCRONS gruslige Ballade
von „Pidder Lüng", der mit dem Amtmann zu Tondern erheblichen Ärger hatte, weil der von ihm die ortsüblichen Abgaben

Landschaften

Ackerland

Ackerland und Grünland gemischt

Grünland (Wiesen u. Weiden)

Heide

Wald

Sumpf, Moor

Küstendünen

Watt

Sand, Sandbank

.45 Höhenpunkt mit Höhenangabe

Grenzen

Staatsgrenze

Bundeslandgrenze

Nationalparkgrenze

Orte

größere zusammenhängend bebaute Siedlungsfläche

○ 20 000 bis 100 000 Einwohner

○ unter 20 000 Einwohner

• Ortsteil

Sehenswürdigkeiten

Kirche, Kloster

Burg, Schloss

Verkehr

23 Autobahn

5 Hauptverkehrsstraße

Eisenbahn: Hauptstrecke

Eisenbahn: Nebenstrecke

Fährverbindung

Flüsse, Seen

Fluss

schiffbarer Fluss

Schifffahrtskanal

Kanal zur Entwässerung

See

0   5   10   15   20 km

© Justus Perthes Verlag Gotha GmbH, Gotha 2002

kassieren wollte, womöglich auch für einen Vorgängerbau der Kristkirken (Christkirche). Der Friese PIDDER LÜNG hat damals nicht gezahlt. Die Kirchen wurden dennoch errichtet, viel später auch die **Christkirche** im Jahre 1592 nach Abbruch eines baufälligen Altbaus. Der alte Turm, aus der Zeit nach 1520, blieb erhalten. Ein laternenähnlicher Durchbruch über der Turmuhr lässt die Schwere seines massiven Backsteinsockels ein wenig leichter erscheinen.

An der Gestaltung des Innenraumes dieser und anderer Kirchen wird deutlich, wie sehr sich Gemeinden und für den Bau Verantwortliche bemühen, das Erbe der Väter und Mütter liebevoll zu bewahren. Dagegen konnten sich selbst Reformation und Stilwechsel nicht durchsetzen. Das so genannte „Eisenacher Regulativ" von 1861, das für den Kirchbau in weiten Teilen Deutschlands den „gotischen Baustil" als angemessen und damit für verbindlich erklärte, trieb dieses Bemühen bekanntlich auf die Spitze. Aber jeder Lettner erinnert an diese Zusammenhänge. Natürlich war und ist es erhebend, wenn die Lateinschüler oder kleine Gesangsgruppen von der Sängerempore (Lettner) aus ihre Knabenstimmen erklingen lassen. Gewiss sind die Eltern darauf stolz – selbst wenn die von ihren Sprösslingen im Lettner eingeschnitzten Namen und Jahreszahlen (noch 1795) möglicherweise nicht ihr Einverständnis finden.

Nach der Reformation gab es keinen Grund mehr, den Chorraum einer protestantischen Kirche allein dem Klerus zu reservieren und die Gemeinde außen vor zu halten. Der Chronist berichtet sogar von einem Gitter, das unter dem Lettner zwischen den Säulen aufgestellt war. Doch wer weiß genau, weshalb es damals so und nicht anders war. Dennoch ist es schade, wenn die Besucher eines Gottesdienstes den herrlichen Barockaltar nur zum Teil sehen können, weil daran ein – zugegebenermaßen wunderschöner – Lettner hindert.

Ansonsten hat diese Kirche eine prächtige **Innenausstattung**, die vom frommen Sinn der Bürger zeugt. Ihr Wohlstand machte es v. a. im 17. Jahrhundert möglich, den Willen zum Lobe Gottes so prächtig anschaulich zu machen.

Auffällig ist, dass in dieser dänisch-lutherischen Kirche alle alten **Schriften**, z. B. an der Kanzel und den **Epitaphen** (Grabmälern), in deutscher Sprache gehalten sind. Die Kristkirken steht im Grenzland, das Dänemark und Deutschland verbindet. Im Laufe der Jahrhunderte ist der Grenzverlauf aufgrund der

Abb. 71: Exkursionsroute 9 Kirchen

historischen bzw. politischen Ereignisse mehrmals verschoben worden. Erfreulicherweise erfolgte das in dieser Gegend ohne Bevölkerungsaustausch. Die weitreichenden Folgen, die Wanderungen verursachen, blieben aus. Im Vergleich dazu war der Wechsel der Nationalität nicht schwierig. Ebenso unterblieb die barbarische Schändung von Kulturdenkmälern. Die meisten Menschen konnten ihre Muttersprache beibehalten. Dennoch entstand in diesem oft komplizierten Zusammenhang manches Leid, auch im kirchlichen Umfeld. Derzeit findet man jedoch in der Kristkirken zwei Arten von Gesangbüchern, die dänischen und deutschen. Außerdem finden sowohl dänische, als auch deutsche Gottesdienste statt. An dieser dänischen Kirche ist sogar zusätzlich ein deutscher Pfarrer tätig, der für die erwähnten Gottesdienste sowie für die Betreuung der Deutschsprachigen zuständig ist. Allerdings findet sich seit 1945 nicht mehr das Monogramm des deutschen Kaisers WILHELM II. an der Orgel. CHRISTIAN X. von Dänemark, der zu dieser Zeit regierte, hat ihn dort abgelöst.

Stadtauswärts fahrend überrascht uns am Straßenrand das Hinweisschild **„Katolske Kirke"**. Da römisch-katholische Kirchen hier im Norden selten sind, halten wir an und treffen auf ein gepflegtes villenartiges Gebäude mit einem an die Fassade gehefteten Kreuz. Die kleine Anzeigetafel gibt Hinweise auf die dort stattfindenden Gottesdienste und Veranstaltungen. Eine ins Mauerwerk gelassene Tafel trägt die Aufschrift „Aufgeführt mit Unterstützung von der deutschen katholischen Hilfsinstitution Bonifatiuswerk."

2 Süderlügum

Einer Weiterfahrt ohne zeitraubende Grenzkontrollen steht dank der Europäischen Union nichts mehr im Wege. Die Bundesstraße B 11 wird fast unmerklich zur B 5. Ohne Kontrollen und auffallende Übergänge erreichen wir nach 8 km die **Marienkirche** von Süderlügum.

Zunächst besteht die Gefahr an ihr vorbeizufahren, da sie sich rechts der Straße befindet und u.a. durch unsere beschränkte Sicht aus dem Auto von Bäumen verdeckt wird. Nach Einweisung durch freundliche Menschen stehen wir schließlich vor dem massiv gemauerten, weiß gekalkten, mit freundlichen Rundbogen versehenen, dreiflügligen Friedhofsportal (1760) in Süderlügum. Ein kleineres Gegenstück befindet sich auf der Nordseite des Friedhofs.

Nachdem wir die für uns vorgesehene Pforte – die breite mittlere ist vermutlich für Leichenwagen vorgesehen und die dritte erweist sich als verschlossen – durchschritten haben, stehen wir auf einem gepflegten, leicht hügeligen **Friedhof**, an dessen Anhöhe sich anmutig die kleine weiße Kirche schmiegt. Ein mit dunklen Brettern verkleideter Glockenstuhl steht, nach unserem Geschmack zu Recht, abseits der Kirche.

In der Kirche finden wir einen kleinen, sorgfältig verfassten Führer auf einem DIN A4-Blatt. Er schildert die Geschichte des Bauwerks sowie die seiner Ausgestaltung und die des Inventars. Ähnliche Ausarbeitungen sind uns auch in anderen Kirchen begegnet, manchmal neben komfortablen Farbdrucken. Die „Kunst-Topographie Schleswig-Holstein" wiegt schließlich um die 2 kg. Da stimmt uns ein einzelnes Blatt dankbar. Ein wenig lässt sich sogar daraus ablesen, wie eine Gemeinde in der Gegenwart lebt. Gern sind wir dem Aufruf des Kirchenvorstandes gefolgt, „... einen Augenblick der Stille, der Einkehr und des Gebetes [zu] halten."

Die Kirche steht seit ca. 1200 Jahren. Aus der Gründungszeit stammt noch der aus zwei Granitblöcken gehauene **Taufstein**. Das ursprüngliche, spätromanische Kirchenschiff erhielt nach Osten sowie nach Westen eine spätgotische Verlängerung. Daneben gab es im Laufe der Jahrhunderte andere kleine Änderungen baulicher Art.

Abb. 72: Marienkirche Süderlügum

Die reiche Ausmalung wird auf dem oben erwähnten Blatt gut erläutert. Auffällig sind sieben ovale Brustbilder, die wohl aus einem Epitaph der Pfarrfamilie CLAUDIUS stammen und drei Generationen der Vorfahren des MATTHIAS CLAUDIUS („Der Mond ist aufgegangen...", „Wandsbecker Bote" u.v.a.m.) darstellen.

Noch ist es zu früh, das Abendlied des MATTHIAS CLAUDIUS anzustimmen, doch ein letzter Blick zurück vor dem Einsteigen ins Auto tut unserer Stimmung gut.

Abb. 73: Kirche in Breklum

Breklum

3

Weiter geht's auf der B 5 in Richtung Süden. Nach 36 km stehen wir vor dem Friedhofseingang von **Breklum**. Vor uns liegen und stehen so an die 30 Fahrräder meist neuester Bauart, geradezu phantastisch in Entwurf und Farbe. Der Kenner ahnt: Hier werden wir gleich auf Konfirmanden stoßen. Ein Durchgang ist für uns erfreulicherweise frei geblieben. Dennoch, fast stockt uns der Schritt, wir stehen vor der „stattlichsten spätromanischen Backsteinkirche im Landesteil Schleswig", wie es u. a. der Kunstführer formuliert. Eigentlich sehen wir gar nicht die ganze Kirche. Wir sehen nur den **Turm** – nichts als Turm. An seinen Flanken deutet sich leicht an, dass dahinter noch mehr verborgen ist, vielleicht ein Bau, der mehr unserem menschlichen Maß entspricht. Wenn man in einem Ritterroman von einem „dräuenden Turm" liest, kann man sich wohl solch einen Turm vorstellen. Im Innern des Gebäudes steht ein stattlicher Pastor vor einer Konfirmandengruppe. Seine Stimme ist vortrefflich zu hören. Als wir am Eingang auftauchen, verstummt er und blickt in unsere Richtung. Von den Konfirmanden ist auch jetzt nichts zu hören. Wir scheinen zu stören. Beflissen einer Ansprache von ihm zuvorkommend tönt ihm die Frage mit kräftiger Stimme entgegen, wie sie die Entfernung erfordert: „Dürfen wir hier am Eingang ein wenig stehen bleiben?" Kurz und knapp kommt die Antwort: „Das dürfen Sie." Wir sind froh, so glimpflich davongekommen zu sein – wie zaghaft ein großer, breiter Turm machen kann...

Dann gehen wir wieder hinaus auf den **Friedhof**, um die Kirche auch von außen zu betrachten und sie sozusagen aus der Gliederung des gesamten Baukörpers von außen her verstehen zu lernen.

Die **Kirche von Breklum** entstand ebenfalls gegen 1200 als spätromanischer Bau. Doch hatte sie bald eine die Nachbarkirchen überragende Bedeutung. Das lässt sich mit der Höhe der Abgaben an das Bistum und einer Zahl von insgesamt fünf Altären belegen. Die baulichen Veränderungen hielten sich in Grenzen. Bedingt durch Brände sowie Folgen von Krieg und Blitzschlag, waren umfangreiche Arbeiten zum Wiederaufbau schon vor 1600 nötig. Der alte sandsteinerne **Taufstein** hat dies alles überstanden. Der **Altar** aus dem 18. Jahrhundert ist in seiner Gestaltung, die als Beschreibung in der Kirche ausliegt, stark von theologisch-pädagogischer Bemühung geprägt. Zwei Epitaphe stammen von Nachkommen Martin Luthers, die hier im 17. bzw. 18. Jahrhundert als Pastoren tätig waren.

Im Jahre 1876 wurde hier die weit ausgreifende „**Breklumer Mission**" gegründet, wofür v. a. der Breklumer Gemeindepastor CHRISTIAN JENSEN verantwortlich war. Die Missionare arbeiteten in Indien, Papua-Neuguinea und Tansania. In diesem Zusammenhang sind eine ganze Reihe von Gebäuden in der Nähe der Kirche entstanden, deren anscheinend zufällige Gruppierung für einen Besucher von außen leicht verwirrend ist. Die „Heimatkirche" in Breklum bekam dadurch eine Bedeutung, die weit über Deutschland hinaus reichte. Viele Gräber von ehemaligen Mitarbeitern drängen sich rund um die Kirche, als könnten sie in deren unmittelbarer Nähe ihre eigene Auferstehung eher erfahren als anderswo.

4 | Olderup

Unser nächstes Ziel, die **Kirche von Olderup,** liegt etwa 18 km entfernt. Von Breklum nehmen wir wieder die B 5 in Richtung Husum, durchfahren Hattstedt und biegen nach ca. 1 km an der nächsten Abfahrt links nach Horstedt und im nächsten Ort Arlewatt rechts ab nach Olderup.

Hier erwartet uns eine Kirche, die als **romanisches Kleinod** bezeichnet werden kann. Erst einmal gilt es, einen Schlüssel bzw. eine Aufsichtsperson für die Kirche zu finden. Schräg gegenüber befindet sich das Pastorat. Die reizende Pastorin, mit Violine und Bogen in der Hand, öffnet auf unser Klingeln, scheint das Anliegen schon geahnt zu haben, fischt mit der anderen Hand sofort den Kirchenschlüssel vom Haken und reicht ihn vertrauensvoll an uns weiter.

Vermutlich wurde die Kirche zu Beginn des 12. Jahrhunderts aus Feldsteinen gebaut. Die Kargheit der Anlage lässt erkennen, dass man hier nur das Notwendigste baute, und das mit den begrenzten Mitteln, die damals einem kleinen Gemeinwesen zur Verfügung standen. Altar und Taufstein sowie ein besonderer Bereich für den Priester und ein Chorraum waren notwendig. Die Bezeichnung „Kastenchor", wie sie heutzutage von Experten für diesen **Chorraum** gebraucht wird, klingt fast schon hochnäsig, obwohl sein Aussehen eben daran erinnert. Feldsteine für den Bau fanden sich genug in der Gegend. Erstaunlich ist, dass der Chor nicht in der ganzen Breite gegenüber dem kleinen Kirchenschiff geöffnet ist. Ob der Blick auf das Wesentliche, auf das Geschehen am **Altar** beschränkt bleiben sollte? Die Zahl der Fenster wurde knapp gehalten. In späterer Zeit sind einige nachträglich in die Wand gebrochen worden. Unschwer lässt sich heute noch erkennen, wie schwierig das in einer Feldsteinkirche gewesen sein muss. Im Jahre 1939 ist die Kirche gründlich renoviert worden.

Diese Selbstverständlichkeit, mit der man anscheinend die Kirche baute, sie weiterhin gestaltete und in ihr lebte, ist imponierend. Sie setzt sich bis heute fort im liebevoll gestalteten Blumenschmuck auf dem Altar und in den Akzenten, wie sie zum Beispiel mit einem sehenswerten Christus-Corpus im Kirchenschiff gesetzt sind. Aber was wissen Durchreisende schon von Voraussetzungen und Schwierigkeiten, ob damals oder heute. Die leichte Verstimmung, dass man wieder einmal vor einer verschlossenen Kirchentür gestanden hat, ist jedenfalls gänzlich verflogen ...

Husum

Nun geht es weiter in Richtung Husum. Wir verlassen Olderup in östlicher Richtung, bis wir auf die B 200 treffen, wo wir rechts abbiegen. Nach insgesamt 11 km erreichen wir das Stadtzentrum von **Husum** mit der **St. Marienkirche**. Gemessen an Olderup erleben wir jetzt ein Kontrastprogramm. Haben wir dort die Pastorin als einzigen Menschen gesehen, so landen wir nun auf einem quirligen **Marktplatz** und sehen die Vor- und Nachteile großer Städte – Biertrinker auf den Kirchenstufen sind dabei eingeschlossen. An THEODOR STORM, den berühmten Sohn der Stadt, der Husum in seinen Dichtungen als „graue Stadt am Meer" bezeichnete, denken wir dabei nicht sofort. Allerdings ist seine letzte Ruhestätte dort in der Nähe unter einer monumentalen, gleichsam bedrückenden Grabplatte (vgl. Abb. 57, S. 181).

Die St. Marienkirche ist die zweite Kirche an diesem Ort. Bis zum Bau der alten Kirche (1436) gehörte die Stadt in kirchlicher Hinsicht zu **Mildstedt**. Der kleine Kirchenführer, dem wir einige Angaben entnehmen, verweist u. a. darauf, dass die Gewölbeschlusssteine der alten Kirche etwa 21 m über dem Fußboden lagen und ihr spitzer Turm mit einer Höhe von knapp 100 m weit und breit der höchste Turm im Lande war. Gewiss überragte er den Kirchturm in Mildstedt. Die Höhe des derzeitigen **Turmes** wird jedoch nicht mitgeteilt.

Gebaut wurde die Kirche von C. F. HANSEN, dessen Familie enge Bindungen zu Husum hatte. Er wurde später u. a. Oberbaudirektor des dänischen Bauwesens und baute insgesamt zehn Kirchen. Dazu gehören auch die Kirchen in Neumünster (Vicelinkirche) und Krempe. Damals dominierte bei repräsentativen

Bauten der **Neoklassizismus**. So galt die Marienkirche bald als ein „Hauptwerk des Klassizismus im Lande". Der Architekt entschied sich bei der Gestaltung des Innenraumes für eine reichliche Verwendung von Säulen. Nach dem Betreten des **Kircheninneren** stößt man unvermittelt auf insgesamt sechzehn mächtige dorische **Säulen**, die in zwei Reihen zu je acht Stück die Kirchenbänke umstehen und die Emporen stützen. Sie wirken derart massiv und wuchtig, dass es einem den Atem verschlagen kann. Den mächtigen gotischen Pfeilern sieht man ihre Funktion an – sie haben zu tragen, das erklärt ihre Größe. Hier aber wären vier Emporen übereinander nötig, um solchen Säulen eine angemessene Funktion zu geben. Gewiss muss man nicht überall nach angemessenen Funktionen fragen, manchmal können auch einfach ästhetische Gründe wichtig sein. Doch ohne Gestühl bzw. mit leichtem Bedarfsgestühl hätten die Säulen ein wenig mehr Platz. Der Respekt vor denen, die vor uns gebaut haben, hat natürlich sein eigenes Gewicht. Womöglich würde man nach der Teilnahme an einigen Gottesdiensten auch das erste Gefühl einer massiven Bedrückung verlieren.

Bei einer Führung durch die Kirche kann man folgendes hören: „Und wenn sie jetzt nach oben schauen, meine Herrschaften, dann sehen sie an der Unterseite der Emporen kleine Ausschmückungen, die zur Erfindung der Legosteine führten." In der Tat gab es dort oben kleine Felder mit runden Noppen, die der Gestaltung von Legosteinen ähnelten. Mitunter findet letztlich der Volksmund den richtigen Ton, um mit Übergrößen leben zu können.

Beachtlich ist der **Kanzelaltar** der St. Marienkirche. Diese Bauform war zuweilen sehr umstritten. Da die Kanzel mittig über dem Altar angeordnet ist, konnte vom Blickfeld der Gemeinde her gesehen, der Eindruck entstehen, der Prediger stünde fast auf dem Altar. Die allgemeine Polemik gegen den Bau von solchen Kanzelaltären formulierte: „Hier tritt der Prediger das Sakrament des Abendmahls mit Füssen." Dennoch hat sich diese Form in vielen Kirchen durchgesetzt.

6 | Mildstedt

Wie verlassen Husum in südöstlicher Richtung und erreichen nach 5 km **Mildstedt** mit der **Lamberti-Kirche**. Die große Stadt liegt hinter uns. Wir stehen auf einem **Friedhof**, in dessen Mitte eine Kirche steht, die das Dorfkirchenformat reichlich übertrifft. Ihre Größe ist Hinweis darauf, dass sie ursprünglich eine Haupt-

Abb. 74: Lamberti-Kirche in Mildstedt um 1900

kirche dieser Gegend war. Nachdem sie um 1200 erbaut war, mussten die Husumer hier den Gottesdienst besuchen und das für einen Zeitraum von fast 300 Jahren, bis sie ihre erste eigene Kirche erhielten. Ursächlich für die wachsende Bedeutung Husums waren in erster Linie die Sturmfluten des 13. und 14. Jahrhunderts, die die Stadt durch veränderte Nordseelage zu einer Hafen- und Handelsstadt wachsen ließen. Da stand die Lamberti-Kirche bereits. Um mit dieser mithalten zu können, mussten die Husumer ihren ersten **Kirchturm** dicht an die Hundert-Meter-Marke bringen.

Lambertis **Turm** hat einen rechteckigen Grundriss und wurde quer zum Kirchenschiff gebaut, das aber immer noch breiter ist als der Turm. Seine Stellung gewährte den Vorzug, gleich zwei Wetterfahnen auf ihm anbringen zu können. Sie lassen bis heute keinen Zweifel daran, dass der Wind hier immer nur in eine Richtung bläst.

Dennoch hat der Turm starken Wind- und Sturmeinflüssen zu widerstehen. Wie Narben umziehen ihn an die vierzig Zuganker unterschiedlichster Gestaltung, die deutlich machen, dass er nicht allen Kräften im Laufe der Jahrhunderte allein durch

Größe und Gewicht hat trotzen können. Ist er doch, wie die Sakristei am Chor, ein spätgotischer Nachkömmling gegenüber dem romanischen Backsteinbau des Kirchenschiffes. Das stellt sich im Inneren dar als eine beeindruckende **Gemeindehalle** mit flacher Holzbalkendecke, von der man sich leicht vorstellen kann, dass sie ohne Gestühl einer Vielzahl von Zwecken hätte oder hat dienen können. Die **Renovierungen** von 1931 und 1977 haben, v. a. durch Freilegung der Backsteinwände von Putz, das Erscheinungsbild des Kircheninneren offenbar entscheidend verbessert. Die Zweifarbigkeit der Bänke lässt allerdings Fragen aufkommen. Das gilt auch für die Überlänge des **Triumph-kreuzes**, das über den Bogen vor dem Chorraum hinaus- und damit in den freien Raum hineinreicht.

Der spätgotische **Flügelaltar** wurde 1440 in Lübeck geschnitzt und gilt als schönstes und wertvollstes Stück der Ausstattung. Als sein Schnitzer wird der „Meister des Neukirchner Altars" genannt. Dessen später geschaffener „Neukirchner Altar" steht im **Museum** Schloss Gottorf.

Interessant ist die **Apostelgruppe** (um 1400) auf einem Balken an der Nordseite des Kirchenschiffes. Sie ist nicht nur gut anzusehen, sondern hat auch eine gewisse Anrüchigkeit insofern, als der Chronist den Mildstedtern zutraut, dass diese Figuren auf nicht ganz legale Weise aus den Wassern einer Sturmflut den Weg in ihre Kirche gefunden hätten.

Namenspatron der Kirche ist der belgische Bischof Lambertus, der 612 ermordet und später heilig gesprochen wurde.

7 | Friedrichstadt

Friedrichstadt ist das nächste Ziel. Nach 2 km Rückfahrt in Richtung Husum treffen wir wieder auf die B 5 und fahren das längste Stück der insgesamt 12 km auf einem ihrer schönsten Abschnitte.

Fünf **Kirchen** könnten wir uns hier anschauen. Bei weniger als 3 000 Einwohnern ist das eine relativ stattliche Zahl. Aber nachdem beispielsweise aus den USA kleine Orte bekannt sind, die nicht weniger als vier baptistische Kirchen haben, die ihrerseits jeweils eigene baptistische Richtungen vertreten, verwundert dies in Friedrichstadt nicht mehr.

Wir beginnen bei der **Remonstrantenkirche**, die ziemlich im Stadtzentrum liegt. Die Remonstrantische Brüderschaft entstand nach harten religiösen Auseinandersetzungen innerhalb der von Calvin geprägten reformierten Kirche und wurde von

Niederländern im Antwerpener Exil gegründet (1620). Ihre Mitglieder gehören zu den Gründungsvätern Friedrichstadts (1621), nachdem sie der damalige Landesherr, Herzog FRIEDRICH III. von Schleswig-Holstein-Gottorf, dazu eingeladen hatte, in seinem Herrschaftsbereich zu siedeln. Ihre erste Kirche, zugleich die erste Kirche Friedrichstadts, erbauten sie hier 1624. Nach deren kriegsbedingter Zerstörung (1850), entstand der Neubau 1854 an gleicher Stelle. Seit 1624 steht somit hier die einzige Remonstrantenkirche Deutschlands für derzeit 75 Gemeindeglieder vor Ort und weiteren 70 außerhalb der Stadt. Nicht jeden Sonntag findet hier Gottesdienst statt.

Bei der Kirche handelt es sich um einen klassizistisch geprägten Bau, dessen **Inneres**, was Gestaltung und Ausstattung anlangen, schlicht gehalten ist. Für freistehende Säulen, im Allgemeinen Kennzeichen des Klassizismus, war kein Platz. So behalf man sich mit **Pilastern**. Die Säulen treten nur reliefartig ein wenig aus der Wand, rahmen die Rundbogenfenster und gliedern die Querwände. „Klar, hell, schlicht, offen und frei" wollte der damals planende Pastor seine Kirche haben. Leider kann man sie nur im Zusammenhang mit einer Stadtführung besichtigen.

Nach und nach zogen dann auch Landeskinder aus dem Umland in die neue Stadt. Sie waren, wie auch ihr Landesherr, lutherische Christen. Aber erst 1649 kam es, mit großzügiger Hilfe des Herzogs, zur Einweihung einer evangelisch-lutherischen Kirche, die seit 1989 den Namen **St. Christophorus-** **Kirche** trägt.

Dicht vor dem Kirchengrundstück stehend, erscheint es uns, was die Pflege der gärtnerischen Anlage betrifft, reichlich vernachlässigt. Man stelle sich einen lange nicht mehr geschnittenen Rasen voller Unkraut vor – und das vor der Kirche! Das passt einfach nicht in dieses gepflegte Städtchen. Was wir aber sehen, ist die „**Schöpfungswiese**". So lesen wir es in einem Flugblatt der Kirchengemeinde. Unter völligem Verzicht auf Dünger und Unkrautvernichtungsmittel, bei nur drei Schnitten im Jahr, hat sich hier ein verschwenderischer Artenreichtum entwickelt. Darüber hinaus erkennt man auf dem ganzen, $1500 \, m^2$ großen Kirchengrundstück, in den Beeten, Bäumen und Blüten den Reichtum einer Schöpfung, die dem Leben dient. Bei einigem Nachdenken fallen dem Betrachter vielleicht natürliche Parallelen in der eigenen Lebensentwicklung ein – nicht was die Pflege betrifft, wohl aber im Blickwinkel auf Wachsen und Reifen, auf Frucht bringen, verdorren u.a.m. Vielleicht erwächst sogar ein wenig Dankbarkeit gegenüber dem Schöpfer. Allerdings wird der mitten unter den Reichtum der Pflanzen gesetzte Kontrapunkt der beiden **Denkmäler** für die Gefallenen des Krieges zwischen Schleswig-Holstein und Dänemark im Jahre 1850 einer ausufernden Schwärmerei Einhalt gebieten.

Das bescheidene **Kirchengebäude** ist aus kleinformatigen Ziegeln (so genannte holländische Moppen) erbaut. An der Süd- und Westseite fanden wuchtige Granitquader am Bau Verwendung, die mit Erlaubnis des Herzogs einer durch Sturm zerstörten Schleuse entnommen werden durften. Auch die älteste **Glocke** entstammt einer Kirche, die durch Sturmflut (1634) zerstört wurde. Gleiches wird für Kanzel und Taufstein angenommen. Der **Turm** entstand in seiner jetzigen Gestalt im Jahre 1762.

Wertvollstes Einrichtungsstück ist das von dem Rembrandtschüler JÜRGEN OVENS gemalte **Altarbild**. Der Künstler hat sich selbst auf dem Bild in der linken oberen Ecke abgebildet. Beachtlich ist der üppig gestaltete Barockrahmen. Das neben der Kanzel hängende Kruzifix ist spätgotische Schnitzarbeit aus dem 16. Jahrhundert.

In einem rückwärtigen Querbau der „Alten Münze" befindet sich seit 1706 ein **Betsaal** der **Mennoniten**, die man auch „Taufgesinnte" nennt, da sie grundsätzlich für die Erwachsenentaufe eintreten. In einem schlichten rechteckigen Raum mit Balkendecke und einer aus dem 19. Jahrhundert stammenden Einrichtung sammelt sich die dortige Gemeinschaft einige Male im Jahr. Da sie der dänisch-lutherischen Gemeinde für deren Gottesdienste Gastrecht gewährt, steht in diesem Betsaal sogar ein Altar mit Kruzifixus.

Die römisch-katholische Kirche **St. Knud** wurde erst 1854 eingeweiht und 1986 im Inneren bescheiden renoviert. Das Gestühl stammt aus dem 18. Jahrhundert. Ob die hölzernen Apostelfiguren tatsächlich aus der Husumer St. Marienkirche stammen, scheint nicht sicher.

Die ehemalige jüdische **Synagoge**, 1857 eingeweiht, 1938 im Innern von den Nationalsozialisten zerstört, danach Getreidelager und Wohnhaus, wird zu einer Kultur- und Gedenkstätte umgestaltet.

Friedrichstadt hat viele Religionsgemeinschaften bei sich aufgenommen. In diese Ausführungen sind nur die aufgenommen worden, von denen es bauliche Zeugnisse gibt. Die Stadt gibt ein gutes Beispiel dafür, dass religiöse Gemeinschaften, ob begünstigte oder weniger begünstigte, über Jahrhunderte an einem Ort miteinander leben konnten und über ihren eigenen „Kirchturm" hinaus geschaut haben.

Tönning

Wir setzen unsere Fahrt zunächst auf der B 202, dann wieder auf der B 5 in Richtung Tönning fort, das wir nach ca. 15 km erreichen.

Schon von weitem grüßt uns der Turm der **Laurentiuskirche**, der bis 1894 der höchste **Kirchturm** des Herzogtums Schleswigs war, bis schließlich seine Höhe vom Turm des Domes zu Schleswig überboten wurde. Aber noch immer ist seine Höhe beachtlich und begleitet uns über eine große Distanz. Dreimal wurde über sich verjüngende Turmabschnitte wieder ein neuer Abschnitt gesetzt – nach dem Vorbild der Trinitatiskirche in Altona. Erst beim dritten Mal war man offenbar mit der Höhe zufrieden. Allein mit dem Mast der Wetterfahne konnte noch Höhe gewonnen werden.

Im Übrigen besitzt die Laurentiuskirche die größte **Orgel** im nordfriesischen Raum. Als eine weitere Besonderheit ist eine Lettnerorgel zu erwähnen. Die Kirche kann ebenso dem Vergleich mit anderen standhalten, wenn man das Alter betrachtet – sie ist im 12. Jahrhundert entstanden. Die spätromanische nördliche Längsseite mit Rundbogenfriesen und entsprechenden Fenstern führt uns das vor Augen. Die Anbauten stammen aus den unterschiedlichsten Zeiten.

Im Inneren stoßen wir in einem Vorraum unvermittelt auf einen großen **Sandkasten** in Tischhöhe. Man wird ermuntert, im Sand seine Spuren zu hinterlassen. Ein paar Wellenlinien, ein Segenswort, der eigene Name – vieles kann hier mit dem Finger eingetragen werden. Für nachfolgende Betrachter bleibt in kürzester Zeit allerdings nichts mehr von uns zu erkennen. Sandkastenspiele haben bekanntlich etwas Unwirkliches. Steht es gegen den Sinn der Installation, wenn einem dazu vornehmlich Gedanken zur Vergänglichkeit des Menschen kommen? Dabei sei daran erinnert, dass an solchen Kästen früher „Schlachten" vorbereitet und Offiziere ausgebildet wurden.

Wir treten dann ein in ein Schatzkästlein. In dieser Kirche wurde sorgsam, geradezu liebevoll restauriert, wieder hergestellt und zugeordnet. Man hat es sogar gewagt, natürlich bei Erhaltung der wunderschönen Schnitzarbeit, das Bankgestühl an den Längsseiten zu kürzen, um dem Raum mehr Durchlässigkeit zu verleihen – was auch gelungen ist. Aber wie in der „Kristkirken" zu Tondern verstellt der gewiss erhaltenswerte **Lettner** mit seiner beachtlichen Höhe von 8 m den freien Durchblick auf den „**Gemäldealtar**". In der Beschreibung der Kirche steht der ob der gelungenen Renovierung stolz klingende Satz: „Die Lettnerwand steht wieder geschlossen da." Das Aufkommen der Lettner wurde durch die schärfere Trennung von

Klerikern und Laien begünstigt. In einfachen Pfarrkirchen sind Lettner selten zu finden, eher dagegen in Kathedralen, Kloster- und Stiftskirchen, in denen regelmäßig Gruppen von Klerikern im Gottesdienst erscheinen.

Man ist beinahe gezwungen, den gut gelungenen Kirchenführer zu lesen, um sich diese Kirche mit ihrer Kunst auch hinter dem Lettner zu erschließen. Der alabasterne Schaftstiefel an dem **Taufstein** aus schwarzem Marmor, den der örtliche Schuhmacher im 17. Jahrhundert gestiftet hatte, ist z.B. nicht zu sehen – ob dies im Sinne des Spenders wäre? Die einzelnen Messingdocken (Sprossen) der Lettnerwand tragen die Namen ihrer Spender dagegen gut sichtbar. Auch der **Altar** ist aus einem gewissen Abstand als Gesamtkomposition kaum wahrzunehmen. Aber erfreulicherweise sehen wir die reich mit Schnitzwerk versehene **Barockkanzel** uneingeschränkt. Unten mit Ornamenten, oben auf dem Kanzeldeckel mit figürlichen Darstellungen versehen, stammt sie ebenso aus dem Beginn des 18. Jahrhunderts wie die Schnitzereien am Altar.

Die **Malerei** setzt in dieser Kirche besondere Akzente. Der Altar bietet drei Gemälde, die übereinander angeordnet sind. Hauptbild ist die Kreuzigung. Darunter befindet sich ein Abendmahlsbild und darüber eine Darstellung der Auferstehung. Stilistisch sind sie der Übergangszeit zwischen Renaissance und Barock zuzuordnen. Der Maler ist nicht bekannt. Aus der gleichen Zeit stammen die ausgedehnten Deckenmalereien am Tonnengewölbe. Sie gruppieren sich um die alttestamentarische Gottesbezeichnung „Jahwe". Der Künstler hieß BERTHOLD CONRATH und verstarb in Tönning. Von ihm stammt auch eines der drei Epitaphe (Jüngstes Gericht), die an der nördlichen Längswand hängen und u.a. an ihre Stifter erinnern. Gern hätten wir in der Sakristei noch das „Riffelbild" von 1739 angeschaut. Steht man links vom Bild, so bietet sich dem Blick ein Kreuzigungsbild. Schaut man von rechts, so ist die Auferstehung Christi zu sehen.

Eine umfangreiche und vorzügliche **Renovierung** der Kirche und ihrer Kunstwerke erfolgte in der zweiten Hälfte des 20. Jahrhunderts.

9 | Heide

Eine weitere Fahrt von 23 km, zumeist auf der B 5, brachte uns dann schnell nach Heide. Bisher haben wir nur Kirchen besucht, die schon einige Jahrhunderte an ihrem Platz standen. Auf die Frage nach einer **modernen Kirche** in der Nähe verweist uns ein Einwohner von Heide auf zwei Gebäude, die jedoch nicht auf unserem Weg liegen. Sie werden wohl auch auf lange Sicht kaum zu touristischen Sehenswürdigkeiten werden. Ein wesentlicher Unterschied gegenüber den alten Kirchen, die Touristen anlocken, besteht darin, dass sie für Gemeinden gebaut worden sind, die in unserer Zeit leben und bei denen die Repräsentanz eher eine untergeordnete Rolle spielt.

Wir besuchen die **Erlöserkirche**, ein von außen etwas nüchtern wirkender Backsteinbau, der 1963 eingeweiht wurde. Die Gemeinde hat aber bereits einige bauliche Veränderungen vorgenommen, hauptsächlich im Eingangsbereich und im Innern der Kirche. Danach besuchen wir die **Auferstehungskirche**, die sich v. a. durch eigenwillige Schrägen am Baukörper und viel Glas und Beton auszeichnet. Sie wurde 1965 eingeweiht. Grundmaß war sicher in beiden Fällen die Anzahl der Gemeindemitglieder. Eine sichere Auskunft über die Höhe des Kirchturms konnte kaum jemand geben, ebenso wie die Frage unbeantwortet blieb, welche wohl die bedeutendere Kirche sei. Die neueren Kirchen stehen oft genug im Schatten der alten. Die Zahl der Trauungen liegt z.B. bei den älteren Kirchen weit höher. Touristen kommen in neuere Kirchen, die meist in Neubaugebieten liegen, allenfalls aus irgendeinem Spezialinteresse.

Am großen **Markt** bzw. Parkplatz liegt in der Mitte der Stadt Heide die **St. Jürgen-Kirche** (Jürgen ist die niederdeutsche Form von Georg). Sie liegt bescheiden am Rande des großen freien Platzes (4,6 ha) und entwickelt anscheinend keinerlei Ehrgeiz, mit der Höhe der noch im Blickfeld befindlichen modernen Häuser zu konkurrieren. Sie ist einfach da in ihrer Solidität und wartet auf einen Besuch. Wer gern zuerst eine Kirche umrundet, bevor er sie betritt, dem fällt sofort eine Besonderheit ihres Grundrisses auf. Sie hat ein Langschiff und ein Querschiff. Aber das Querschiff scheint halbiert. Es tritt nur an einer Seite, fast mittig, aus dem Langschiff heraus. Der Kunstführer behilft sich mit der Formulierung „querhausartiger Erweiterungsbau" (1694–96).

Die Kirche stammt aus der Zeit um 1560. Vorher stand an diesem Platz bereits um 1450 eine Kapelle, die später zur Kirche wurde, aber schon 1559 durch Kriegshandlungen zerstört worden ist. Einige Mauerreste ließen sich jedoch für den Neubau verwenden.

Die Einrichtung ist mit „vielfältig" wohl am besten charakterisiert. Lassen schon der Erweiterungsbau und die Lage der Empore die Kirche etwas verwinkelt erscheinen, so kann man sich schon allein auf die Einrichtungsgegenstände nur schwer

Abb. 75: St. Jürgen-Kirche in Heide

konzentrieren – man kann hier nur stückweise genießen. Vieles ist doppelt vorhanden. So gibt es zwei **Altäre**, einen Barockaltar (1699) an der Querwand und einen spätgotischen Schnitzaltar an einer Längswand. Ferner sind zwei **Taufen** zu sehen. Die eine wird nicht mehr genutzt, ist aus Sandstein gefertigt (15. Jh.) und verfügt über einen ursprünglichen, verschließbaren Eichenholzdeckel. Die andere Taufe ist aus Holz geschnitzt und stammt aus dem Barock (1641).

Die Emporen sind mit 45 **Bildern** „geziert". Schließlich sind noch eine beachtliche Anzahl von hölzernen Wangen alter Kirchenstühle an der Wand des Vorraums, am Aufgang zur Empore und in einem Vorraum zur Orgel aufgehängt. Ein altes **Sandsteinrelief** aus der Zeit um 1500, das ursprünglich außen angebracht war und an dessen ursprünglichem Platz sich jetzt eine Kopie befindet, ist ebenfalls im Kircheninnern zu finden. Wen wundert es da noch, dass neben dem Turm auch noch ein **Dachreiter** existiert und im erweiterten Gebäudeteil der Nachbau einer echten **Druckpresse** von GUTENBERG daran erinnert, wie wichtig sie einst für die Reformation war. Es gibt wirklich viel zu sehen.

Meldorf

Wir machen uns nun auf den Weg nach Meldorf. Kilometerweit voraus sehen wir den mächtigen Turm des so genannten „**Dith-marscher Doms**", den wir nach 14 km erreichen. Besonders große Kirchen werden mitunter Dom (von lat. *domus* = Haus) genannt. So spricht man z. B. vom Altenberger, Frankfurter oder Güstrower Dom, ohne dass die Voraussetzung eines Bischofs-sitzes oder die Residenz von Domherren gegeben war. Den Namen betreffend haben wir es hier mit einer **St. Johannis-kirche** zu tun. Namensgeber ist die neutestamentarische Gestalt Johannes des Täufers; im Unterschied zu Johannes dem Evange-listen. Rechts vom Chorgitter begegnet uns eine Statue des Täufers (15. Jh.). Der Name wurde wohl gewählt, weil die Kirche, genauer gesagt ihre Vorgängerbauten (Fundamente sind im Altarraum zu besichtigen), in karolingischen Zeiten bereits ein Schwerpunkt der Heidenmission war. Sie war deshalb eine **Taufkirche**. Denn damals wie heute wurde und wird man nur durch die Taufe ein Mitglied der Kirche. Darüber hinaus wurzelt die Bedeutung dieser Kirche darin, dass Meldorf nicht nur als Hafenstadt früher direkt an der Nordsee lag – inzwischen wurde viel Land eingedeicht, sondern es war zugleich der alte Hauptort Dithmarschens. Heute noch ist die Kirche von der offenen See aus zu erkennen.

Zwischen 1250 und 1300 wurde der Dom erbaut. Er gilt als Werk der frühen Gotik. Damals war der **Turm** niedriger und das ganze Gebäude wirkte gedrungener. Der Bau erfolgte annähernd zeitgleich mit dem ähnlich strukturierten Hamburger Dom, der allerdings schon 1804 abgerissen wurde.

Ein Brand führte 1866 zum heutigen Erscheinungsbild. Der **Innenraum** blieb auch über die **Renovierung** (zwischen 1879 und 1882) hinaus erhalten. Besonders eindrucksvoll sind die **Kuppelgewölbe**, die sich über jeweils quadratischem Grundriss erheben und am kräftigsten der uns gemeinhin bekannten goti-schen Prägung widerstreben. Sie führen Blick und „geistliche" Ausrichtung nicht in die Höhe, sondern wirken eher wie Kap-pen, unter denen man sich geborgen fühlen kann. Dennoch lohnt der Blick nach oben in die wunderschönen, einmaligen **Gewölbemalereien** des Querschiffes. Sie werden der Zeit um 1300 zugerechnet, sind durch eine Restauration 1991/92 gesäu-bert worden und nun wieder klar erkennbar. Dabei handelt es sich um Bilder nach Motiven des Alten und des Neuen Testa-mentes, die in konzentrischen Kreisen einander theologisch-deutungsgeschichtlich zugeordnet sind. Außerdem finden sich

Marien- und Heiligenbilder unter den Motiven. Für nähere Einzelheiten empfiehlt sich der lesenswerte und gut mit Farbdrucken ausgestattete Kirchenführer, der auch ausführlich auf die Fensterbilder eingeht.

Ein großer, von Ringen umzogener **Taufkessel**, aus Bronze gegossen, der auf drei Tragefiguren aufsitzt, stammt aus dem Ende des 13. Jahrhunderts und steht im Altarraum. Leider ist nicht in Erfahrung zu bringen, ob es Innenmarkierungen gab oder gibt, aus denen geschlossen werden kann, dass dieser Taufkessel Normen für Hohlmaße enthielt, nach denen sich beispielsweise der Getreidehandel zu richten hatte oder nach denen Abgaben an Kirche bzw. Obrigkeit gemessen wurden. Bei einer ganzen Reihe von Taufkesseln ist das inzwischen nachgewiesen worden. Ein achteckiger Taufdeckel aus dem 17. Jahrhundert hängt über der Taufe und wurde von einem Angehörigen der Familie NIEBUHR gestiftet, die u. a. in Meldorf ansässig ist.

An der Wand im Südschiff hängt jetzt die Kreuzigungsgruppe (Jesus mit seinem Jünger Johannes und seiner Mutter Maria) aus der Zeit um 1417, die in früherer Zeit, wie in vielen Kirchen, als so genanntes **Triumphkreuz** hoch auf einem Balken zwischen Chorraum und Gemeindeteil stand.

Auch der lebendig mit Schnitzwerk gestaltete **Passionsaltar** (um 1520) mit angefügten Klappflügeln (Schreinaltar), hält sich weitgehend an bekannte Vorbilder. Ein ehemaliger **Hauptaltar** steht jetzt im Nordquerarm. Man rechnet für das Mittelalter mit mindestens acht Altären in dieser Kirche. Kanzel und Chorgitter sind stilmäßig der Renaissancezeit zuzuordnen. Das Chorgitter hat natürlich nicht mehr für die Trennung von Klerus und Laien zu sorgen, sondern schafft jetzt durch seine Existenz einen Andachtsraum für kleinere Gemeindegruppen und gibt gewiss zum Abendmahl für die Gemeinde den Weg zum Altar frei. Der Blick auf den Altar bleibt jedoch bezüglich der Optik gestört. Das Wappen des Königs von Dänemark, der Landesherr war und seinerzeit zusammen mit den Herzögen von Schleswig und Holstein dafür gesorgt hatte, dass die Dithmarscher ihre Unabhängigkeit verloren haben, ist immer noch zu sehen – auch über viele Kriege hinweg. Die neue **Marcussenorgel** (seit 1977) mit ihren blitzenden spanischen Trompeten kommt schließlich ebenfalls aus Dänemark.

Wenn wir den Dithmarscher Dom besuchen, nehmen wir gern die Möglichkeit wahr, uns einer **akkustischen Führung** über Lautsprecher anzuvertrauen. Wie lesen wir so treffend im ausliegenden Gästebuch: „Eine sehr schöne Kirche, da kommt die Andacht von alleine!" Das wollen wir gern bestätigen.

Wilster

Unsere letzte Fahrt auf der B5 geht zwar über 50 km hinaus, doch uns erwartet ein architektonischer Leckerbissen, wie er in Schleswig-Holstein selten ist: Die spätbarocke Kirche von **St. Bartholomäus** in Wilster. Zunächst müssen wir uns allerdings den Schlüssel zur Kirchentür aus einem der beiden Cafés südlich oder nördlich der Kirche holen. Leider erfährt man dabei auch beiläufig, dass die Kirche bei offener Tür nicht immer von Vandalismus verschont blieb.

Erbaut wurde sie in den Jahren von 1775–1780 von ERNST GEORG SONNIN, von dem auch der Bau des Hamburger Michel (St. Michaelis 1751–62) stammt. Deshalb wird sie in Wilster auch „**Sonnin-Kirche**" genannt. Als erstes beeindruckt die große, festlich anmutende **Fensterfront** mit hellem, ungefärbten Glas, die sich in Haupt- und Sockelgeschoss rund um die Kirche zieht. Der Grundriss scheint auf den ersten Blick elliptisch angelegt, bei genauerem Hinsehen erweist er sich jedoch als lang gezogenes Achteck, das den Innenraum rechteckig erscheinen lässt. An der Westseite ist der achteckige **Turm** vom Vorgängerbau durch konkav einschwingende Schiffswände mit dem Kirchenschiff verbunden.

Innen beeinträchtigen die doppelten **Emporen** etwas die großzügige Weite, die Kirchenschiff und „Fensterband" von außen erwarten ließen. Ähnliches gilt für die hohen Zimmerfronten, vergleichbar mit Patronatslogen, die hufeisenförmig in Emporenhöhe den Altarraum mit seinem Kanzelaltar umfassen. Ein in den Kirchenraum hinein geöffnetes Fenster ließ dahinter auf Konfirmandenunterricht schließen. Die stark dimensionierte, rundliche **Kanzel** verleitet uns, an einen ähnlich gestalteten Prediger zu denken, der scheinbar noch dazu den Vorzug hätte, direkt aus seiner Wohnung auf die Kanzel treten zu können.

Man sollte nicht versäumen, wenigstens einen Blick auf die historischen Stühle an der Nordseite des Chorraumes zu werfen.

Die Gemeinde kann stolz sein auf ihre wunderschöne Kirche, die sie sich, gewiss mit großen Opfern, auch trotz schwerer Kriegsschäden hat bewahren können.

So, jetzt fahren wir nach Haus und schauen nach, ob auch in Berlin „die Kirchen noch im Dorf" geblieben sind.

Glossar

Amphidromie

amphi-/gr. für um…, herum, ringsum; *-drom*/gr. für laufen; In einem (teilweise) abgeschlossenen Becken wie der Nordsee reflektieren Wellen, können sich durch Interferenzen überlagern und unterliegen Einflüssen durch Küstenform, Wassertiefe (Reibung), Corioliskraft und Gezeitenwelle. Daraus entsteht eine Drehwelle, eine kreisförmige Ausbreitung der Gezeitenwellen; an deren Drehmittelpunkt kein Tidenhub beobachtbar ist.

Buhne

Quer zum Ufer liegendes Bauwerk zur seitlichen Begrenzung des Abflussquerschnittes und/oder zum Schutz des Ufers; **Strandbuhne:** Quer zur Uferlinie angeordnetes, damm- oder wandartiges Schutzwerk, das den Materialtransport entlang der Küste verringern und den Wellenauflauf so beeinflussen soll, dass die Erosionswirkung am Strand und unter Wasser vor dem Strand geringer wird.

Bulte

kissenförmige Buckel (0,5 – 3 m Durchmesser), die aus Torfmoosen aufgebaut werden und zusammen mit den 0,2 – 0,5m tieferliegenden Schlenken (Flaken) das Mikrorelief des Moores formen. Je nach Lage werden sie von Wollgräsern, Simsen und Zwergsträuchern besiedelt.

Donn

Bewachsene Tertiärdünenketten werden als Donn bezeichnet. Sie dienten wegen des trockenen und hochwassergeschützten Baugrundes als Ansatzpunkt für Wege und Siedlungen. Auf dem Sandbereich von Nehrungshaken wurden z. B. zunächst die Häuser und später schließlich auch die Straßen gebaut. Auf den vernässten Bereichen dagegen nutzte man die Möglichkeit, Weidewirtschaft zu betreiben. Auf diese Weise lernten die Menschen, die im Grenzgebiet von Donn und Marsch siedelten, die Vorteile zweier verschiedener Naturräume zu nutzen.

Fething

Auch Feting; Erdgrube zur Aufnahme von Regenwasser, vorwiegend als Tränkewasser für das Vieh, z. B. auf den Halligen.

Geest

Bezeichnung in Norddeutschland für die im Vergleich zur Marsch höher gelegene, trockene, unfruchtbare, eiszeitliche Aufschüttungslandschaft mit vorwiegend sandigen Böden; Die verbreiteten Geröll-, Kies- und Sandlagen (Sander) bilden in der Mitte Schleswig-Holsteins die Vor- bzw. Sandergeest, zur Unterscheidung von der Hohen Geest, den saaleeiszeitlichen Altmoränen, als Niedrige Geest bezeichnet. Ableitung vom friesischen Wort „*güst*", welches eine Landschaft als unfruchtbar und karg bezeichnet.

Grüppe

Künstlich ausgehobener Graben in einem Landgewinnungsfeld; Wenn die Wattoberfläche infolge der Schlickablagerung eine Höhe von 30 cm unter dem mittleren Tidehochwasser erreicht hat, werden in Deichnähe im Abstand von 10 m Grüppen ausgehoben. Das Material aus den 2 m breiten und 50 cm tiefen Gräben wird seitlich aufgeworfen, wodurch die Flächen zwischen den Grüppen, die Beete, höher werden. Das Begrüppen muss nach jedem Vollspülen der Gräben mit Sedimenten etwa fünfmal wiederholt werden, bis die Höhe der Salzwiese erreicht ist. In den Gräben selbst kann das Meer weiterhin Material ablagern.

Hallig

Unbedeichte Marscheninsel, bei früheren Stumfluten vom Festland getrennt, bei sehr hohen Wasserständen ragen nur die künstlichen Siedlungshügel (Warft, Wurt) heraus.

Kleimarsch

Boden aus teilweise karbonathaltigen Gezeitensedimenten; Entstehung aus Kalkmarsch durch Entsalzung und Entkalkung des Oberbodens.

Knickmarsch

Entstehung aus der Kleimarsch durch Tonverlagerung; Dies führt zu tonreichen, dichten Horizonten, welche als Knick bezeichnet werden.

Koog/Köge

Eingedeichtes und entwässertes Marschland, dass landwirtschaftlich genutzt wird.

Lahnung

Begrenzung eines Landgewinnungsfeldes; Eine Lahnung besteht aus zwei Pfahlreihen, zwischen die Stroh, Buschäste oder Reisigbündel (Faschinen) gepackt, festgestampft und mit Draht befestigt werden. Sie haben eine Höhe von etwa einem Meter und sind oft mit einem Anwurf von Schlick versehen. Die Lahnungsfelder messen etwa 300 x 400 m. Sie dämpfen Strömung und Wellenbewegung und schaffen so Stillwasserzonen, in denen verstärkt Schlick abgelagert wird.

Landschaftsschutzgebiet = s.
Naturschutzgebiet

Limikolen

Die Vogelgruppe der Wat- und Stelzvögel, die vor allem an Feuchtgebiete gebunden ist; Zur Familie der Limikolen gehören die Regenpfeifer und die Schnepfen.

Litoral

Lebensbereich des Meeres und des Süßwassers, der den

noch vom Licht erreichten Teil des Untergrundes umfasst; Die Ausdehnung des Litorals zum Wasser hin reicht im Meer bis etwa 200 m Tiefe (äußere Kante des Kontinentalsockels) und zum Land bis zur Spritzwasserzone Supralitoral.

Marsch

Noch vom Hochwasser, besonders aber von Sturmfluten überschwemmte Flachküstenbereiche einer Gezeitenküste, meist mit feinen Sedimenten wie Schlick und Feinsanden und salzliebender Vegetation; bereits als Weide, nach Aussüßung auch als Ackerland nutzbar, sofern sie von Deichen vor zu langen und häufigen Meerwassereinflüssen abgeschlossen sind. Landwärtige und etwas höher gelegene Fortsetzung der Watten.

Marschhufenflur

Bewirtschaftungsform in der Landwirtschaft; Wiesen und Weiden, deren Parzellen von eng verlaufenden parallelen Grabensystemen begrenzt werden.

Megalithkultur

Der Begriff setzt sich aus den griechischen Worten *megas* für gross und *lithos* für Stein zusammen. Es bezeichnet alle von Menschen errichteten Steine, die für den Bau von prähistorischen Kulturdenkmäler verwendet wurden. Deshalb heisst die Kultur des unbekannten Steinzeitvolkes auch Megalithkultur.

Naturschutzgebiet

Rechtsverbindlich festgesetztes Gebiet, in dem aufgrund seiner hohen Schutzwürdigkeit ein besonderer Schutz von Natur und Landschaft erforderlich ist.

Ortstein

Durch starke, oberflächennahe Anreicherungen von Huminstoffen und Oxiden verfestigte Horizonte in Podsol-Böden (Bleicherde). Bedingen sehr ungünstige Standorteigenschaften durch Behinderungen des Wurzelwachstums und Wasserstau.

Poller

Metallpfeiler mit verdicktem Kopf, Vorrichtung auf Schiffen und Kaimauern, zum Festmachen der Trossen.

Porrenfischerei

Krabbenfischerei

Priel

Wattwasserlauf; Eine von den Gezeitenströmungen (Flut/Ebbe) durchflossene, lang gestreckte und talartige Hohlform, meist mit flussartigen Verzweigungen.

Sände/Außensände

Als Sände bezeichnet man Sandbänke, die bei mittleren Hochwasserständen nicht überflutet werden. Außensände sind Brut- und Rastgebiete vieler Limikolen und Seehunde.

Seegatt
Enger Durchlass für das Wasser bei der Tide zwischen zwei Inseln oder anderen Hindernissen. Sie verbinden das landwärts liegende Wattenmeer mit der offenen See durch eine tiefe Stromrinne und sind die Mündungen der Prielströme.

Siel
Entwässerungstor durch den Halligdeich, dessen Tore sich bei Flut durch das andrängende Wasser schließen, bei Ebbe aber in Folge des nachlassenden Wasserdrucks sich wieder öffnen.

Tide/Tidenhub
Gezeitenverlauf von einem einzelnen Niedrigwasser zum folgenden Niedrigwasser (12 Stunden). Die Höhendifferenz zwischen Niedrigwasser und Hochwasser, der Tidenhub, verändert sich von Tide zu Tide.

Verfehnung
Systematische, großzügige Entwässerung des Moores durch den Bau von Kanälen.

Vogelkoje
Das Wort Vogelkoje ist durch falsche Übersetzung aus dem Friesischen entstanden. Die Mehrzahl von Vogel heißt auf friesisch *Fögler*. Die Kojenenten heißen „*Fögel*" (eigentlich Entenkoje). Vogelkojen sind alte Entenfanganlagen. In der Mitte eines kleinen, meist künstlich angelegten, Gehölzes befindet sich ein 60 m x 60 m großer Süßwasserteich. An deren vier Ecken Fangkanäle angeschlossen sind.

Warft
Auch Warf, Wurt; Bezeichnung für einen aufgeschütteten Erdhügel als Schutz vor Überflutungen. Bot Platz für einzelne Häuser, Häusergruppen oder ganze Dörfer.

Watt
Das Watt ist der Küstenstreifen zwischen Hoch und Niedrigwasserlinie, der zweimal täglich vom Meer überflutet wird und zweimal täglich frei fällt. **Sandwatt:** Es besteht aus grobem gut begehbarem Sand, da der Bodenwassergehalt nur etwa 25% beträgt. Durch die ständige Umlagerung der Oberflächenschicht durch Strömung und Wellengang ist meistens ein deutliches Wellenmuster zu erkennen. **Mischwatt:** Es besteht aus etwas feinerem Sand. Der Wassergehalt hier beträgt etwa 25 bis 50%. **Schlickwatt:** Hier findet man sehr feinen Sand vor, auf dem sich meistens oben eine dünne Wasserschicht ansammelt, da der Boden mit Wasser stark durchsetzt ist (50 bis 70%).

Literatur

BANTELMANN, A. u. a. (1995): Geschichte Nordfrieslands. Heide/Bredstedt.

BODELSCHWINGH, G. V. (1922): Friedrich von Bodelschwingh. Ein Lebensbild. Bethel.

BRUNOTTE, E., GEBHARDT, H.; MEURER, M. [Hrsg.] (2001/2002): Lexikon der Geographie. Heidelberg, Berlin. [auch Glossarbegriffe]

DEGENS, E. T. et al. [Hrsg.] (1984): Exkursionsführer Erdgeschichte des Nordsee- und Ostseeraumes. Hamburg.

DIJKEMA, K. S.; REINECK, H. E.; WOLFF, W. J. [Hrsg.] (1983): Geomorphology of the Wadden Sea Area. Rotterdam.

DITTMER, E. (1952): Die nacheiszeitliche Entwicklung der schleswig-holsteinischen Westküste. In: Meyniana, H. 1, S. 138–168.

Evangelisch lutherische Kirchengemeinde St. Laurentii in Süderende [Hrsg.] (1999): Der Kirchhof St. Laurentii in Süderende auf der Insel Föhr. o. O.

FALK, G. C. (2001): Die Paläogeomorphologie ausgewählter Standorte der schleswig-holsteinischen Nordseeküste im Früh- und Mittelholozän. Berlin.

FLADE, M. (1998): Neue Prioritäten im deutschen Vogelschutz: Kleiber oder Wiedehopf? In: Der Falke – Das Journal für Vogelbeobachter, H. 12.

FISCHER, L. [Hrsg.] (1997): Kulturlandschaft Nordseemarschen. Bredstedt.

FISCHER, L. u. a. (1994): Westerhever – Ein Dorf an der Nordsee. o. O.

GALL, B.; WIKELSKI, M. (1993): Reiseführer Natur – Brasilien. Venezuela/München.

GIETZELT, M. [Hrsg.] (2000): Geschichte Dithmarschens. Heide.

GRIPP, K. (1964): Erdgeschichte von Schleswig-Holstein. Neumünster.

HAAS, H. (1900): Deutsche Nordseeküste – Friesische Inseln und Helgoland. In: Land und Leute – Monographien zur Erdkunde, Bd. 8, Bielefeld.

HAFFNER, A. u. a. [Hrsg.] (1988): Norderheverprojekt – 1. Landschaftsentwicklung und Siedlungsgeschichte im Einzugsgebiet der Norderhever (Nordfriesland). Offa Bücher, Bd. 66, Neumünster.

HAGEMEISTER, J. (1989): Rungholt. Sage und Wirklichkeit. Hamburg.

JESSEL, H. (1994): Nordfriesland. Hamburg.

JONSSON, L. (1999): Die Vögel Europas. Stuttgart.

JUDITH, W.; HIELMCRONE, D. VON (2001): Doch hängt mein ganzes Herz an dir – Spaziergänge durch die Stormstadt Husum. Rostock.

Kööp, K.-P. [Hrsg.] (1992): Quellen und Materialien zur nordfriesischen Geschichte. Nordfriisk Instituut. Bredstedt.

Kühn, H. J. (1999): Gestrandet bei Uelvesbüll. Wrackarchäologie in Nordfriesland. Husum.

Künnemann, T.-D. (1997): Überleben zwischen Land und Meer – Salzwiesen. Oldenburg.

Landesamt für den Nationalpark Schleswig-Holsteinisches Wattenmeer, Umweltbundesamt [Hrsg.] (1998): Umweltatlas Wattenmeer (UWA), Bd. 1 Nordfriesisches und Dithmarscher Wattenmeer. Stuttgart. [auch Glossarbegriffe]

Leppien, J.-P. (1995): Konzentrationslager Ladelund 1944. Ladelund.

Menke, B. (1988): Die holozäne Nordseetransgression im Küstenbereich der südöstlichen Deutschen Bucht. Offa Bücher, Bd. 66. Neumünster.

Ministerium für ländliche Räume, Landesplanung, Landwirtschaft und Tourismus des Landes Schleswig-Holstein [Hrsg.] (2002): http://www.schleswig-holstein.de. Kiel.

Nissen, N. R. (1999): Kleine Geschichte Dithmarschens. Heide.

Ransmayr, C. (1999): Der Weg nach Surabaya. Frankfurt/Main.

Reineck, H. E. [Hrsg.] (1978): Das Watt – Ablagerungs und Lebensraum. Frankfurt/Main.

Sager, G. (1988): Mensch und Gezeiten – Wechselwirkungen in zwei Jahrtausenden, Köln/Gotha.

Schellnhuber, H. J.; Sterr, H. [Hrsg.] (1993): Klimaänderung und Küste. Berlin.

Schirrmacher, G. (1999): Hallig Hooge. Breklum.

Schurig, V. (1998): Schön versus ökologisch – Wertewandel des Nationalparkbegriffs. In: Nationalpark-Umwelt Natur, H. 4.

Spiegel, F. (1997): Die Tidebecken des schleswig-holsteinischen Wattenmeeres: Morphologische Strukturen und Anpassungsbedarf bei weiter steigendem Meeresspiegel. Büsum.

Sterr, H.; Schmidt, K. (1995): Auswirkungen des Klimawandels auf den deutschen Küstenraum. In: Geographische Rundschau, H. 2, S. 105–112.

Stewig, R. (1978): Landeskunde Schleswig-Holstein. Geocolleg. Kiel.

Stock, M. (1995): Watt – Lebensraum zwischen Land und Meer. Heide.

Streif, H. (1990): Das ostfriesische Küstengebiet. Sammlung geologischer Führer, Bd. 57, Berlin.

Stremme, H. E.; Menke, B. (1980): Quarternary – Excursions in Schleswig Holstein. Geologisches Landesamt Schleswig Holstein [Hrsg.] Kiel.

Vogel, K. (1996): Der nordfriesische Geestrand, die Entwicklung seiner ländlichen Siedlungen und ihrer Flurformen. Studien und Materialien 27. Nordfriisk Instituut. Bredstedt.

Ortsregister

Adolf-Hitler-Koog 236
Albersdorf 49
Alsen 49
Alt-List 111
Alt-Nordstrand 18, 54, 168
Amrum 15 f., 21, 24 f., 68 f., 74
Amrum Odde 147
Amrumer Kniepsand 132, 150 f.
Angeln 80
Archsum 103, 119
Arlau 25
Augustenköge 209

Backenswarft 165
Beidenfleth 85
Beltringharder Koog 26, 94
Blidselstal 112
Borgsum 135
Braderup 103, 109 f.
Braderuper Heide 110
Bredstedt 16, 21
Bredstedter Geest 15
Breklum 249
Brocklands-Au 226
Brügge 54
Brunsbüttel 74, 85, 235, 240
Brunsbüttelkoog 240
Burg 239
Büsum 222, 230

Den Helder 67
Deutsche Bucht 31, 39
Dieksander Bucht 237
Dieksanderkoog 236 f.
Dithmarschen 47, 160
Dithmarscher Koog 26
Dithmarscher Watt 31
Dunsum 146

Eider 25, 160, 203, 222, 226
Eiderstedt 15, 17, 29, 203, 205

Eiderstedter Halbinsel 12, 16, 29, 31
Eidum 104
Ellenbogen 113
Elmshorn 61, 85
Esbjerg 67
Esing 205
Evershop 205, 221

Flandern 54
Föhr 15 f., 21, 24 f., 46
Föhrer Geest 129
Friedrichskoog 175, 236
Friedrichstadt 228, 254

Garding 205 f., 220
Gent 54
Gieselau 222
Glücksburg 87
Glückstadt 85
Godelniederung 133 f.
Goting-Kliff 129, 133
Gröde (Hallig) 18
Groß-Dunsum 139
Gudendorf 58, 60

Habel (Hallig) 18
Haithabu 50, 80, 226
Halebüll 195
Hamburg 57, 107
Hamburger Hallig 54
Hanswarft 165, 175
Hauke-Haien-Koog 94
Heide 21, 60, 233 f., 258
Helgoland 24, 42
Helse 41
Hemmingstedt 51, 234
Hermann-Göring-Koog 209, 237
Hever 185
Hindenburgdamm 76

Hochdonn 240
Hockensbüll 195
Hooge (Hallig) 77, 164
Hörnum 107, 121, 210
Hörnum-Odde 121, 128
Hörnum-Tief 142
Hoyer 107
Husum 21, 25, 32, 60,
   107, 251
Husumer Au 185

Itzehoe 61, 85, 239

Japsand 31
Jordsand 77

Kaiser-Wilhelm-Kanal 241
Kaiser-Wilhelm-Koog 238
Kampen 111
Kampener Vogelkoje 111
Katinger Watt 228 f.
Keitum 114 f., 117
Kiel-Canal 241
Kirchwarft 165
Klev(e) 239
Königshafen 112 f.
Kotzenbüll 205

Ladelund 60
Langeneß (Hallig) 18, 162, 164
Lauenburg 80
Lecker Au 25
Lembecksburg 135
Liinsand 146
List 32, 107, 111 ff.
Lister Koog 114
Lister Tief 112
Listland 103, 111
Lorenzwarft 170
Lund 195
Lunden 21, 225

Mannemorsum 112
Marne 222

Meldorf 21, 58, 222, 233,
   235, 261
Meldorfer Bucht 74, 235
Miele 25, 235
Mildstedt 251 f.
Mittelplate 232
Mitteltritt 170
Mögeltondern 116
Monklembergen 135
Morsum 103
Morsum-Kliff 103, 117, 119
Munkhoi-Düne 103
Munkmarsch 107, 114

Nebel 152
Neuengamme 60
Neukrug 221
Nieblum 135
Niebüll 21
Norddorf 147, 149
Norddorfer Vogelkoje 153
Nordelbien 235
Norderau 12
Norderaue 132, 162
Norderhever 12
Norderheverstrom 217
Norderoog (Hallig) 77, 170,
   173
Norderoogsand 31
Nord-Ostsee-Kanal 222,
   226, 240
Nordstrand 25, 54, 168, 217
Nordstrander Bucht 62
Nordstrandischmoor 54, 217
Nösse 107
Nössekoog 104

Ockelützwarft 170
Oland (Hallig) 162
Oldenswort 203
Olderup 250
Ording 205
Ostenfeld 190
Osterwohld 168 f.

Pellworm 18, 25, 52, 54, 163, 168, 210, 217
Poppenbüll 205

Quermarkenfeuer 152

Rantum 104, 119 f.
Rantumbecken 119
Rendsburg 226, 228
Rödemis 179
Rodenäs 62
Röm 113
Rotes Haubarg 215
Rotes Kliff 103, 110
Rummelloch 168
Rungholt 52, 92, 217
Rüsdorf 233
Rütergatt 31

Schanze 212, 217
Scherrebek 49
Schlei 79, 226
Schleswig 79
Schlüttsiel 164, 175
Schobüll 195, 217
Schobüller Berg 16, 25, 92
Schwesing 60
Simonsberg 215
Soholmer Au 25
Sorge 226, 228
St. Michaelisdonn 239
St. Peter-Ording 29, 160, 206
St. Severin (Kirche) 115
Strand 217
Stufhusen 212, 214
Süderau 12
Süderaue 162
Süderende 135, 138
Süderhever 12
Süderheverkoog 209
Süderlügum 246
Süderoog 217
Süderoogsand 31, 215, 217

Südfall (Hallig) 52, 54, 217
Südtondern 51
Süterknöll 111
Sylt 15, 21, 24 f., 31 f., 38, 68, 76, 93, 100

Tating 205, 220
Tetenbüll 205
Tielen-Au 226
Tinnum 116
Tofting 203
Tondern 243
Tönning 188, 203, 205 f., 221, 257
Travemünde 87
Treene 226, 228
Trischen 31, 170, 232, 236
Trischendamm 236
Tümlauer Bucht 29, 209
Tümlauer Koog 209, 237

Uelvesbüll 57
Uetersen 61, 85
Utersum 147
Uthlande 132
Utholm 205
Uwe-Düne 103, 111

Vollerwiek 228
Vortrapptief 31

Weißes Kliff 103, 110
Wenningstedt-Braderup 109
Wenningstedt 46 f., 103, 109 f.
Wesselburen 230
Westerhever 209, 218
Westerheversand 210
Westerland 87, 100, 104, 107, 148
Wilster 263
Wittdün 148 f.
Wyk 42, 46, 148
Wyk-Boldixum 135

Personenregister

Asmussen, Catharina 180

Bandix, Tade Hans 176
Bantelmann, Albert 92
Behncke, R. R. 198
Binge, Hartwig 170
Bodelschwingh, Friedrich v. 148
Bodelschwingh, Gustav v. 148
Bonheur, Rosa 193
Boyens, Christa 176
Boyens, Werner 176
Bruns, Prof. Dr. Herbert 114
Busch, Andreas 54

Christian IV., Kg. v. Dänemark 113
Claudius, Matthias 248
Conrath, Berthold 258
Cruppius, Jacob u. Frau 116

Dahlmann, Hermann 241
Decker, Wulf Manne 107

Eisenberg, Matthias 116

Fontane, Theodor 193
Frederik VI., Kg. v. Dänemark 169, 176
Fredies, Matz 202
Friedrich III., Hzg. v. Schleswig-Holstein-Gottorf 255
Friedrich, Caspar David 65
Frödden, Kapitän 116

Göring, Hermann 60
Güttler, Ludwig 202

Hagen, Richard v. 197
Hansen, Christian Frederik 180, 251

Hansen, Christian Peter 114
Hebbel, Friedrich 230
Heimreich, Anton 91
Hindenburg, Paul v. 107
Hüttmann, Heinrich 149

Jähde, Adolf Christian 197
Jensen, Christian 250
Jensen, Oluf 146
Johann Adolf, Hzg. v. Gottorf 206
Johannsen, Albert 197

Karl d. Große 205, 226
Ketelsen, Hauke 170
Kiene, Henning 154
Kinder, Johann Christian 205
Knut d. Große, Kg. v. Dänemark 115
Kühn, Dr. Hans-Joachim 56

Lembeck, Klaus 135
Lensch, Albert 197 ff.
Liliencrons, Detlev v. 243
Lorensen, Uwe Jens 111
Lüng, Pidder 245

Meyn, Ludwig 234
Mommsen, Theodor 87
Muir, John 64

Neuthor, Rudolph 116
Nissen, Ludwig 193
Nolde, Emil 87

Ovens, Jürgen 256

Paasch, Hans Bartel Detlef 188
Paulsen, Friedrich 87
Paulsen, Ingwer 197
Petersen de Hahn, Lorens 104

Petersen, Matthias 138
Petri, Bartolomäus Richardi 137
Petri, Paulus 137
Petri, Richardus 137, 156
Plinius, Gaius Secundus d. Ä. 91
Ptolemäus, Claudius 91

Roß, Dr. Gustav 107
Röttger, Dieter 115

Sax, Peter 91
Schiele, Egon 193
Schurig, Volker 65

Sonnin, Ernst Georg 263
St. Clemens, Bischof v. Rom 154
St. Severin, Bischof v. Köln 115 f.
Storm, Theodor 56, 87, 182, 193, 251
Süncksen, Jens 202

Tolle, Eberhard 116
Tönnies, Ferdinand 87
Traeger, Eugen 91

Woldsen, August-Frederik 180, 190

Sachregister

Alte Klei 26
Altmoränenland 24
Andelgras 71
Andelzone 71
Angeln, germ. Volksstamm 49
Ästuar 12
Atlantikum 12 f., 15 f., 18
Aufschlickung 18
Aufschlickungsprozess 16
Auskolkung 93
Außensände 31, 93, 172, 217
Austernfischer 133

Bäderkultur 87
Basistorf 15
Bergbauernprogramm 62
Bernstein 48, 132
Biikebrennen 105 f.
Biiken 106
Bohl 171
Bohrinsel 74
Bottenbinse 69, 71
Braundüne 149
Breklumer Mission 250
Bronzezeit 46, 48
Buchteneffekt 38
Buhne 93
Bultenbildung 93
Bundeswasserstraße 241
Bundeswehr 74

Cumuluswolken 37

Dampfschifffahrt 85
Deflationserscheinungen 93
Deflationsschutz 24
Deichbau 160
Deichgraf 95
Deichstöpe 221
Dithmarscher Bauern 50

Dithmarscher Bauern-republik 50
Doggerbank 13
Donn 239
Doppelwarft 170
Drehtide 32
Dreißigjähriger Krieg 113
Drenthestadium 10
Düne 29, 111
Dünenökosystem 109
Dünentäler 121, 149
Dünkirchener Transgression 48
Düseneffekt 31

Ebbe 31
Eem-Interglazial 24
Eem-Meer 11
Eem-Warmzeit 102
Eiderästuar 32
Eisenzeit 48
Eiswinter 44
Elbemündung 29
Elster-Kaltzeit 10
Endmoränendurchbruch 11
Endmoränenreste 10
Entkalkung 24
Erdölvorkommen 233
Eulitoral 173

Fennen 171, 218
Fething 164, 172, 214
Feuerschiff 227
Feuerstein 48
Findlinge 47, 129, 141
Flüchtlinge 61
Flugsand 103
Flurbereinigung 81
Flurbereinigungsmaß-nahmen 62
Flurzwang 81

Flussmarsch 54
Flut 31
Förde 80
Freilandmuseum Oldtids-
parken 49
Friesen, germ. Volksstamm
50 f.

Geest 10, 16, 21, 24 f., 161
Geestinsel 48, 162
Geestkern 10, 15, 24 f., 102 f.,
111, 129
Geestkerninsel 93
Geestkomplex 15
Geestrandmoor 15, 24
Geestrücken 195
Geschiebelehm 24 f.
Geschiebemergel 24
Getreidespeicher 217
Gezeiten 21
Gezeitenstrom 12
Gleithang 142
Gley 11
Golfstrom 34
Grabhügel 47
Grabstein 138
Graudüne 150
Grönlandfahrt 57
Großsteingrab 47
Großsteingrab Denghoog
46 f., 108
Growian 238
Grüppen 55

Haken 103
Halligbauernhöfe 170
Halligen 93, 159
Halliglandwirtschaft 171
Halligplan 163
Halligwarft 214
Harde 205
Hauberg 215, 220
Haufenwolken 37
Heidefläche 24

Heidelandschaft 109
Heideverein 198
Heilbad 107
Heilkultur 87
Helgoländer Trichterreuse 119
Heringsfischerei 104
Herzmuschel 13
Hindenburgdamm 107, 113
Hochmoor 12 f., 161
Hochwasserschutzanlage 55
Höfesterben 61
Hollandflut 96
Holozän 11
Holzfrachter Pallas 74
Hügelgrab 108
Hünengrab 46, 199

Inselhünengräber 108

Jungsteinzeit 47
Jüten, Bew. Jütlands 49 f.

Kalkmarsch 28
Kaolinsand 103
Kaolinsandschichten 103
Katen 215, 218
Kegelrobbe 68 f.
Keilmelde 69
Klei 16
Kleischicht 18
Kliff 119
Knick 81, 139
Knickhecke 24
Kojenteich 153
Königspesel 176
Konzentrationslager 60
Koog, Köge 26, 55, 159
Koyer 95
Krabbenkutter 113
Krabbenkutterflotte 236
Küstendüne 24 f.
Küstenheide 110
Küstenschifffahrt 57
Küstenschutz 108

Küstentrockenheide 109
Kutterhafen 230

Lahnungen 55, 162, 173
Lahnungsfelder 94
Landesschutzdeich 95
Land-Seewind-System 40
Land-Seewind-Zirkulation 40
Landverlust 55
Langhaus 215
Ludwig-Nissen-Haus 193
Luftschadstoffe 35
Lüneburger Salzstock 52

Malaria 227
Mandränke 52, 54, 156, 161
Marcellusflut 161
Marsch 10 ff., 18, 25 f.
Marschboden 50
Marschfläche 21
Marschhufenflur 54
Marschkolonisierung 224
Marschland 24
Materialakkumulation 93
Meedeland 171
Meeresspiegelanstieg 18
Megalithkultur 47
Miesmuschelbank 75
Miesmuschelfischerei 71, 74 f.
Miesmuscheln 74
Milchwirtschaft 86
Mischwatt 173
Moor 24
Muschelbänke 75

Nationalparkgesetz 75
Neandertaler 47
Nehrungshaken 15, 103, 111 f.
Neolithikum 47
Neulandhalle 237
Niedermoor 13
Nissenhaus 193
Normannen, germ. Volks-
    stamm 51

Ölbohrinsel 233
Oldtidsparken, Freiland-
    museum 49
Ölförderung 71
Ortstein 195
Ortsteinlage 200
Ortsteinschichten 199

Pallas, Holzfrachter 74
Parabraunerde 11
Pazifische Auster 68
Periglazialraum 11
Permafrostbedingungen 10
Perritag 106
Plattmuschel 13
Pleistozän 10
Prallhang 142
Priel 31, 142, 146
Programm Nord 62, 163

Queller 69
Quellerzone 69

Reet 214
Reetdach 214 f.
Rinne 16
Robbenart 68
Rotschwingel 71
Rotschwingelzone 71
Rückseitenwatt 29

Saaleeiszeit 10 f., 24, 102
Saatmuscheln 75
Sachsen, germ. Volks-
    stamm 49 f.
Salzgewinnung 52, 161
Salzmarsch 26, 28, 162
Salzmarschstreifen 28
Salztorfgewinnung 18
Salzwiese 28, 173, 212 f.
Salzwiesenbeweidung 214
Salzwiesenvegetation 62, 134
Sanderschüttung 11
Sandfangzäune 93

Sandheide 110
Sandklaffmuschel 13
Sandrippelfeld 21
Sandvorspülung 94, 108, 129
Sandwatt 173, 212
Schardeich 214
Schellfischfang 104
Schiffswrack 46
Schilfgürtel 200
Schimmelreiter 56
Schleppnetzfischerei 84
Schlickwatt 173
Schlickwattfläche 29
Schutzräume 163
Schutzstation Wattenmeer 175
Schweinswal 68, 76
Schwertmuschel 68
Sedimentkeil 15
Sedimentkompaktion 92
Seedeich 26, 55
Seegatt 31
Seehospiz 147
Seehund 68 f.
Seehundpopulation 174
Seehundsbänke 174
Seemarsch 161
Seeregenpfeiferpaare 120
Seestern 75
Setzung 92
Siederei 52
Siel 162, 168
Sieltor 26, 228
Slawen, Volksstamm 50
Sod 164
Sommerdeich 166, 171
Spätholozän 18
Springflut 38
Springtide 38
Stackdeich 55
Steilküste 117
Steindeich 162
Steinzeit 46
Strand 151
Strandaster 69

Strandbeifuß 71
Strandflieder 69
Strandgrasnelke 71
Strandhafer 93, 150
Strandschnecke 13
Strandsode 69
Strandvogt 113
Stratusbewölkung 36
Strauchtundra 11
Streusiedlung 219
Strichdüne 112
Sturmflut 31, 37, 52, 61 f.
Sturmflutlage 26
Subboreal 13, 16
Sublitoral 75, 173
Supralitoral 173

Technologielandschaft 88
Tetrapode 93, 122
Tidebecken 33
Tidehochwasser 38
Tidenhub 32
Tiefdruckgebiet 35
Torf 132, 161
Torfabbau 161
Torfabbaufläche 172
Torfbildung 16
Torfmächtigkeit 161
Toteisreste 12
Transgression 13, 15 f.
Treidelverkehr 227
Trockenrasen 239
Trockenrasenbereich 110
Trogmuscheln 75

Überlaufdeich 93
Überschwemmungs-
  katastrophe 18
Uthlande 52, 54, 161, 168

Verein Jordsand 77, 119
Verfehnung 26
Vierkant 215
Vogelkoje 104

Walfang 104
Walfänger 57
Warft 18, 50, 104, 160f.,
    163, 172
Warthestadium 10
Watt 21, 25
Wattenmeer 11, 26
Wattfläche 10f., 21
Wattsicherungsdamm 94
Wattströme 25, 31
Wattwasserscheide 33
Wattwurm 21
Wehlen 214, 224
Weichseleiszeit 102
Weichsel-Glazial 11

Weihnachtsflut 218
Weißdüne 150, 152
Westerhever Leuchtturm 210
Westwinddrift 34
Wikinger 51, 79
Wikingerzeit 47
Windenergiepark 238
Windkraftanlage 88, 238
Windschur 139, 159
Wurt 203, 222

Zirren 36
Zwergstrauchtundra 11
Zwischenhoch 37
Zyklone 35

Abbildungen

Borcherding, R., Husum: Abb. **30**

Butzke, F., Balge: Abb. **6, 34**

Christophersen, T., Marienau: Einstiegseite Exkursionen (a, g), Abb. **16, 18, 37, 39, 40, 41, 42, 45**

Einfeldt, A., Hildesheim: Abb. **19, 25, 26, 51**

Falk, G. C., Berlin: Einstiegseite Exkursionen (gesamt, b), Abb. **1, 2, 3, 4, 43, 44, 47**

Franz, G., Bremen: Abb. **58, 59**

Kivi, A., Berlin: Abb. **20**

Umweltatlas Wattenmeer (UWA), Stuttgart: Abb. **5, 14, 21**

Körth, K., Brunstorf: Abb. **22, 23, 62, 63, 64, 65, 67, 68, 69, 70**

Klett-Perthes, Gotha: Einstiegseiten, Abb. **9, 10, 11, 12, 15, 17, 27, 28, 29, 35, 48, 55, 60, 61, 66, 71**

Lehmann, D., Berlin: Einstiegseite Exkursionen (c, d, e, f), Abb. **7, 8, 13, 24, 31, 32, 33, 36, 46, 49, 50, 52, 53, 54, 56**

Maass, H., Ratingen: Abb. **38**

Radatz, I., Berlin: Abb. **57, 72, 73, 74, 75**